QU'EST-CE QUE LE PEUPLE?

ÉTUDE SUR SON DROIT DE SOUVERAINETÉ

ET

SUR L'EXERCICE DE CE DROIT

PAR

M. H. G*******.

> La perfection d'un état social consiste non-seulement dans
> l'obéissance à la loi, dans l'attachement à la personne du
> prince qui gouverne, mais aussi dans l'amour du pouvoir,
> de l'autorité, et le respect des différents magistrats : sans cela,
> rien n'est durable ; rien même n'est possible, parce que hors
> de là, il n'y a qu'anarchie, et que la société ne peut vivre
> dans cet état.
>
> Le respect et l'amour du peuple pour la souveraineté s'af-
> faiblissent, à mesure que celle-ci s'affaiblit elle-même. Les
> affections du peuple se portent naturellement vers tout ce qui
> le protège ; aussi, ce que l'on doit pardonner le moins à l'au-
> torité et au pouvoir, c'est de descendre. Tout souverain qui
> transige finit par obéir.
>
> Dès que l'amour du pouvoir, de l'autorité et du prince sont
> ébranlés, la société chancelle : elle finit infailliblement par
> s'écrouler, lorsqu'elle n'a plus de chef.   F. LAMENNAIS.

POITIERS   PARIS

HENRI OUDIN, LIBRAIRE-ÉDITEUR   LAGNY FRÈRES, LIBRAIRES-ÉDITEURS
RUE DE L'ÉPERON, 4.   RUE BOURBON-LE-CHATEAU

SAINTES

M. BOURBAUD, LIBRAIRE.

1852

QU'EST-CE QUE LE PEUPLE ?

TABLE DES MATIÈRES.

QU'EST-CE QUE LE PEUPLE?

ÉTUDE SUR SON DROIT DE SOUVERAINETÉ

ET

L'EXERCICE DE CE DROIT

PAR

M. H. G********.
[Gibault]

> La perfection d'un état social consiste non-seulement dans l'obéissance à la loi, dans l'attachement à la personne du prince qui gouverne, mais aussi dans l'amour du pouvoir, de l'autorité, et le respect des différents magistrats : sans cela, rien n'est durable; rien même n'est possible, parce que hors de là, il n'y a qu'anarchie, et que la société ne peut vivre dans cet état.
>
> Le respect et l'amour du peuple pour la souveraineté s'affaiblissent, à mesure que celle-ci s'affaiblit elle-même. Les affections du peuple se portent naturellement vers tout ce qui le protège; aussi, ce que l'on doit pardonner le moins à l'autorité et au pouvoir, c'est de descendre. Tout souverain qui transige finit par obéir.
>
> Dès que l'amour du pouvoir, de l'autorité et du prince sont ébranlés, la société chancelle : elle finit infailliblement par s'écrouler, lorsqu'elle n'a plus de chef.   F. LAMENNAIS.

POITIERS

HENRI OUDIN, LIBRAIRE-ÉDITEUR

RUE DE L'ÉPERON, 4.

PARIS

LAGNY FRÈRES, LIBRAIRES-ÉDITEURS

RUE BOURBON-LE-CHATEAU, 1.

SAINTES

M. BOURBAUD, LIBRAIRE.

1852

Il y a plus de six mois que le travail que j'offre au public est entièrement terminé : dès cette époque, l'impression en était définitivement résolue. Des circonstances particulières dans ma vie privée, en ont retardé la publication jusqu'à ce jour : assurément, les lettres et la polémique, n'eussent rien perdu à me voir garder un silence, que mon amour-propre surtout devait me conseiller plus encore. Les personnes qui se donneront la peine de le lire, pourront voir qu'il a été spécialement adressé aux opinions anarchiques de nos jours : les quelques pages qui le composent, ont été écrites dans le moment où ces opinions se produisaient avec une violence sans égale, dans l'histoire même de la démagogie. Le point principal d'appui de celle-ci, était, est encore, ce que la démocratie appelle toujours LE PEUPLE. Le but apparent était de faire prévaloir le principe de sa souveraineté absolue ; le but réel n'a pas été complétement dévoilé, mais il est assez connu aujourd'hui ; c'est l'établissement du socialisme : la souveraineté du peuple n'est qu'un moyen pour y parvenir.

Ce n'est pas dans un espoir de renommée littéraire qu'il faut aller chercher le motif qui m'a guidé dans la tâche que j'ai entreprise, car beaucoup d'autres écrivains, infiniment plus habiles que je ne puis avoir la prétention de l'être, dont la renommée est justement établie, m'ont précédé dans la lutte contre la démocratie, en apportant à la société menacée de toutes parts, leur tribut de talent et de courage, sans avoir pu réussir à lui procurer le repos et la tranquillité dont elle a tant de besoin. Qui pourrait ne pas désirer les lui donner ?

Quelle est la personne qui n'était pas frappée, il y a quelques mois encore, de l'état dans lequel se trouvaient les esprits. Qui n'a pas reconnu dans le langage de ceux qui ont voulu attaquer et flétrir la démagogie, tout ce qui annonçait de bonnes intentions pour réprimer les excès, mais en même temps aussi, quelque chose de profondément triste, qui décélait une âme quasi-vaincue par un mal que tout le monde voyait comme au grand jour, que l'on voulait cependant, mais en vain, atteindre sans pouvoir y parvenir, afin de le combattre; ennemi toujours présent, que personne ne pouvait saisir, comme si on l'eût cherché dans l'ombre, parce qu'il s'évanouissait au moment même où l'on se croyait sûr de pouvoir le frapper.

Aussi, quel découragement ne se faisait pas sentir par suite de cette lutte qui était inutile; elle m'a toujours paru le symptôme le plus frappant du besoin et du désir secret que la société avait que quelqu'un s'emparât du pouvoir, car chacun disait, il n'est pas possible que cela puisse continuer ainsi. La société était également portée vers la nécessité de lutter pour sa destinée future, et l'obligation de ne pas se laisser abattre par le mal qui la dévorait; mais son incertitude, son inaction incroyable, annonçaient chez elle tout à la fois un mélange du désir du bien, du besoin de l'obtenir ; elle accusait en même temps une grande faiblesse, sans avoir assez d'énergie pour faire ce qui convenait dans de pareilles circonstances; chacun se réfugiant pour ainsi dire dans cet espoir que sa puissance vitale suffirait pour conserver son existence et la sauverait des malheurs qui la menaçaient, au moment où viendrait à éclater le sombre orage qui déjà depuis longtemps grondait sur sa tête.

J'ai vu ces choses comme tout le monde ; elles étaient trop patentes pour n'être pas aperçues : cependant personne ne levait le bras pour attaquer l'ennemi commun. Il a fallu pour cela qu'un péril extrême se manifestât par l'anarchie qui venait de se produire parmi les opinions, et que l'épée vînt trancher un pareil conflit, pour mettre fin à l'ambition insatiable de ceux qui ne veulent encore laisser aucun repos à la société, en profitant de l'état de torpeur où elle se trouvait, et qui la faisait hésiter dans le choix des moyens à employer pour se sauver.

Si depuis les événements du 2 décembre je me suis déterminé une seconde fois en quelque sorte, à donner de la publicité à mon travail, je proteste que je n'ai eu pour but que de manifester la très-vive répulsion que m'ont toujours inspirée la démagogie et le système démocratique ; répulsion que je n'ai jamais, en aucun temps, cherché à dissimuler, surtout depuis les événements à jamais déplorables de 1848. J'ai voulu, moi aussi, apporter mon faible tribut à la chose publique, en cherchant à combattre l'étrange et scandaleux abus que j'ai si souvent vu faire du mot PEUPLE; comme aussi, les prétentions de la démocratie en ce qui touche sa souveraineté. C'est également la mauvaise foi du parti démocratique; ce sont ses prédications furibondes de chaque jour, qui, tant de fois en soulevant mon indignation, ont fait naître en moi le désir ardent, vainement combattu par la juste défiance que j'avais de mes forces, d'apporter une part, bien minime sans aucun doute, dans l'obstacle qui devait être opposé aux furieux qui veulent bouleverser la société. Si j'ai cherché à traiter cette question, QU'EST-CE QUE LE PEUPLE, c'est que j'ai voulu toucher au masque de ceux qui se servent de ce mot pour parvenir à la domination.

En consultant la littérature politique, afin de pouvoir me guider dans un pareil travail, je n'ai rien trouvé sur ce sujet qui fût suivi, complet; ce sera, sans aucun doute, une des causes de l'imperfection du mien. Je n'ai rencontré que de très-rares lambeaux, quelques idées éparses, sans suite; mais nulle part un travail tenté sur cette matière,

qui cependant n'est pas précisément neuve à proprement parler, si l'on se met à prendre et recueillir
dans la société toutes les opinions sur ce point.
Comme tout le monde, j'ai vu dans l'histoire de
toutes les républiques, anciennes et modernes, que
les ambitieux ont toujours parlé du peuple, et jamais de l'universalité de la population ; que l'on
paraissait toujours vouloir s'occuper de son bonheur, de sa prospérité ; mais, j'ai dû remarquer
aussi, que ceux qui avaient ainsi fait tant de protestations en sa faveur, et paru combattre pour lui,
étaient loin d'avoir tenu, accompli tout ce qu'ils
avaient promis , et ce qu'ils avaient paru disposés.
à lui faire accorder avant qu'ils fussent parvenus au
pouvoir ; d'où, il m'a fallu nécessairement conclure,
que dans la bouche de la démocratie, ce mot devait
avoir un sens, une application et une portée spéciale
qu'il fallait chercher à étudier pour arriver à connaître aussi les véritables intentions de ceux qui en
ont si souvent parlé dans le temps où nous sommes.
Malheureusement les faits sont si nombreux, qu'il
est impossible que l'on puisse conserver le moindre
doute, se faire la moindre illusion à cet égard.

Comment serait-il possible de douter de ce que
je dis , lorsque pour convaincre ceux qui vou-

draient soutenir que les intentions des démocrates ne sont pas celles que je leur prête, c'est-à-dire la domination de la société par eux-mêmes et non pas exclusivement le bonheur du peuple, j'ai à fournir une preuve irréfragable émanant de l'un des chefs de la démocratie (1), qui s'exprime ainsi relativement à la réforme politique : « Ajoutons, » que pour donner à la réforme politique de nom- » breux adhérents parmi le peuple, il est indis- » pensable de lui montrer le rapport qui existe » entre l'amélioration, soit morale, soit maté- » rielle de son sort et un changement de pou- » voir. C'est ce qu'ont fait, dans tous les temps, » les véritables amis du peuple ou ses vengeurs. »

Cependant demandez-leur en quoi la position du peuple a été améliorée depuis 1848.

Lorsque j'ai cru apercevoir toute l'étendue et l'immense importance de la question, j'ai long-temps hésité à me mettre à l'œuvre, dans la crainte de rester bien inférieur à mon sujet. Je ne voulais pas l'aborder, car il me paraissait tou-cher à des questions brûlantes et difficiles à trai-ter convenablement ; malgré cela, j'ai continué

(1) Louis Blanc, introduction à *l'Organisation du travail*, 4ᵉ édition, 1845, page 17.

mon travail sans m'occuper de mes forces , parce que j'ai fini par obéir à mes sentiments contre la démagogie , et à une espèce d'impulsion interne qui , très-littéralement, m'a comme forcé , contraint en quelque sorte , moi , athlète si peu redoutable , à entrer en lutte avec la démocratie, en lui posant ouvertement cette question : QU'EST-CE QUE LE PEUPLE? Je l'ai fait parce qu'elle a trop souvent abusé de ce mot dans les débats parlementaires et la polémique quotidienne; qu'elle en a trop souvent complétement faussé , dénaturé le sens , dont elle a singulièrement exagéré la signification, précisément en ne voulant pas la fixer d'une manière certaine; en s'obstinant, avec intention , à rester dans le vaste champ de l'inconnu , des espérances chimériques; et en voulant incruster en quelque sorte dans l'esprit du peuple, faire surgir des idées de souveraineté dont il ne comprend et n'apprécie point l'importance , afin de pouvoir profiter de l'élan de ses désirs.

Comme on pourra s'en apercevoir, je m'adresse spécialement , uniquement à la démagogie et à la démocratie dans le cours de cette étude. Pour la combattre, je n'ai fait que la suivre sur le terrain qu'elle a choisi elle-même pour remporter sa victoire définitive. Malgré l'immense infériorité de mes forces, je n'ai point été arrêté par les difficultés qui se sont présentées. Je n'ai point été effrayé de l'habileté de mon adversaire ; de sa puissance, de toute l'énergie qu'il ne cesse de déployer dans ses persistantes attaques contre la société, parce que j'ai toujours été soutenu par une profonde conviction qui me criait sans cesse : 'Tu touches à l'une des véritables plaies de la société; tu découvres le poison que l'on veut distribuer et le moyen dont on se sert pour tuer le malade; travaille à le guérir. Bien souvent j'ai eu de la peine à contenir l'amertume de mes sentiments contre la démagogie : aussi, pourra-t-on trouver parfois quelque chose d'un peu vif dans mon style. Que les personnes qui se donneront la peine de me lire veuillent bien me le pardonner, malgré que je sois loin d'avoir écrit tout ce que j'aurais pu ou voulu dire, car je reconnais que ce n'est pas la vivacité du style qui ajoute à la force des raisons ; et, que la témérité violente de langage, ne peut et ne doit jamais être un bon motif pour légitimer une attaque quelconque , même contre une opinion ou un parti que tout le monde sait être fort enclin à oublier la modération en toutes choses. Cependant , malgré mon inexpérience des lettres, je ne crois pas devoir mériter un reproche bien grave sur ce point.

On me dira peut-être aujourd'hui, à quoi bon publier vos idées sur le sujet que vous avez choisi, puisque cet ennemi de la société que vous vouliez combattre a été frappé et blessé à mort par les événements du deux décembre, et ceux qui l'ont suivi : n'est-il pas couché dans la poussière ; son tombeau n'est-il pas ouvert et prêt à le recevoir?

C'est à mon avis une très-grande erreur; et, c'est parce que je suis fort loin de partager une pareille opinion que j'ai persisté à publier ce travail. Qu'il me soit permis de donner ici quelques explications sur ce que je considère comme étant la vérité en ce qui touche ce point, et la sécurité qui pourrait s'en suivre, parce qu'il me paraît dangereux de conserver la moindre illusion à cet égard.

Il est vrai que les démagogues et les démocrates viennent d'être frappés d'un coup bien rude et bien terrible. Mais, croit-on pour cela que la démagogie et la démocratie soient mortes ? Croit-on que, si dans ce moment elles se taisent et restent tranquilles, l'on doive penser qu'elles sont ensevelies à tout jamais sous les ruines de leur parti en France? Il faut bien se donner de garde, même de penser qu'elles se croient vaincues. Elles se taisent, ont cessé d'agir, ostensiblement du moins, parce qu'elles sont forcées de courber la tête devant le pouvoir qui les domine dans ce moment, mais elles ne font que céder aux sentiments de la prudence, parce qu'elles le craignent, tout en le détestant. C'est ce sentiment parfaitement vrai et très-connu, qui est la preuve même de leur existence.

Il ne faut donc pas s'y tromper, les démocrates veillent encore de leur côté : ils concentrent leurs secrètes pensées; dissimulent leurs projets, auxquels très-certainement ils n'ont point renoncé; leur armée n'est point dissoute partout; elle obéit dans l'ombre à ses chefs, en attendant le moment favorable pour lever de nouveau la tête et s'élancer encore sur la société, comme ils l'ont fait en février 1848. Il n'y a dans ce moment qu'un temps d'arrêt, ferme et vigoureux il est vrai, mais qui repose, il faut bien le dire, sur l'existence d'un seul homme; et si, ce qu'à Dieu ne plaise, cet homme venait à disparaître, la révolution lèverait immédiatement son étendard pour reprendre sa course;

et, comme on le disait tout dernièrement dans une circonstance solennelle , elle dépasserait toutes les appréhensions, déjouerait la prudence aussi bien que le courage de ceux qui voudraient s'opposer à son irruption, pour donner raison à tous les fous, rendre une nouvelle espérance aux scélérats que nous avons vu apparaître en 1793 et en 1848. J'ai entendu dire à des démocrates que si jamais ils revenaient au pouvoir, il n'y aurait pitié ni merci pour personne ; je leur ai entendu exprimer le regret de n'avoir pas profité de la révolution de 1848 pour tout changer, avouant que leur éducation sur les mesures énergiques à prendre en pareilles circonstances, était faite sous ce rapport, et qu'ils n'y manqueraient pas une autre fois.

Il ne faut donc pas croire que la démocratie soit finie, morte à tout jamais. Non, malheureusement ; elle est encore pleine de vie. Elle ressemble dans ce moment à certaines plantes vivaces qui conservent toute leur force végétale dans leurs racines enfoncées dans la terre qui les couvre , et qui n'attendent que les temps favorables pour reparaître plus belles, plus fortes que jamais, après avoir puisé une nouvelle sève pendant le repos forcé auquel la nature elle-même les a condamnées.

La démocratie couve sa proie des yeux, non pas
seulement en France, mais dans l'Europe toute
entière. Le mal n'est pas local, il est universel,
et il a pénétré de sa gangrène la société euro-
péenne. Il se montre partout plus ou moins ouvertement; se fait reconnaître partout, il recommence encore à menacer, ceux-là même qui l'ont
épargné, et lui ont peut-être trop généreusement
pardonné. Partout la démocratie se promet un
succès durable par le même moyen, la souveraineté du peuple, de ce peuple avec lequel on renverse les trônes et les autels, et qui jamais n'a rien
fondé de stable. La question reste donc toujours
la même qu'elle était il y a quelques mois. Les démocrates comprennent parfaitement bien qu'ils n'ont
aucune chance dans ce moment; aussi, voilà pourquoi ils s'effacent presque complétement des affaires, où naguères encore ils apportaient toute leur
ardeur.

C'est parce que j'ai la vive persuasion de la jus-
tesse de cette opinion, que la question posée à la
démocratie en général, me paraît toujours aussi
palpitante d'actualité qu'il y a six mois. Je me suis
arrêté à cette pensée qu'elle ne cessait pas, n'avait
pas cessé d'être opportune, parce que la déma-

gogie est partout la même ; tendant partout au même but, par les mêmes moyens, en cherchant à séduire les masses, et ce qu'elle appelle le peuple, en lui faisant faussement espérer une amélioration morale ou matérielle avec un changement de pouvoir. Voilà pourquoi aussi il me semble que l'on doit toujours lui parler aujourd'hui comme on l'aurait fait avant le deux décembre. Je crois que le principe turbulent qui veut bouleverser la société, doit encore être combattu, partout et sans cesse ; aussi ai-je persisté dans la publication de mon travail, qui devait être faite avant les derniers événements.

Si donc les développements que j'ai donnés à cette question, QU'EST-CE QUE LE PEUPLE, pouvaient paraître inopportuns sous certains rapports en ce qui concerne l'état actuel de notre patrie, je persiste à dire qu'en examinant bien à fond la situation générale des esprits, on doit rester convaincu que le principe du mal est loin d'avoir complétement disparu. L'état dans lequel nous sommes en France est une chose encore trop nouvelle, pour oser croire qu'il ne soit plus nécessaire, malgré l'énergie du pouvoir, de chercher à désabuser quelques esprits trop profondément imbus des idées démocratiques; trop prévenus en faveur de ceux qui les ont semées à profusion, propagées avec une obstination et une énergie de volonté que rien n'a pu dompter, arrêter définitivement. Il faut donc aujourd'hui, autant que jamais, travailler à désillusionner le peuple sur les résultats promis par la démocratie, afin de dissiper, s'il est possible, ces trompeuses espérances avec lesquelles on a tant abusé de sa crédulité, en lui promettant la souveraineté, dont on ne cesse de lui parler.

Dois-je espérer que je serai assez heureux pour arracher le bandeau des yeux d'un seul homme égaré, après avoir vu tant d'écrivains, justement renommés, échouer dans une si noble entreprise; reculer devant la lassitude du public et cette espèce de torpeur qui engourdit encore la société, à laquelle il faut les éclats de la foudre pour la réveiller. La question que j'ai abordée est entièrement neuve; elle n'a jamais été traitée. C'est en quelque sorte une arène nouvelle que j'ai ouverte: il fallait, je le sais, une autre plume que la mienne pour combattre convenablement, parcourir la carrière avec honneur, et surtout pour obtenir de bons résultats. Ce serait cependant pour moi une bien vive satisfaction personnelle d'apprendre que j'aurais pu réussir. Je désire que le succès dépasse mes faibles espérances, car je serais trop heureux si je pouvais contribuer au bien de mon pays. Quel juste et légitime motif d'orgueil et de fierté n'est-ce pas pour tout honnête homme!

En m'exposant à la critique qui doit s'emparer de mon travail, peut-être même à la haine d'un parti, en admettant que les démocrates veuillent me considérer comme un adversaire important dont on aurait quelque chose à redouter, j'ai cherché à payer mon tribut à la société, en retour de la protection, de la sécurité qu'elle me donne comme à tous.

9 mars 1852.

INTRODUCTION HISTORIQUE.

Depuis l'invasion des Gaules par les tribus germaines, on peut distinguer dans notre pays, en ce qui concerne l'état politique et social des personnes, plusieurs époques qui peuvent servir comme de principaux jalons pour montrer les progrès que chaque classe a pu faire dans cet état social et politique.

Les époques principales sont l'invasion des tribus germaines et l'établissement du régime féodal ; l'affranchissement des communes; la monarchie pure et absolue qui a fini par prédominer; la grande révolution de 1789, dont nous voyons aujourd'hui la continuation.

Chacune de ces époques n'est pas tranchée et séparée l'une de l'autre par des événements spéciaux qui, en éclatant, ont marqué la fin de l'une et le commencement de l'autre; elles apparaissent au contraire dans l'histoire, comme étant liées, mélangées les unes avec les autres, par une multitude de faits qui leur ont servi de transition, et qui se sont succédé à des intervalles plus ou moins rapprochés; mais qui servent tous, les uns à marquer l'origine de la nouvelle institution commençant la lutte avec celle qui est attaquée, les autres son progrès et son établissement définitif.

Il ne peut convenir à mon sujet de retracer tous ces faits, surtout en ce qui concerne la première époque, parce que, d'une part, ils sont fort obscurs dans les détails, et que, d'un autre côté, il n'est pas essentiel qu'ils soient connus dans tous leurs développements. Je ne les reproduirai donc ici que très-sommairement, et seulement au point de vue de l'institution elle-même du régime féodal, de l'établissement de la société, de la formation de cette classe que l'on appelle le peuple.

En ce qui touche l'établissement de la féodalité, il faut se figurer des tribus guerrières sortant des forêts de la Germanie, attirées sur le territoire de la Gaule, soit par le désir de la nouveauté, ou par celui du butin; soit pour accomplir une conquête, se présentant toujours avec toutes les illusions qui accompagnent ces sortes d'événements aux yeux de ceux qui les recherchent et veulent y prendre part. Un

chef marchait à la tête de chaque tribu, toutes ensemble avaient un chef général. Elles se précipitaient
sur un territoire plus ou moins riche, plus ou moins
étendu. Il était pillé, dévasté. Après ces excursions,
une partie des guerriers retournait dans la patrie ou
se retirait ailleurs, tandis que d'autres cherchaient à
s'établir sur le territoire conquis. Ces guerriers,
ainsi divisés par bandes, cherchaient à se fixer dans
le lieu qui pouvait leur convenir. Les uns s'empa-
raient des terres par force et violence; d'autres en
recevaient seulement une certaine quantité des anciens possesseurs dépouillés. C'était une espèce de
transaction entre deux droits : celui que croit avoir
une épée victorieuse d'une part, toujours spoliatrice,
surtout dans ces temps de barbarie ; elle faisait la
loi au plus faible ; et, de l'autre, celui de la possession antérieure consacrée par l'occupation légale de
ce temps, le travail et la culture; c'est celui résultant de la civilisation pour tous ceux qui vivent en
société.

Le chef s'établissait sur la propriété conquise avec
ses compagnons d'armes. Ces derniers ne perdaient
pas la liberté pour cela, mais vivaient sous la protection et au service du chef qu'ils avaient suivi ; dont
ils étaient partout les hôtes, les convives, les vassaux, se trouvant ainsi tout à la fois protecteurs et
conservateurs de l'autorité ou de la puissance du
chef, qui les faisait profiter à son tour de toute l'influence de son autorité, ainsi que de la force qu'ils
contribuaient à lui donner.

La possession des terres, on doit le concevoir, était bien incertaine et bien précaire, puisqu'un autre chef, plus vaillant, plus habile, suivi d'une bande plus nombreuse ou plus aguerrie, pouvait venir et venait en effet s'emparer, par les mêmes moyens, des terres déjà conquises par une autre bande qui s'en trouvait en possession. C'est-à-dire, que la force brutale, la violence, et tous les maux qui la suivent, régnaient seules.

La spoliation n'était pas le fait des envahisseurs germains seulement. Les plus forts parmi les anciens possesseurs, comme les plus faibles parmi ceux qui qui avaient cherché à s'établir, en dépouillaient d'autres, s'ils le pouvaient, par la force et la violence, et faisaient ainsi de la société d'alors un chaos monstrueux, inextricable.

Cette effroyable dissolution de la société gallo-romaine, et l'établissement de la nouvelle institution qui a pris le nom de féodalité, a duré près de cinq siècles, pendant lesquels sa formation lente et laborieuse fut, pour ainsi dire, presque toujours à l'état de création, puisque la conquête de la veille était effacée, détruite par celle du lendemain. Le chaos succédait ainsi au chaos.

Les propriétés conquises étaient tout à fait indépendantes. Les possesseurs ne reconnaissaient aucune hiérarchie sociale, aucune loi. Ils étaient libres de faire ce que bon leur semblait. Les domaines ne pouvaient être assujettis à aucun impôt public, redevance ou service quelconque, envers qui que ce soit, puisqu'il n'y avait au-dessus des propriétaires, aucune autorité légale dont ils reçussent protection : ce qu'ils faisaient à cet égard était purement volontaire. Aucun lien social n'existait entre les conquérants eux-mêmes. C'était un état de liberté absolue qui ne pouvait constituer une société, parce qu'elle était sans cesse travaillée, bouleversée par la violence. La liberté pleine et entière est un droit de la nature que des circonstances extraordinaires peuvent développer momentanément, mais que l'état de civilisation tend toujours à modifier dans un intérêt universel. La civilisation n'existant pas, la liberté naturelle devait prédominer.

Ce qui avait été conquis restait la propriété des chefs. Les compagnons qui les avaient suivis étaient attachés à eux par les liens d'une espèce de clientèle qui, tout en leur laissant la liberté de les quitter pour en suivre un autre, leur faisait toujours l'obligation de défendre le chef qu'ils avaient suivi, avec lequel ils vivaient, et même de sacrifier leur vie pour lui : tandis que le patronage imposait aux chefs, celle de fournir des armes, et de les nourrir sur des terres qu'ils avaient contribué à conquérir. L'indépendance de ces derniers restait entière, ainsi que leur droit à la totalité du domaine conquis. Une longue jouissance en fit plus tard toute la légalité.

C'est ainsi que les chefs acquirent des domaines plus ou moins considérables, dont ils distribuaient ensuite des parties plus ou moins importantes à quelques-uns de ceux qui marchaient sous leurs ordres, ou à d'autres particuliers, afin de maintenir les uns sous leur dépendance, ou pour s'attacher les autres comme obligés.

Ces concessions n'avaient pas toutes le même caractère. Les unes furent faites avec le droit de les reprendre dans des cas déterminés ; les autres pour un temps, à vie ; d'autres, avec le droit de les transmettre héréditairement. Mais, dans ces temps d'anarchie, il se manifestait toujours deux tendances diverses : d'une part, ceux qui avaient reçu des terres, à quelque titre que ce fût, voulaient les conserver ; et, d'autre, ceux qui les avaient données, voulaient les reprendre. L'épée victorieuse seule réglait le droit, servait de loi et de justice dans ce temps de brutale oppression.

La meilleure manière de se mettre à l'abri de toutes les iniquités de ce temps, qui accompagnent au surplus toutes les conquêtes dans le moyen âge, était d'aliéner la propriété entre les mains du roi, ou d'un chef puissant, qui la remettait sur-le-champ, mais à un autre titre dans les mains de celui-là même qui la possédait ; contractant ainsi dans son propre intérêt, l'obligation de protéger celui qui avait aliéné le domaine. C'était pour celui-ci un moyen de se créer un protecteur, qui trop souvent était nécessaire aux faibles, et qui parfois manquait aux conquérants eux-mêmes.

Cette aliénation qui peut paraître assez extraordinaire, était un véritable sacrifice de la part des possesseurs, l'indication manifeste d'un désir de stabilité et le premier pas vers elle, en cherchant à éloigner les chances et les résultats de la dépossession par la violence, qui menaçait toujours les faibles. Elle peut être considérée en outre comme moyen de faire cesser cette vie errante et de conquête, qui n'était à vrai dire, que la continuation des mœurs et des habitudes des peuples qui avaient envahi le territoire.

Les concessions de propriété, comme les aliénations dont nous venons de parler, durent créer à la longue des relations sociales, entre ceux qui avaient donné et ceux qui avaient reçu, puisque des intérêts réciproques de conservation se trouvaient engagés de part et d'autre.

Les possesseurs de grandes propriétés, vivant au milieu de leurs compagnons, dans des conditions d'indépendance personnelle, d'autorité, ou de supériorité de force plus ou moins grande ; entourés par d'autres conquérants comme eux, qui étaient plus ou moins puissants par le nombre de leurs compagnons et l'étendue de leurs domaines, se trouvaient eux-mêmes dans une position analogue, c'est-à-dire, chefs d'une société peu nombreuse il est vrai, mais qui l'était autant qu'elle pouvait l'être pour cette époque de bouleversement. Chaque unité était pour ainsi dire campée au milieu des ennemis. Ceux-ci étaient les voisins plus ou moins puissants. Le territoire était ainsi couvert par des bandes armées, vivant toutes dans la crainte des surprises, ou dans l'espoir de continuer et d'agrandir les conquêtes. Cet état de choses si incertain en lui-même, peut servir à expliquer pourquoi toutes les demeures des chefs féodaux étaient fortifiées de manière à pouvoir résister à l'envahissement qui était toujours à craindre. Cette société ainsi isolée, si peu sûre de son lendemain, n'avait pu dans le principe chercher à s'étendre et se rapprocher d'une autre société voisine, tant que le concours de celle-ci ne s'était pas fait sentir pour repousser les violences et les envahissements lorsqu'ils se renouvelaient.

C'est dans cet état de conquête sans cesse renouvelée, présentant une multitude de faits divers, qu'il faut aller chercher les premiers anneaux de la formation de la société en France, mais surtout la source et la cause de la prédominance du système féodal.

L'état des personnes, était et devait être aussi peu régulier que celui des terres. Au sommet de la société, si l'on peut donner ce nom à ce qui existait alors, se trouvaient les grands propriétaires, qui ne tenaient leur droit au domaine que de leur épée. Ils étaient, par conséquent, dans la plus grande indépendance; jouissaient de la plus grande liberté, ayant la plus grande somme de volonté et d'action initiative dans tout ce qui pouvait se faire à cette époque, en ce qui concernait leurs intérêts. Ils ne formaient pas un corps constitué dans l'Etat par suite d'une loi spéciale qui l'aurait organisé; ils existaient individuellement par le fait de la conquête; se maintenaient par la force dans un état de liberté et d'indépendance complètes à l'égard les uns des autres. Il pouvait y avoir tendance à l'union entre eux par la seule ressemblance de leur position; mais, comme il n'y avait pas alors de chose politique que l'on pût appeler gouvernement général de l'Etat, leur indépendance était toute personnelle, parce qu'elle résultait de l'isolement dans lequel chacun vivait sur ses domaines en qualité de chef souverain conquérant, de maître absolu tout-puissant, et non pas en vertu d'un droit légalement établi, résultant d'une civilisation qui aurait créé une société pareille.

Après eux venaient ceux qui avaient reçu des terres; ils se trouvaient dans tous les rangs, sauf celui de la servitude.

Les possesseurs de terres tributaires apparaissaient ensuite : leur condition n'était pas celle d'un homme libre, mais formant presqu'un intermédiaire entre la liberté et la servitude. On trouvait dans cette classe des hommes libres, ayant la qualité et menant la vie de colon; des hommes libres, colons les uns à titre héréditaire, les autres à titre d'usufruit; des hommes non libres, possédant des terres tributaires à titre héréditaire à charge de certains services et de redevances fixes; enfin, dans cette catégorie, venaient des hommes non libres que le propriétaire pouvait à son gré expulser du domaine qu'ils exploitaient, mais dont on ne pouvait disposer comme on l'aurait fait d'un serf ou d'un esclave.

Dans le dernier rang social se trouvaient les serfs et les esclaves.

Comme on le voit, l'état des personnes dépendait en quelque sorte de la nature et de la qualité des terres qu'ils avaient reçues, ou qu'ils détenaient.

Il serait difficile de préciser aujourd'hui comment s'opéra entre toutes ces classes la distribution du pouvoir irrégulier qui existait à cette époque, parce que le pouvoir était mobile comme la propriété elle-même ; comment les richesses furent réparties, les libertés accordées ou maintenues, parce qu'il n'y avait point d'unité ; et, que tout était disséminé sur le territoire envahi, choses et institutions, qui étaient variées à l'infini.

Cependant il y avait des chefs que l'on appelait Rois. Qu'étaient-il à cette époque ?

Le roi n'était qu'un chef habile, puissant par ses richesses et le nombre de ceux qui étaient attachés à sa fortune, marchant à la tête des autres chefs qui voulaient le suivre, par le seul fait de leur volonté et de leur choix. Il était pris, selon la coutume germaine, parmi ceux qui étaient les plus nobles, les plus courageux, les plus éloquents. Le titre de roi était héréditaire dans une famille, et les chefs ne pouvaient élire le roi qu'en le prenant parmi les enfants de ce chef ayant le droit héréditaire pour maintenir l'autorité de sa famille. Le droit d'hérédité n'est point une institution de la féodalité, mais purement et simplement la continuation, sous la féodalité, d'une coutume ancienne des peuples de la Germanie. Le temps, qui améliore beaucoup de choses, ainsi que la religion, lui ont donné ensuite un caractère tout particulier, une base plus solide.

Les rois, outre le droit de conquête qu'ils avaient comme tous les autres chefs, ont étendu leur influence et leur autorité, par des moyens qui ont été et seront toujours employés auprès de tous ceux qui voudront parvenir. L'orgueil, le désir de supériorité, l'ambition étaient alors, comme aujourd'hui encore, de grands mobiles pour l'homme. Les rois, même à cette époque où leur pouvoir était souvent ébranlé, pouvaient donner différentes charges à leur cour, ce qui favorisait le goût de ceux qui sont dominés par quelques-unes des passions qui ont l'amour-propre pour base, ou par d'autres peut-être moins honnêtes. La cour du prince étant le lieu où ces sentiments pouvaient trouver le plus facilement à se satisfaire, ce fut pour les rois un moyen de s'acquérir et de s'attacher les hommes les plus puissants ; comme c'était aussi pour ces derniers une occasion de participer aux plaisirs que pouvait offrir et permettre la réunion des hommes d'élite de ce temps.

Ceux qui recevaient des honneurs, jouissaient des plaisirs de la cour du roi, lui donnaient de la fidélité, des services, en échange des bienfaits et de la sécurité qu'ils trouvaient auprès de lui, à cause de sa puissance.

Ce qui se faisait à la cour du roi se pratiquait également, par les mêmes motifs, parmi les autres chefs, surtout ceux qui étaient les plus renommés. Ils organisaient ainsi leur maison, afin d'assurer tout à la fois leur force et leur influence dans le monde politique tel qu'il existait à cette époque. Cet état de choses devait se continuer de la même manière par gradations jusqu'aux derniers anneaux de l'échelle des propriétaires, car, de tout temps, on a cherché à imiter ce que font ceux qui sont au-dessus de nous.

La classe supérieure de la société, à cette époque, s'est formée de cette manière, et avec ces éléments.

On doit considérer que la noblesse, qui a plus tard illustré la féodalité, a pris naissance parmi ceux qui possédaient de grands domaines, non pas seulement parce qu'ils en étaient propriétaires, mais parce que, en qualité de chefs, ils étaient déjà considérés tout au moins comme les plus courageux par leurs compagnons d'armes. On doit également en rechercher la source parmi ceux qui vivaient à la cour, en y remplissant quelque grande charge, circonstance qui doit être regardée plutôt comme la récompense de la vertu, d'un mérite éminent, que comme le résultat d'une basse et servile soumission à ceux qui les donnaient.

L'établissement de cette prééminence sociale dans ce temps, a dû éprouver toutes les modifications, subir l'influence de l'état d'incertitude de l'époque elle-même, qui présente une société aussi incomplète qu'elle était imparfaite.

Les uns sont donc devenus nobles par l'influence qui s'attache toujours à une grande fortune; elle était alors acquise, le plus souvent, d'une manière peu régulière : mais la prééminence provenait aussi dans ces temps d'une manière spéciale, du courage, de la vaillance, des exploits, de la renommée que procuraient les combats et la victoire. Les autres le sont devenus, en remplissant des charges et des emplois

divers à la cour, ou auprès des chefs les plus puissants et les plus renommés, qui étaient intéressés,
même par amour-propre, à s'entourer des hommes
les plus recommandables ; à donner à leurs compagnons ou serviteurs, l'éclat d'un titre, en y rattachant le plus de pouvoir possible, afin d'avoir eux-
mêmes plus d'autorité sur ceux qui voulaient recourir
à leur puissance réelle, par ce moyen d'intervention
auprès d'eux.

A cette époque, où la force brutale avait seule pour
la généralité des conquérants l'apparence du droit,
ceux qui ne pouvaient pas toujours le faire prévaloir
par ce moyen, recouraient à un autre pouvoir, celui
du clergé, qui seul était capable, par la nature de
ses fonctions et de son institution, de modérer la violence des procédés qui étaient alors universellement
employés dans ces temps de désordre. Comme il n'y
avait pas de corps de nation, point de société générale, d'autorité supérieure gouvernant en vertu de
lois positives, reconnues, acceptées universellement;
point de peuple considéré comme corps constitué,
ayant assez de force pour faire admettre et reconnaître son existence; point de magistrature instituée
pour faire exécuter les lois ; que le droit et le législateur étaient confondus dans une même personne,
le chef armé de son épée; que celui-ci était également le juge ; il fallait bien chercher la justice et
l'administration près du clergé, dont l'autorité était
respectée plus que celle de toutes autres personnes.
Cette tendance était assez naturelle, puisque le clergé

était déjà en possession, même avant la conquête, de l'administration des grandes cités, et se trouvait ainsi appelé à rendre la justice.

L'autorité du clergé venait du rang qu'il occupait à la cour; des honneurs et des charges que les rois lui accordaient, dans le but, sans aucun doute, de rehausser encore aux yeux des hommes, leur pouvoir spirituel, qui pouvait servir à consolider celui qu'ils avaient; et cela, par la double action de l'influence temporelle et spirituelle, qu'il avait réellement et qu'ont toujours les ministres de la religion lorsqu'ils la pratiquent dans les limites et le but que s'est proposé le divin auteur de l'Evangile. Elle avait sa source dans les immenses richesses qu'il avait acquises, et qui tendaient chaque jour à s'accroître : celles-ci produisaient alors l'effet qu'elles ont toujours en faveur de ceux qui les possèdent. Mais elle venait aussi, sans aucun doute, de la nature même de son ministère, qui ne peut pas perdre son empire lorsqu'il est besoin de réveiller dans le cœur de l'homme, des idées et des sentiments qui s'y trouvent déposés par le créateur; sentiments qui ne sont jamais complétement étouffés, même chez les sauvages, qui finissent toujours par comprendre, souvent très-promptement, ce que l'on appelle la loi du devoir, de la charité, qui fait au riche l'obligation de secourir le pauvre; au fort et au puissant, celle de la modération, de la clémence, de la protection envers le faible; aux inférieurs, la soumission, l'obéissance, envers le pouvoir, l'autorité, la loi, sans laquelle la force brutale devient la règle de domination, qui conduit ensuite à la barbarie.

Les hommes libres se présentaient dans la société, après le clergé. Avant l'invasion et sous la domination romaine, ils exerçaient les droits de citoyens, remplissaient les fonctions curiales. Ils étaient appelés à l'élection des évêques dans les villes épiscopales. Mais durant l'invasion, et même longtemps après, cette classe d'hommes, ainsi que son existence légale, politique et civile, paraît enfouie dans les désordres qui régnaient alors. Rien ne semble l'établir comme le résultat d'une institution nouvelle, comme un corps constitué, indépendant de toute autre autorité que celle de l'État, remplissant les fonctions de citoyens. Le mot, la qualité même attribuée à un individu, ont traversé l'invasion, sans avoir la force de conserver, ou de reconquérir légalement une position sociale, qui n'était accordée dans ces temps qu'à la force matérielle, et non à des institutions générales. Celles concernant les hommes libres n'étaient pas entièrement effacées; le souvenir et quelques-uns des droits dont ils jouissaient autrefois, s'étaient perpétués, avaient continué à subsister et à se maintenir avec la qualité, par suite de l'existence même des hommes qui avaient pu profiter de ces droits à d'autres époques.

L'existence, ou la continuation des institutions libres, est prouvée d'une manière non équivoque par le titre et par la division même du territoire en comtés, centuries, dans chacune desquelles résidait

un magistrat dont le rôle était de présider l'assemblée, qui était convoquée et tenue par le comte, ou,
à son défaut, par son vicaire.

C'est là que l'on rendait la justice, et que se déci-
daient les affaires communes.

Tous les hommes libres qui se tenaient dans la cir-
conscription étaient tenus de s'y rendre ; c'était
avec leur concours que les questions de liberté et les
causes capitales étaient décidées devant le comte,
comme elles le furent plus tard devant les *missi
dominici*.

Cependant cette classe d'hommes n'avait pas toujours conservé partout une influence bien importante,
par ce seul motif qu'il n'y avait pas d'Etat, de
société, pas de loi générale assez puissante qui réglât
d'une manière certaine les droits divers des hommes
et des citoyens, par l'intermédiaire de magistrats
chargés de les faire exécuter. Les hommes libres n'a-
vaient donc souvent qu'un titre sans avoir de droit
fixe à exercer ; par suite aussi ce titre n'avait pas
partout une valeur sociale, civile, qui pût donner le
droit de participer à l'administration de la cité. La conquête qui avait bouleversé le territoire et les propriétés, avait aussi détruit dans beaucoup d'endroits
les institutions, surtout celles qui pouvaient tendre à
diminuer les droits que s'arrogeaient les vainqueurs.
Les qualités s'étaient continuées, avaient été perdues
ou prises, non pas en vertu de lois positives, mais
par suite des circonstances dans lesquelles on était,
qui permettaient peut-être, ainsi que cela se voit

dans d'autres temps, de s'attribuer des titres et des droits qui n'appartiennent pas à ceux qui veulent s'en servir. C'était la conséquence de l'effroyable désordre qui bouleversait toutes les existences, tout en laissant à chacun le droit d'user de sa liberté naturelle individuelle, lorsque l'on avait la force de la conserver par soi-même, ou de la conquérir.

La classe des hommes libres était, pour beaucoup d'individus, plutôt un titre qu'une chose réelle donnant des droits au pouvoir. Il faut remonter jusqu'à elle pour trouver l'origine du bourgeois, du tiers état qui l'un et l'autre vont se développer lorsque les communes seront affranchies. Le bourgeois, tel qu'il est aujourd'hui, était à peine connu, parce que les institutions qui l'ont fait naître, grandir, protégé, n'existaient pas encore; pas plus que le pouvoir d'où les institutions générales sont sorties par la suite. C'est bien plus tard, lorsque l'on voit renaître l'influence d'une autorité régulière, qui commence à se faire remarquer dans l'histoire, que paraît celle de cette nouvelle espèce d'hommes libres, à laquelle les rois ont successivement accordé des droits avec le désir et l'intention de mettre un frein à la puissance toujours croissante de l'aristocratie, qui se développait sans contrainte, par la seule influence de ses richesses et de l'emploi de la force.

La dernière classe de la société, était composée des affranchis et des esclaves.

Tel est le tableau bien incomplet de l'état des personnes pendant l'invasion germanique dans les Gaules.

***

C'est dans les institutions de cette période de notre histoire, qu'il faut aussi aller prendre les éléments des systèmes de gouvernement, qui ont tour à tour été présentés comme étant le principe social fondamental prédominant à cette époque.

Après avoir cherché à connaître ce qu'étaient alors les hommes, voyons aussi quel était l'état de la société.

On y rencontrait des hommes libres et quelques vestiges des institutions par lesquelles ils avaient été créés; mais elles sont absorbées, effacées par le mouvement général, le choc sans cesse renouvelé des intérêts particuliers qui se disputaient des lambeaux de territoire, et l'influence dans le monde qui devait constituer la féodalité. On y voyait aussi, ce qui a servi à former plus tard l'aristocratie; elle était presque maîtresse absolue : comme on y trouvait encore l'institution monarchique. Elles coexistaient toutes. Cependant, celles qui évidemment ont joué le rôle le plus important, sont la monarchie et l'aristocratie, car ces deux dernières seules ont été en lutte ouverte pour conquérir la domination sociale. C'est précisément ce qui prouve qu'il n'y en avait aucune qui fût véritablement souveraine, mais que chacune des deux tendait à l'emporter sur sa rivale. L'affranchissement des communes est le point de départ qui sert à marquer le commencement de cette lutte qui a existé et qui s'est manifestée plus tard entre la royauté et l'aristocratie; mais cela n'indique nullement la prédominance de l'une sur l'autre; ce n'était qu'un moyen de l'acquérir.

Durant la conquête, comme après, ainsi que dans tous les pays et dans tous les gouvernements, il y avait alors des inégalités dans toutes les classes d'hommes dont nous venons de parler. On ne voit nulle part quelque chose, un ensemble qui soit la nation, le peuple, remplissant le rôle de citoyen, jouissant des droits que ce titre peut conférer. S'il y avait une certaine hiérarchie parmi les personnes, elle existait plutôt en fait que pour ce qui constitue un droit politique. Certains individus, les chefs principalement, pouvaient dire avec quelque vérité, la société, c'est moi et mes compagnons, car je leur procure l'honneur des combats, la sécurité, la tranquillité sur mes domaines où ils vivent avec moi : je leur distribue la justice, ce premier besoin de toute société; bien recherché même parmi les peuples les moins avancés en civilisation; et cependant, personne ne pouvait dire : ceci constitue l'Etat; et, bien moins encore, l'Etat, c'est moi. C'est qu'en effet, la loi, la justice, étaient la volonté du chef; mais une loi et une justice restreintes à l'étendue d'un domaine particulier, plus ou moins considérable; petite société soumise à un chef tout-puissant par la force de son épée. Les institutions par conséquent devaient être en rapport avec ce qu'elles avaient à régir sur un pareil territoire, c'est-à-dire, un intérêt particulier. Nulle part on ne voit la véritable liberté, cette grande loi dont tout le monde a le droit de profiter aujourd'hui : comment une pareille chose aurait-elle pu exister au milieu du désordre ? Elle ne paraît et ne peut fleurir qu'au milieu de la paix et de la tranquillité publiques. Dans les temps d'anarchie, les lois, lorsqu'elles peuvent être maintenues, sont toujours impuissantes à garantir les droits, même les plus justes. La liberté, l'indépendance des personnes, disparaissaient par deux grandes causes principales, la violence qui ne respecte rien, contraint tout le monde, même les hommes les plus fermes, les plus puissants quelquefois, et détruit les institutions; elle amenait comme conséquence, la nécessité de chercher une protection auprès du plus fort, qui à son tour, en échange de ce qu'il accordait, vous obligeait souvent à sacrifier vos droits. De là, sinon servitude, du moins inégalité de position; par suite, subordination nécessaire, obligée, naturelle même, car la protection ne se donnait guère qu'à ce prix. Ces inconvénients étaient impossibles à faire disparaître, parce que, outre toutes les causes qui les ont fait naître, il faut encore remonter à l'inégalité physique et morale des hommes entre eux, qui crée la prééminence des uns, et la position subalterne des autres.

La féodalité, ainsi que les institutions aristocratiques, ont été le résultat nécessaire de tout ce qui a suivi l'invasion des Germains dans les Gaules; tout comme le despotisme me paraît être le résultat nécessaire, obligé, naturel, infaillible de l'anarchie. L'établissement de la féodalité n'a été qu'une longue agonie de la société gallo-romaine, et de toutes les institutions qui existaient au moment où l'invasion a commencé; elle ne peut être considérée que comme une anarchie prolongée par la violence et l'ambition. Cependant cet état de choses, quelque détestable qu'il fut en lui-même, a donné jour à une véritable institution née de la force des événements et de l'empire des circonstances. Elle devait céder à son tour le pas à une autre, plus régulière et plus protectrice, celle de la royauté, qui s'élevait en même temps qu'elle, en lui disputant la domination générale.

Où trouver la liberté dans cet immense conflit. Il ne pouvait en être question : j'entends la liberté légale, sage, modérée, et non pas celle d'un barbare. La liberté est de toutes les institutions celle qui tend à disparaître, lorsqu'elle est trop étendue. Si le chef d'un Etat abuse de son pouvoir, c'est du moins presque toujours au profit de l'ordre. Si la liberté abuse des droits qu'elle prétend avoir, c'est toujours au profit de la licence; la licence a toujours ouvert et creusé le tombeau de la liberté, sans avoir jamais fait de bien à personne.

Il était impossible que l'on s'occupât de liberté réelle, générale, précisément parce que chacun était trop libre, et qu'il y avait lutte ouverte entre des institutions qui coexistaient et qui tendaient à la prééminence : dans des circonstances pareilles, la liberté légale doit périr, ou ne peut naître, parce qu'elle est la fille de l'ordre et de la paix dans la société.

Les institutions libres furent absorbées en outre par des causes faciles à saisir.

Les chefs, cessant d'avoir une existence nomade, guerrière, tendaient au contraire à prendre la vie sédentaire. Dans l'origine des bandes envahissantes, tout individu était libre, non pas civilement comme citoyen, mais par le droit de la nature : il portait cette liberté dans le milieu social dans lequel il vivait, quoique cependant il y en eût qui l'étaient en vertu d'un droit que j'appellerai *germain*, parce que c'était la continuation de la loi et de la coutume germaine. Ces derniers étaient tout à la fois guerriers et citoyens. Tout à fait à l'origine de l'invasion, le chef était choisi par eux parmi les plus courageux : c'était l'élu parmi les autres guerriers, ses égaux en droit civil. Tout le monde, chez les Germains, n'avait pas le droit de porter les armes, d'être guerrier ; les jeunes hommes n'étaient admis que lorsqu'ils en étaient jugés dignes ; on leur remettait alors des armes en présence des autres guerriers, et dès lors ils participaient aux combats, comme aux délibérations sur les affaires de la tribu. Il y avait donc entre eux, sous ce rapport, comme une sorte d'égalité. Mais lorsque le compagnon du chef ne fut plus guerrier, il ne trouva plus un rôle à remplir comme citoyen ; il dut alors devenir le vassal de son chef, son subordonné, parce que, par l'effet des circonstances et par ses richesses en domaines, celui-ci avait acquis en puissance et en supériorité réelle, tout ce que l'autre avait perdu en liberté ; qu'il ne trouvait plus l'occasion d'exercer comme citoyen, tout ce qui constituait autrefois son droit d'égalité.

Cette transition fut une chose presque nécessaire et naturelle, parce qu'avant l'invasion, le chef re-

nommé par sa bravoure et son éloquence, choisi
par les guerriers, à raison même de ces qualités,
avait déjà une grande autorité sur eux, par les
causes premières mêmes qui avaient motivé son
élection. Mais lorsque le guerrier suivit la fortune de
son chef, vivant avec lui sur ses domaines, fut transformé en quasi-sujet, malgré son titre d'homme libre;
puis en vassal, par suite des obligations réelles qu'il
lui devait, cette position de protecteur et de protégé,
dut devenir par la suite, l'origine de l'inégalité légale
entre les chefs et les guerriers. Elle s'établit d'abord
comme un fait; puis, l'habitude l'ayant consacrée, elle
a été transformée en principe, en droit. De cette inégalité, provenue de l'influence et de la protection
des chefs, a dû naître aussi le pouvoir de l'un, la
subordination de l'autre. L'autorité guerrière du chef
lui donna, comme chef féodal ; par suite encore de
la coutume germaine, le droit de juger les différends
qui existaient dans sa tribu, dans sa petite société.
C'est de là, en partie sans doute, que sont venues
cette multitude de coutumes que l'on trouve dans
notre pays avant la réformation générale.

Le pouvoir royal ne pouvait rester stationnaire : il
devait nécessairement s'agrandir par les mêmes motifs et les mêmes moyens que s'étaient agrandis,
fortifiés l'influence et le pouvoir de chacun des
chefs qui avaient formé un établissement. Il s'est
étendu, raffermi par l'influence des richesses, et
plus encore, par celle que donne le pouvoir suprême
lui-même. Toutes les charges données à la cour, de–

vaient créer autant de moyens d'influence et de supériorité, d'où dérivait tout naturellement la prépondérance du roi : elle devait exciter les hommes à consacrer plus facilement le principe ancien de l'hérédité au profit de celui qui avait toujours beaucoup à
donner, dont on avait par conséquent beaucoup à
attendre, surtout lorsque le prince ne demandait en
échange que de la fidélité et des services, comme récompense des bienfaits et des honneurs qu'il conférait.

Comme il est de l'essence de tous les pouvoirs de
chercher à s'agrandir, l'institution monarchique a dû
entrer en lutte contre l'aristocratie féodale. Si cette
lutte a produit l'affranchissement des communes; a
créé la classe bourgeoise, la nation, l'État, elle a été
aussi la cause occasionnelle de grands maux et de
grands revers pour le pays. C'est tout à la fois pendant l'invasion et la formation du système féodal, que
sont à la fin disparus les restes des institutions libres
qui avaient pu résister, et les grandes assemblées de
la nation.

Il ne pouvait plus y avoir de ces dernières, par
la raison que tous les éléments qui servent à constituer une universalité, un État, une société générale
n'existaient pas. On n'apercevait point par conséquent d'intérêt public, politique, devant motiver
une réunion de ce genre, dans laquelle les citoyens
auraient été appelés à discuter des intérêts généraux.
Toutes les grandes institutions administratives étaient
à peine en germe. Il était donc impossible qu'il y eût
des assemblées générales, puisqu'il n'y avait pas d'inté-

rêt de société générale. Celle qui existait, si l'on peut
donner ce nom à ce qui formait alors l'ensemble de la
population, n'était composée que d'une multitude de
petites sociétés, ayant chacune un chef plus ou moins
puissant, qui avait, lui, un intérêt privé, spécial, celui
de la sûreté de sa personne, de ses domaines, de
ses compagnons, de ses vassaux; intérêt différent
et tout autre que celui du chef et de la société voisine. Il n'y avait pas de citoyens proprement dits;
pas de peuple exerçant des droits civils. La population,
c'étaient les vassaux et les divers officiers du chef. Ces
hommes, quoi qu'ils fussent, c'était presque le peuple, mais à des degrés divers. Il y avait des villes qui
étaient administrées par des chefs féodaux; d'autres
l'étaient par des Evêques qui en étaient les seigneurs
temporels: c'était principalement dans ces villes que
l'on retrouvait les restes des municipes de l'empire
romain, et les derniers vestiges des institutions libres,
parce que les villes avaient pu résister avec plus ou
moins de succès à l'invasion, et conserver ainsi leurs
institutions, leurs franchises, leurs anciennes coutumes.

Nous avons aujourd'hui deux mots qui étaient alors
complétement inconnus et inapplicables à la masse
de la population : ce sont ceux d'égalité, de liberté
légale. Après l'établissement définitif du régime féodal, on ne voyait pas la moindre apparence d'égalité, même entre ceux qui avaient le pouvoir en vertu
de la force. Il n'y avait partout que plus ou moins de
puissance parmi les uns, plus ou moins de servi-

tude parmi les autres. Le peuple politique n'existait pas : il était séparé du pouvoir de chaque chef féodal, qui lui seul était véritablement libre et indépendant, par un abîme qui était, ou du moins paraissait infranchissable, la servitude, établie, maintenue par la force; la dépendance obligée résultant de la protection du plus fort envers le plus faible. Tout cela constituait une inégalité profonde en fait, qui a fini par s'établir comme un droit.

La liberté vraie, légale, n'existait pas davantage pour aucuns des pouvoirs. Les uns étaient indépendants, il est vrai. Cette indépendance était protégée par l'épée et non par la loi : c'était le droit de la force, la liberté de la force. Il ne pouvait donc y avoir d'assemblées nationales.

Ce n'est pas qu'il n'y eût aucunes réunions auxquelles on puisse donner à la rigueur le nom d'assemblées; seulement, elles n'étaient pas générales, mais purement locales et sans caractère politique. Le peuple n'y était pas convoqué : il n'y figurait pas pour débattre ses droits. Les chefs demeurant dans un certain rayon autour de la résidence du roi, s'y rendaient presque seuls pour y remettre les dons volontaires qu'ils avaient l'habitude de faire chaque année au prince : voilà quel fut leur résultat, du moins pendant fort longtemps. Ces réunions n'étaient donc que l'ombre de celles qui s'étaient tenues dans les temps qui avaient précédé l'occupation.

Le plus grand homme de cette époque, Charlemagne, a pu leur donner momentanément un carac-

tère général d'intérêt public. Les circonstances qui
ont suivi son règne, en ont détruit peu à peu l'habitude. On les a vu renaître plus tard sous le nom
d'états-généraux, alors que les rois étaient en lutte
ouverte contre la féodalité ; que la société s'était un
peu constituée, agrandie par les relations que la
paix et le calme établissent nécessairement entre les
hommes ; alors surtout que l'Etat avait commencé à
se former par suite des attaques dirigées contre le
pouvoir féodal, d'un côté par la royauté qui voulait
devenir plus indépendante et plus puissante, en réunissant autour d'elle tous ceux qui ne voulaient plus
supporter la servitude, afin de grouper la population
en un seul tout et faire prédominer l'intérêt politique
du pays ; puis, d'un autre, par la masse du peuple, ten-
tant de reconquérir des droits et des libertés rappelés
sans cesse par le nom d'hommes libres que beaucoup
d'hommes portaient encore, excités aussi par les souvenirs des pouvoirs attribués aux anciennes admi-
nistrations sous le régime municipal romain.

Toutes ces grandes choses sont nées, se sont développées progressivement, par suite des relations qui
se sont établies entre chacun des fragments de société
composant ce que l'on doit appeler la société féodale ;
fragments qui ont dû comprendre, sentir à leur tour,
que l'isolement perpétuel est une chose impossible à
maintenir dans le monde ; qu'un intérêt commun,
ce besoin instinctif des sociétés, devait rapprocher,
réunir, lier les hommes entre eux par une loi commune d'intérêt général.

Ce sentiment et cette impulsion naturelle, ce rapprochement sont peut-être plutôt venus des vassaux que des chefs eux-mêmes, parce que les uns étaient intéressés à sortir de la servitude, les autres à la maintenir. L'idée de la liberté ne vient qu'à ceux qui en ont besoin. Elle surgissait parmi la population asservie ou simplement vassale, afin de résister à l'autorité de tous ces petits souverains despotiques, véritables rois sur leurs domaines, d'autant plus jaloux de leur pouvoir, qu'ils étaient eux-mêmes inégaux entre eux par la richesse, et par conséquent par la puissance. Si d'une part, il y a eu tendance des vassaux à se réunir en corps de nation, à former l'État autour du chef qui portait le nom de Roi ; d'un autre, il y a eu désir de résistance, coalition de résistance de la part des chefs féodaux, pour repousser l'influence royale qu'ils voyaient grandir, et qui devait un jour définitivement l'emporter sur eux. L'histoire est pleine de faits qui attestent que la lutte entre la féodalité et la royauté s'est prolongée jusqu'à une époque très-rapprochée de nous.

Enfin voici le régime féodal définitivement établi, fondé. Cependant, il n'y a pas encore de société, d'Etat, après plus de cinq siècles de combats et de bouleversements. L'état, la position dominante des chefs subsiste en fait et se maintient par la force. Il n'y a pas d'institutions générales. Le droit, c'est l'épée du chef ; la loi, c'est sa volonté ; la justice, c'est lui qui la distribue, comme il règle la liberté de ceux qui vivent avec lui et sous sa dépendance : ou bien la liberté, c'est la licence brutale pour tout le monde,

même pour les chefs. C'est la continuation par tradi-
tion, mais dans une proportion moins grande, des
excès commis pendant l'invasion. Le moi domine
parmi tous ceux qui ont le moyen de soutenir le mot,
faire prévaloir l'idée, comme l'espèce de droit brutal égoïste qui s'y trouve rattaché, lorsque l'on est
assez fort pour le faire prévaloir. La servitude, ou la
dépendance plus ou moins absolue, sont la position de
tous les inférieurs. La loi pénale et civile, c'est trop
souvent le bon plaisir de celui qui commande; la propriété, le fruit du travail, de l'industrie, sont trop
souvent encore la proie de quelques chefs. La liberté,
la loi, la protection, l'administration générale, ne sont
nulle part. Tel est l'état de cette société dans laquelle
il n'existe aucun lien d'ensemble.

C'est dans ce chaos, et précisément à cause de lui,
que germe l'affranchissement des communes, parce
que la servitude pèse toujours à l'homme, et que
l'excès des abus fait toujours naître le désir des ré-
formes ; parce que selon les époques, les circonstances, tout ce qui tend à une indépendance raisonnable et raisonnée, finit toujours par y parvenir,
surtout lorsque l'on a pour soi la justice, l'équité,
même le droit de la nature; mais aussi, pourvu que la
chose à établir soit généralement utile à tous, et ne
brise pas les liens généraux de la société. La durée
de cette indépendance dépend également des époques
et des circonstances dans lesquelles on tente de l'établir. Si dès le principe elle n'a pas eu pour base la loi
impérieuse et inévitable de la justice, de l'intérêt

public, tout ce qui prend le nom de liberté périt et s'anéantit devant la vérité.

Le désir de l'indépendance et de la liberté est juste en soi. C'est une volonté qui ressemble à un ressort qui ne cesse d'agir. Mais, comme cette volonté trouve contre elle la même force de résistance, il s'ensuit une lutte qui rend le despotisme impossible dans un temps de lumière et de civilisation. Que le despotisme vienne d'en haut ou de la portion de la société la moins éclairée, il ne peut durer, parce que le même désir d'indépendance et de liberté recommence à agir lorsqu'il y a oppression. La civilisation et les lumières sont aussi des ressorts qui produisent toujours tôt ou tard la vérité, ennemie implacable de la fraude et des fallacieuses promesses, la véritable liberté réglée par la justice et le bon sens.

Si l'histoire ne le disait, mais malheureusement des faits trop nombreux l'attestent, on aurait peine à croire quel était l'état des populations à l'époque dont je parle. Une trop grande partie des propriétaires les plus puissants, aidés et assistés de leurs gens, étaient de véritables détrousseurs de grands chemins, sans cesse occupés à renouveler par toutes espèces de violences et de brigandages, le butin qu'ils avaient épuisé, et qu'il fallait obtenir de nouveau pour satisfaire à leurs besoins. Les étrangers, les bourgeois des cités, les marchands, les propriétaires, le petit peuple, les serviteurs du roi eux-mêmes, personne, en un mot, n'était à l'abri des vols, des insultes, des vexations,

Affranchissement des communes.

des extorsions de toute nature, de la part de ceux qui possédaient de grands fiefs. Oserai-je dire que, parfois les Evêques eux-mêmes, seigneurs temporels de certaines cités épiscopales, ont eu à supporter la responsabilité de la complicité de ces faits; et même, de choses bien plus graves.

Pour être convaincu de la réalité de ces accusations, il faut lire, dans les chartes, l'énoncé des motifs qui ont déterminé les souverains à accorder des affranchissements, soit aux villes, soit à des réunions de plusieurs bourgs qui voulaient vivre en communauté. Ainsi, celle de Compiègne était motivée, *ob enormitates clericorum ;* celle de Mantes, *pro nimia oppressione pauperum ;* celle de La Rochelle, *propter injurias et molestias à potentibus terræ burgensibus frequenter illatas.*

Si la violence et la force, puis des lois ensuite, ont pu réduire des hommes à la servitude, c'était contre le vœu de la nature qui les a fait naître libres : aussi, après tous les maux qui avaient accompagné l'invasion, marché de front pour ainsi dire avec l'établissement du régime féodal, sans qu'aucune justice fût rendue, la résistance et l'insurrection, longtemps coutenues, éclatèrent successivement, de proche en proche, mais à des intervalles de temps et de distances inégaux. Il ne pouvait en être autrement, puisque les hommes ne connaissaient presque du pays qu'ils habitaient, que l'horizon sur lequel se reposait leur vue; de société, que celle qu'ils formaient dans un groupe très circonscrit; qu'il n'y avait aucun ensemble, aucune communication rapide, comme de nos jours, qui pût transporter la pensée à toutes les extrémités du territoire, en y faisant connaître les justes motifs de plaintes que l'on pouvait avoir contre ceux qui se permettaient toutes ces spoliations. L'effort vers la liberté ne fut pas général, spontané, universel, comme on le voit de nos jours, mais seulement partiel, local ; soit que les griefs ne fussent pas partout aussi justement fondés ; ou que la puissance de ceux sous lesquels les vassaux vivaient opprimés, ne permit pas à ces derniers une révolte qui eut été à l'instant comprimée, étouffée par la force de celui contre lequel on eut voulu la diriger.

Les chartes d'affranchissement commencèrent par être données à des villes d'une grande importance, parce qu'elles étaient en état, plus que toutes autres, d'imposer leur propre liberté au seigneur dominant, ou de la défendre contre lui. Plus tard et par la suite, elles le furent à d'autres villes moins considérables; à des réunions de petites localités, qui s'associaient pour surveiller leurs intérêts et pourvoir à leur défense. Il y en avait parmi ces dernières, qui se réunissaient à de grandes villes pour chercher à profiter de la liberté qui leur avait été accordée ; souvent elles ne faisaient que changer de maître. Ces affranchissements de communes furent les premiers pas du peuple vers le berceau de la liberté de notre temps.

Je viens d'énoncer les motifs qui ont amené cette grande modification dans l'état social : elle fut secondée, favorisée, provoquée en quelque sorte par

les rois, qui avaient commencé par en donner l'exemple sur leurs propres domaines, en accordant la liberté à leurs vassaux, dont ils avaient presque fait
des citoyens. Ils appréciaient ainsi la nature de
l'homme, auquel il est absolument nécessaire de laisser un certain degré d'indépendance et de liberté,
pourvu qu'il soit compatible avec l'intérêt et la sécurité de tous, avec l'ordre public que l'on ne doit
jamais perdre de vue ; avec le besoin de maintenir
tout ce qui constitue une société.

L'on aura peine à croire qu'en présence de pareils motifs, si légitimes et si sacrés, un témoin de
ces choses, ait pu dire alors que rien n'était plus injuste et plus scandaleux que tous ces faits d'affranchissement, bien chèrement achetés, si longuement
attendus ; qu'un acte d'administration des rois, considéré comme nécessaire, sage en lui-même, qui fut
si utile à la France ; attestant une politique haute et
intelligente ; qui avait réveillé le courage, l'émula-
tion, donné l'essor à l'esprit de ceux qui en étaient
l'objet ; qui faisait apparaître avec la liberté, quelques
lueurs de progrès dans l'industrie ; on a peine à
croire, dis-je, que l'affranchissement des communes
ait excité des murmures et des clameurs universelles,
à ce point, que l'histoire puisse reproduire le blâme
suivant : « La commune *nom nouveau, nom détestable,*
» a pour but d'affranchir les censitaires de tout ser-
» vage, au moyen d'une redevance annuelle ; n'impo-
» sant à ceux qui manquent à leurs devoirs, qu'une
» *amende légale, et délivrant ainsi les serfs de toutes*

» les exactions auxquelles ils étaient assujétis. »

Ces dernières expressions seules, suffiraient à prouver la réalité des imputations faites aux seigneurs féodaux, et à faire apprécier la justice et le mérite des plaintes de ceux qui se disaient dépouillés de ce qu'ils appelaient leur droit.

Malgré ces plaintes et le mécontentement des grands propriétaires, le nombre des communes affranchies s'augmenta rapidement. Elles parvinrent bientôt à un tel degré de puissance, soit par elles-mêmes, soit par l'effet de leur réunion et de leur alliance entre elles, que les riches feudataires, ainsi que le clergé, entrèrent souvent dans ces confédérations, dans l'intérêt même de leur propre sécurité, comme autrefois on avait vu des propriétaires convertir leurs domaines en bénéfice, afin de les protéger et sauver, en se mettant ainsi sous la protection d'un homme puissant auquel ils s'attachaient dans leur intérêt personnel et pour la conservation de leurs richesses.

Les habitants qui voulaient se réunir en commune, principalement ceux des grandes villes, commençaient par recueillir les usages et les anciens droits dont la localité avait joui. On examinait les abus et l'on proposait les remèdes, en profitant de l'expérience acquise, soit par la réflexion, soit par suite des malheurs de ces temps. On traçait les règlements; puis l'on en formait une espèce de code, qui souvent était consigné dans le projet de charte pour être ratifié par le souverain. C'est de cet usage que sont venues la plupart de nos coutumes écrites.

L'affranchissement et la liberté étaient donnés à
divers degrés et à diverses conditions, selon les circonstances et selon l'importance des localités. La plus
grande des prérogatives pour les communes était
d'avoir des lois fixes, écrites, et de ne pouvoir être
régies que par elles-mêmes. Elles avaient leurs magistrats pour faire l'application des lois et règlements :
ils étaient pris et choisis parmi les membres de chaque
commune. Il fallait bien affranchir de toute justice
seigneuriale, des hommes qui s'étaient confédérés, précisément pour éviter la tyrannie des grands propriétaires féodaux.

Les forces dont elles disposaient pour faire respecter les droits qui leur avaient été accordés, protéger
leurs domaines et leurs personnes, existaient chez
elles-mêmes. Les moyens de défense sont encore at-
testés par un grand nombre de monuments anciens
dont on aperçoit de grands restes. La ville était entourée de fossés profonds, de remparts flanqués
de tours. Des souterrains communiquaient ensemble,
ou avec le dehors, par les endroits les moins acces-
sibles à l'ennemi, ou présentaient des moyens cachés
de circulation et de fuite en cas de nécessité. Dans
l'intérieur de la cité, chaque maison était presque une
forteresse, dans laquelle se réfugiait en dernier lieu,
le propriétaire et sa famille. Là, chacun résistait à la
violence, s'il n'était pas vaincu par la force du plus
grand nombre, le feu ou la famine.

Les chartes portaient quelquefois des conditions
qui obligeaient le roi à secourir les communes affran-

chies. Ainsi, il était dit, que si un étranger, soit noble ou roturier, venait à causer du dommage à la commune, et s'il refusait d'obéir à la sommation du maire pour le réparer, celui-ci aurait le droit de marcher à la tête des habitants, de détruire l'habitation du coupable; et s'il était trop fort lui même, *le roi s'engageait à les secourir.*

A côté de ces prérogatives, résultat de l'affranchissement, il y avait des charges à remplir. Elles étaient pécuniaires, basées alors sur la richesse et la population de la cité; ou bien personnelles aux habitants, qui étaient obligés de suivre les rois lorsqu'ils faisaient la guerre. C'est par suite de cette obligation que l'on voit figurer les gens des communes dans les armées et dans les expéditions du prince. Elles ont payé ainsi aux rois, en services, le prix de la liberté qu'elles en avaient reçue. Leur constance fut dictée par leurs intérêts; leurs efforts ont fini par détruire l'anarchie féodale. Placées entre les seigneurs et le trône, toujours prêtes à repousser la violence et l'injustice par la force; toujours ennemies des tyrans subalternes qui les environnaient, mais aussi comprenant et pratiquant quelquefois fort mal leur liberté; éparses sur le territoire, sans lien entre elles, leur exemple s'est cependant propagé, et l'indépendance des premières qui ont été émancipées, a servi de point d'appui à toutes celles qui ont voulu les imiter. Elles ont combattu pendant plusieurs siècles avec des périls sans nombre, des succès sans grande gloire; subissant des revers cruels;

aidant à fonder la liberté du trône en cherchant à
affermir la leur. Ce sont elles qui ont contribué à
former l'État, en rattachant leurs intérêts particuliers
à celui du prince : la patrie, la nation, qui n'était
nulle part, s'est formée, agrandie par l'adjonction
successive de leur territoire, et la réunion, en cas de
besoin, de leurs forces; tous ont ainsi profité de leur
sang et de leurs richesses, qui ont été consacrés au
service d'un intérêt d'indépendance. C'est au milieu de vicissitudes sans cesse renaissantes, qu'elles
se sont maintenues pendant longtemps dans la plupart des droits qui leur avaient été accordés, jusqu'au moment où les rois commençant à avoir des
armées en permanence, ont dû chercher à rétablir
l'équilibre et la subordination générales dans tout ce
qui composait la monarchie, après avoir été assez
puissants pour réprimer sans danger la cupidité des
grands, et contenir la licence souvent effrénée du
peuple; tracer et faire suivre par tous, la ligne de l'o-
béissance à des devoirs nés des circonstances. Arrivés
à un tel point de puissance, leur politique a dû changer. Il a fallu chercher à concentrer l'administration
dans une seule main; unité qui est, doit être un principe, comme elle est une cause de grandeur, de
force pour tous les pays qui la possèdent. Cette con-
centration des pouvoirs a dû conduire les chefs de
l'Etat, à chercher à diminuer les prérogatives des communes. L'une des plus importantes de toutes fut
entièrement anéantie par la célèbre ordonnance de
Moulins, de 1566, rendue pour la réformation de la

justice. Par suite de l'une de ses dispositions , les justices ordinaires furent ôtées aux maires et gouverneurs des villes ; et son article 4 voulait que les cours de parlement *procédassent à rigoureuses punitions des juges et officiers de leur ressort qui auraient contrevenu*.

En diminuant les prérogatives des communes , on augmenta leurs obligations : ce fut ainsi que l'on parvint insensiblement à les rendre impuissantes , puis tellement à charge à elles-mêmes, qu'il arriva qu'elles demandèrent l'abolition de leurs lettres d'affranchissement, pour entrer dans cette grande confédération d'intérêts généraux qui s'étaient formés par une double action : d'un côté, la liberté des communes qui donnait le jour dans le sein de chacune d'elles à la bourgeoisie et au tiers état, destiné à jouer un jour un si grand rôle ; indépendance des communes qui fut comme un centre d'où partaient autant de rayons de force et de lumière qui n'ont cessé de grandir, surtout depuis le moment où ils se sont rencontrés pour s'unir ; et d'un autre, par l'incessante activité des Rois, qui travaillaient à se mettre hors de page, en cherchant à renverser un pouvoir dont l'existence, consacrée par le temps , avait cependant une origine entachée par la violence. Les rois avaient favorisé l'émancipation des communes pour résister aux entreprises des seigneurs ; plus tard, il fallut chercher les moyens de créer l'unité nationale en diminuant la liberté des communes. C'est ainsi que leur liberté et leur indépendance, dégénérant de siècles en siècles, a

préparé l'avénement de la monarchie pure et absolue, qui a occupé le trône pendant plusieurs règnes,
durant lesquels de si grandes choses ont été faites
pour la gloire et la puissance de notre patrie.

Qu'était le peuple pendant la période dont je viens
de parler ? Que faisait-il ? Quels droits avait-il ?

Le peuple était alors tout ce qui n'était pas noble,
grand feudataire, grand propriétaire, dignitaire dans
l'église ou à la cour, ou qui ne remplissait pas diverses charges importantes dans l'administration de
l'Etat ou des communes. C'était une multitude de
propriétaires moyens et petits, de cultivateurs, de
commerçants plus ou moins riches, de rentiers et
autres individus, pouvant, à raison du titre de bourgeois, qui n'était pas donné à tout le monde, participer
à l'administration de la cité et à l'élection de ses magistrats. Il se composait aussi des artisans et de tout
le *plebs*, participant plus ou moins à la vie civile de
leur commune, la seule à cette époque qui eut un
caractère politique, encore n'était-ce qu'un intérêt
local en quelque sorte. Le bourgeois était tout à la fois
l'homme de la cité pour y vivre tranquillement lorsque
les circontances le lui permettaient; et pour la défendre les armes à la main, lorsqu'il y avait nécessité
de résister à une agression, soit d'un seigneur voisin,
soit d'un ennemi étranger. C'était le citoyen usant
du droit concédé, établi dans la charte d'affranchissement, procédant à la nomination des magistrats de
sa cité; agissant, se remuant, intrigant pour ou contre,
comme agissent, se remuent, intriguent aujourd'hui

tous ceux qui veulent profiter de la loi pour l'exercice de droits conférés à l'universalité, ou à une certaine classe de citoyens par la grande charte de la
nation qui nous régit en ce moment.

Le bourgeois n'exerçait qu'un droit restreint à l'administration de la société de la cité qu'il habitait :
il ne délibérait pas, il ne faisait que choisir ceux qui
étaient appelés à délibérer. Il n'avait pas, par conséquent, d'action directe dans l'administration de la
cité, de la commune. Celle-ci n'était elle-même
qu'une petite société particulière, isolée, ayant des
intérêts particuliers et spéciaux ; elle se trouvait en
opposition avec celle formée par le seigneur voisin,
agglomérée autour de lui, protégée spécialement par
lui, afin de pouvoir lui résister : il y avait souvent
désir d'indépendance envers tous autres. Mais, toutes
les deux, surtout dans l'origine de l'affranchissement, n'étaient rien dans l'état qui n'existait pas
encore : la cité était un des mille anneaux qui devaient un jour servir à le former, sans qu'il y eût,
dans le principe du moins, aucun lien, aucun intérêt
collectif qui obligeât, même moralement, une cité
envers une autre. C'est la multiplication de ces
petites sociétés civiles, isolées d'abord, se réunissant
ensuite par un sentiment commun, le désir de consolider leur liberté et leur indépendance ; conférant
ensemble sur leurs intérêts, sur leurs droits, qui a fini
par transformer peu à peu, mais après des siècles,
le droit du bourgeois de la cité, en droit du citoyen
de l'Etat ; qui a fait naître le droit général, par la réu-

nion successive de tous les droits particuliers au grand centre, la royauté ; droit consacré par la charte de la nation, qui a véritablement son origine dans celui d'indépendance particulière des communes. C'est l'union de celles-ci avec le pouvoir royal, qui a donné la puissance hors ligne à ce dernier ; mais, c'est aussi la force et l'indépendance du pouvoir royal, qui ont véritablement dirigé l'esprit des cités vers l'unité nationale et fait naître ainsi, sans aucun doute, l'État, qui ne se serait peut-être pas formé, si toutes les petites sociétés dont je viens de parler, n'avaient trouvé, pour marcher à leur tête, un chef déjà puissant qui réunissait et dirigeait tous les efforts vers un même but.

Louis XI est celui de nos rois qui, très-certainement, a le plus contribué, par l'extrême énergie de sa lutte avec la féodalité, à mettre en relief la bourgeoisie, le tiers état. Des préventions mal réfléchies, comme elles le sont presque toujours, se sont élevées contre lui, parce que l'on n'a pas fait attention que tous les actes d'iniquité, de barbarie même que l'on est aujourd'hui, avec nos mœurs, en droit de lui reprocher, que tous ces actes étaient dans les habitudes de tous les grands feudataires du temps ; les chroniques en font foi : ces adversaires, ces ennemis plutôt, qu'il a si vigoureusement attaqués, combattu dans un intérêt général ; qu'il a réduits à l'obéissance après la mort de Charles le Téméraire, le dernier des ducs de Bourgogne, étaient intéressés à noircir sa mémoire, à flétrir son nom et son administration, en révélant des faits odieux sans doute, mais qu'ils ne devaient pas condamner aussi sévèrement, puisqu'eux-mêmes pouvaient fournir de justes motifs à des observations aussi fondées envers eux. Ce n'est pas que je veuille laver ici sa mémoire de tous les actes à l'aide desquels il s'est mis hors de page : ils sont fort répréhensibles en eux-mêmes, aux yeux de la morale et d'une saine politique, qui commande ordinairement l'emploi des formes régulières de la justice ; mais la violence de ses procédés, leur iniquité doivent immensément perdre de leur gravité, à mes yeux du moins, si l'on envisage, sous le rapport politique, la situation dans laquelle il s'est trouvé à la suite des désastres de toute nature qui avaient bouleversé la France, sous les règnes de Charles VI et Charles VII ; si l'on considère surtout leurs causes et leur origine, et si l'on veut bien faire attention à la nécessité absolue de mettre un frein à l'indépendance féodale, qui s'était développée sans contrainte, alors que les ducs de Bourgogne, alliés avec l'Angleterre, combattaient ensemble pour renverser le trône et déchirer le pays. Le despotisme cruel de Louis XI, blâmable aux yeux de l'humanité, de la morale ; inutile, impossible, dangereux, impraticable dans un temps calme et avec une administration régulière reconnue, respectée depuis longtemps, fut nécessaire selon moi, parce que les deux règnes qui avaient précédé le sien, n'avaient été qu'une longue anarchie, pendant laquelle les mauvaises passions avaient pris leur essor. Triste et mémorable époque pendant laquelle la noblesse avait cherché à se venger de l'affranchissement des communes, en créant contre lui, un orage terrible que l'on appelait alors la ligue du bien public, à la tête de laquelle les factieux avaient placé le propre frère du roi, sans doute pour lui rappeler que dans d'autres temps il avait commis une pareille faute, qu'il punissait sévèrement chez les autres, parce qu'il en comprenait toute la gravité et les conséquences politiques.

Si la bourgeoisie et le tiers état ont été mis en relief sous le rapport politique, ils y étaient aussi d'une autre manière, par l'impôt que seuls ils payaient presque tout entier. Ce fait peut paraître injuste en lui-même aujourd'hui, mais cependant il faudrait ne pas perdre de vue, d'abord qu'il n'était que le résultat des circonstances de la conquête; et, ensuite, de la lutte établie entre la royauté d'une part, et la société seigneuriale indépendante de l'autre. Que dans le principe, les grands propriétaires, conquérants, n'avaient jamais été soumis à aucune redevance, à raison de l'indépendance absolue dans laquelle ils étaient par suite de la conquête elle-même que chacun d'eux avait faite d'une portion de territoire; qu'ils avaient imposé au contraire aux vassaux, ou à ceux qui avaient recours à eux en prenant des terres à divers titres, la charge de payer certaines redevances foncières ou autres, en rapport avec la nature et la quotité de celles qu'ils tenaient. La noblesse de la féodalité avait conquis son indépendance avec l'épée, aussi ne payait-elle pas de subside à la royauté que

selon les circonstances, et la volonté de celui qui
donnait. Comment les chefs auraient-ils pu être
obligés à payer des impôts; il n'y avait pas d'état,
pas de chef dominant qui eût assez d'autorité pour
les y forcer; ceux qui continuaient à le faire, obéis-
saient à une habitude, et non pas à une loi générale, obligatoire pour tous. Les dons de la noblesse
et du clergé étaient purement volontaires. Une épée
victorieuse impose des obligations et n'en reçoit jamais : elle ne paye qu'autant qu'elle y consent. C'était
la position de la noblesse féodale.

La lutte entre la royauté et la féodalité avait été
soutenue par la société communale, qui, pour con
quérir son indépendance, avait été obligée de la payer
avec son sang et ses trésors. C'est de ces circonstances si variées, dont nous venons de rappeler les
deux grands éléments, qu'est venue l'habitude, qui
s'est transformée presqu'en droit ordinaire, de demander au tiers état, à titre d'impôt, ce que la
noblesse et le clergé ne donnaient que selon leur
gré et bonne volonté. C'est peut-être aussi dans ce
fait de la nécessité de lever l'impôt, que réside en
partie la cause de la convocation des états généraux;
de l'admission du tiers état, de la bourgeoisie dans
toutes les réunions qui pouvaient avoir un caractère
politique, dont la dernière fut tenue, pour la forme
seulement, sous Louis XIII, au palais même des Tuile-
ries. Ce fut aussi ce roi qui a porté le dernier coup à la
féodalité déjà bien mutilée. La mort de Montmorency à
Toulouse; celles de Chalais, de Thou et de Cinq-Mars,

de Marcillac, de Bouteville durent apprendre à la noblesse que le roi seul était souverain. Ces tragiques événements terminèrent la résistance, abaissèrent tous les obstacles, et durent amener le pouvoir absolu de Louis XIV, qui travailla de son côté à former et consolider d'une manière définitive, cette grande chose que nous appelons aujourd'hui l'Etat. Sous son règne la bourgeoisie dut se développer et prendre une position importante, parce que le prince lui-même agissait de manière, non pas précisément à rabaisser la noblesse, mais à élever la bourgeoisie dans le but de constituer une généralité d'intérêts, cette chose morale qu'il appelait l'État, qui n'était pas encore bien dessiné.

Il ne s'était agi, jusqu'alors, que de la monarchie, qui n'avait pas cessé d'être en lutte avec la féodalité ; on ne pouvait consolider l'État, qu'en donnant aussi l'essor aux gens des communes. Ce qui prouve que leur position devenait de plus en plus importante, c'est ce nom d'officier de fortune que l'on voit donner à certains parvenus ; c'est l'accession aux places de judicatures, à certains emplois de finances, qui contribuent à faire jeter un éclat tout particulier à ceux qui en jouissaient, malgré qu'ils ne fussent pas tous ce que l'on appelait alors des *Seigneurs*.

Une des mesures qui contribua le plus au but que se proposait le roi, fut l'introduction du principe d'égalité, spécialement appliqué, d'abord à l'armée.

Les règlements adoptés par Louvois, détruisirent les avantages et les prérogatives de la noblesse sous ce

rapport : il fut arrêté relativement au service militaire, que l'avancement aurait lieu par droit d'an-
cienneté, et selon l'ordre du tableau, en assujétis-
sant *les seigneurs*, sans aucune exception, à débuter
par être cadets (simple soldat) *dans les gardes du
corps*, et à faire le service des simples gardes du corps
dans les salles des gardes et dehors, hiver et été,
ainsi qu'à l'armée.

Les motifs du ministre étaient excellents; ils reposaient sur ce que tout service militaire étant honorable, il est raisonnable de commencer par apprendre
à obéir avant de commander.

Il fut donc établi que, quel qu'on pût être, tout ce
qui servait, demeurait dans une égalité entière; il en
résulta aussitôt que des seigneurs se trouvèrent
dans la foule des officiers de toute espèce, ce qui
amena un mélange entre les grands et les petits, qui
dut faire oublier peu à peu la différence de rang et
d'origine. La noblesse d'alors, selon ce que rapporte
un écrivain de l'époque (1), fut forcée d'entrer au
service, d'y persévérer, et de devenir ainsi *un vil peuple
en toute égalité ;* aussi l'écrivain dont je parle, disait-
il du règne de Louis XIV, que ce fut celui de la *vile
bourgeoisie.*

Cette expression, qui doit paraître fort singulière
aujourd'hui, était occasionnée, sans doute en outre,
par le dépit que la noblesse devait éprouver de se voir
exclue en quelque sorte des affaires de gouverne-

_____

(1) Saint-Simon (Mémoires de).

ment, des ambassades, ce qui lui faisait dire que les ministres du roi *étaient des gens de rien.*

Un dernier fait atteste combien la royauté absolue avait fait de progrès, dans l'esprit même des personnages les plus élevés et les plus puissants : c'est le refus que Louis XIV fit à son frère qui lui demandait le gouvernement d'une province, d'avoir en même temps une place de sûreté, ainsi que cela avait été pratiqué dans l'ancienne monachie. Ce refus indiquait suffisamment que l'unité était déjà formée, et que l'on ne pouvait plus impunément braver l'autorité souveraine.

La puissance des grands seigneurs avait donc été absorbée par le développement de celle des rois : celle-ci fut à son tour contrebalancée par l'autorité des parlements, qui se posaient alors dans le monde politique comme représentant les états généraux, depuis qu'on avait cessé de les convoquer : elle le fut encore par l'influence toujours croissante du Tiers-Etat, qui, sans remplir un rôle politique dans le gouvernement, s'était cependant élevé dans l'Etat par le grand nombre d'emplois et de charges qui lui étaient données, ou qu'il achetait. Sa force allait encore s'augmenter par l'industrie, le commerce, l'étude des beaux-arts et de la littérature. Le but et la place n'étaient pas encore marqués comme ils le furent plus tard. Les parlements en étaient arrivés à ce point de puissance, qu'ils se croyaient supérieurs aux Etats généraux, alors qu'ils ne purent s'y faire admettre : aussi disaient-ils « que les états ne sont que

» pour adresser leurs cahiers et leurs remontrances
» en forme de supplications à sa majesté, lesquels
» doivent être présentés aux parlements pour y appor-
» ter les modifications qu'ils jugeront convenables. »
Cette prétention confirme au surplus la puissance sans
bornes des rois.

Les premières traces que l'on trouve dans l'histoire
qui puissent attester une certaine participation du
peuple aux affaires publiques générales, sont consi-
gnées dans une ordonnance de saint Louis, datée de
Saint-Gilles (1254), par laquelle il paraît que les trois
états étaient *consultés* quand il était question de ma-
tières où le peuple avait intérêt. Elle devient plus ap-
parente lorsqu'il s'agissait de l'élection des députés
aux Etats généraux, qui se faisait à plusieurs degrés
et par baillage. C'est dans les anciennes coutumes,
que le roi Louis XVI a puisé tout ce qui a servi de
base au mode d'élection des députés en 1789.

Voici au surplus comment cela se pratiquait. Dans
les villes et villages dépendant *d'un baillage supérieur*, se tenait une *assemblée primaire* qui élisait
un certain nombre de délégués, chargés de présenter les cahiers de doléance de la localité à *l'assemblée
supérieure*, composée de tous les délégués du baillage
réunis dans la ville principale de ce baillage supérieur.
Ces délégués, ainsi réunis en *assemblée électorale supérieure*, examinaient les cahiers qui avaient été trans-
mis; réunissaient toutes les demandes de même nature
pour n'en faire qu'un seul cahier, puis nommaient
les députés aux Etats généraux.

Si les délégués dépendaient d'un *baillage secondaire*, ils examinaient également les cahiers, n'en faisaient qu'un seul, puis nommaient encore parmi eux un certain nombre de délégués qui se réunissaient à ceux du *baillage supérieur*, pour contribuer à l'élection des députés.

Les conditions pour *être électeur*, quant à la noblesse, étaient d'être né noble ou naturalisé Français dans cet ordre, et d'avoir 25 ans : dans l'état ecclésiastique, il fallait remplir les mêmes conditions; c'était évidemment un privilége attribué à la naissance et à la classe du clergé.

Quant au Tiers État, tous les habitants nés ou naturalisés Français, âgés de 25 ans, *domiciliés et compris au rôle des impositions*, avaient le droit *d'assister aux assemblées primaires ;* de concourir *comme délégués* à la rédaction des cahiers et à la nomination des députés. Mais ceux qui connaissent la position du tiers état, qui dans l'origine des états généraux était une fraction imperceptible qui ne s'est formée que peu à peu, pourront seuls comprendre ce qu'étaient réellement les habitants compris au rôle des impositions. Il n'y avait en réalité que les propriétaires plus ou moins riches, ce qui constituait la bourgeoisie, parce que *le peuple* était dans une espèce de servitude, ne possédait rien en propre, ou presque rien. Il ne payait des impôts qu'en raison de l'importance des redevances auxquelles il était assujetti, pour le domaine utile des biens qu'il tenait des seigneurs;

redevances qu'il ne faut pas confondre avec des droits féodaux ou des droits fonciers dus par ceux qui tenaient des terres à divers titres, comme fermiers ou colons. Il n'y avait donc en réalité que des propriétaires plus ou moins aisés, ou des chefs de corporations qui prissent part aux élections primaires.

Telle est la seule participation *du peuple* aux affaires publiques, en dehors de ses droits de bourgeoisie dans la commune affranchie, dans la société communale. Encore cette participation était-elle rare, car les réunions par baillages avaient lieu à de bien longs intervalles; et le nombre des électeurs était-il restreint seulement à ceux qui étaient domiciliés et compris au rôle des impositions.

Au moment de la grande rénovation de 1789, un édit spécial fut rendu pour suivre ce mode d'élection puisé dans les anciens usages. Le roi, cédant en cela aux faits et à l'ascendant des circonstances qui avaient successivement et considérablement relevé l'importance de la classe bourgeoise dans l'esprit public, parce qu'en effet cette position s'était immensément améliorée sous le rapport de la richesse et des lumières; le roi, ordonna que les députés du tiers état seraient égaux en nombre à ceux des deux autres ordres réunis.

La doctrine qui prévalait alors dans les parlements sur la monarchie était, quant à la nation, d'accorder librement des subsides par l'organe des états généraux, régulièrement convoqués et composés; comme elle avait aussi celui de se donner un roi, si la dynastie régnante venait à s'éteindre.

Longtemps avant 1789, la révolution qui a éclaté à cette époque était en germe de toutes parts. Ce serait tout un vaste tableau à peindre, je ne veux pas l'entreprendre. L'édifice de la féodalité, battu en brèche depuis si longtemps par la royauté elle-même ; celui de la monarchie absolue, qui avait brillé pendant plusieurs règnes, et qui avait été si laborieusement élevé pendant des siècles, va disparaître par la main puissante de cette bourgeoisie, de ce tiers état, qui a été affranchi par la royauté et qui a grandi avec son appui. Il va tout renverser à son tour ; transformer la société, le gouvernement, en se proclamant souverain, manquant dans cette occasion aux sentiments de modération, par laquelle on fait grandir plus sûrement les institutions, qu'en s'attribuant un pouvoir que trop souvent on ne peut exercer convenablement faute d'expérience.

Toutes les positions sociales vont être attaquées, bouleversées. Toutes les anciennes institutions vont disparaître devant le pouvoir nouveau, qui ne se connaît pas encore lui-même, mais qui va se révéler tout d'un coup, avec le bruit, l'éclat et la rapidité de la foudre, en brisant les entraves qui le liaient depuis si longtemps. Cette puissance nouvelle, jusque-là inconnue, aspirant à la liberté, toujours frustrée dans ses espérances qui se sont évanouies, comme se dissipe et s'évanouit de lui-même tout ce

qui veut éclore avant le moment opportun; ayant autrefois fléchi devant la puissance, l'autorité royale
et les institutions monarchiques absolues qui s'é-
taient fortifiées, développées par la gloire et des conquêtes utiles à la grandeur de la nation; cette souveraineté d'un nouveau genre qui va se dresser tout
d'un coup, c'est celle du peuple. Mot ancien déjà,
mais présentant alors une idée toute nouvelle; ayant
aussi un autre sens et une autre portée; se révélant
par des prétentions illimitées, sans raisons légitimes
pour quelques-unes, à des droits vainement désirés
depuis des siècles; droits aussi mal définis, aussi mal
réglés que tout ce qui se faisait dans cette époque de
perturbation; et cela est si vrai, qu'aujourd'hui même
on se demande encore jusqu'où doit aller la liberté;
en quoi elle consiste? Qu'est-ce que l'égalité, quelles
sont ses bornes? Son esprit est entré dans un vaste
champ d'espérances, où des désirs immodérés, surex-
cités par les mots de souveraineté et de liberté que
l'on a prononcé, ne trouvent rien qui puissent les
circonscrire dans de sages limites, dépassant aussi
le vrai sens, la véritable signification de ce mot
peuple. Puissance, souveraineté qui débute, comme
l'aristocratie au moment de l'invasion, par l'emploi
de la force et de la violence, souillant ainsi tout ce
qu'elle pouvait avoir de légitime et de fondé dans ses
plaintes; qui, au lieu de persuader, renverse et brise
tous les obstacles qu'on lui oppose, même ceux de la
raison et de la justice, auxquelles des autels sont

dressés, comme si le peuple eût voulu excuser ses excès, et fini par comprendre que l'on ne doit jamais abandonner l'une, s'écarter de l'autre.

L'aristocratie féodale, que je ne veux pas chercher à justifier, peut avoir pour elle l'excuse d'un temps de barbarie et de désordre, tandis que l'autre apparaît et travaille avec une effroyable énergie, dans un moment où la civilisation et l'élégance des mœurs françaises sont partout citées comme des modèles à suivre ; conduisant à l'échafaud, au nom de la liberté, un roi qui vient de la donner à un autre peuple, comme ses ancêtres l'avaient donnée à ce même peuple qui l'accuse de tyrannie. Grand et mémorable exemple qui doit enseigner ce que l'on peut attendre de la sagesse du peuple ; qui proclame plus haut que personne puisse le faire, cette triste vérité, qu'il n'y a point de barrières possibles contre la fureur des révolutions, sauf à elles à supporter plus tard les terribles représailles des colères et des vengeances de toute nature qu'elles amassent sur la tête de ceux qui les font, en croyant pratiquer la justice et la liberté avec des échafauds en permanence.

Dès ce moment, le feuillet de l'histoire a été tourné. Elle avait raconté le règne de l'aristocratie, sa lutte avec les rois, l'histoire de ces derniers ; elle va inscrire maintenant celle du peuple.

Mais avant de définir le pouvoir de cet être politique nouveau, de le constituer ; la royauté, l'aristocratie, le clergé, les priviléges, la féodalité toute

entière s'abaissent devant un premier mot, celui prononcé dans le serment du Tiers Etat, annonçant qu'il
a été envoyé au nom de la NATION. Dès ce moment le
Tiers Etat, qui n'était rien politiquement, est devenu
tout. Le clergé, la noblesse le précédaient dans les états
généraux, ils vont se réunir à lui ; tout se confond dans
l'unité générale, dans une même expression, une
même qualification sortie de la bouche des orateurs
du tiers état : LA NATION. Quelque chose devra dominer ensuite, c'est la loi, universelle, obligatoire pour
tous ; puis viendra le roi, destiné à disparaître par
un crime.

Les droits de l'homme si longtemps méconnus,
sont proclamés une première fois : ils doivent rester
comme des vérités désormais impérissables, du moins
on le disait alors.

Le législateur déclare, que les hommes naissent libres et *égaux en droits :* que les distinctions sociales ne peuvent être fondées que sur l'utilité commune.

Il dit aussi que le but de toute *association politique,*
est la conservation des droits naturels et imprescrip-
tibles de l'homme, qui sont la liberté, la sûreté, la résistance à l'oppression.

Il déclare que le *principe de toute souveraineté,*
réside essentiellement dans *la nation.* Que *nul corps,*
nul individu ne peut exercer d'autorité qui n'en
émane expressément.

Il enseigne que la liberté consiste à pouvoir faire

tout ce qui ne nuit pas à autrui : que l'exercice des droits naturels de chaque homme, n'a de bornes que celles qui assurent aux autres membres de la société la jouissance de ces mêmes droits.

Que la loi est l'expression de la volonté générale : que tous les citoyens ont le droit de concourir, personnellement ou par leurs représentants, à sa formation.

Il dit, que la libre communication des pensées est un des droits les plus précieux de l'homme ;

Que la propriété est un droit inviolable et sacré ; que nul ne peut en être privé, si ce n'est pour cause d'utilité publique générale.

Après avoir énoncé ces grands principes, le législateur se rappelant le chaos par lequel les institutions avaient passé, ajoute aussi en outre :

Qu'il n'y a plus ni noblesse, ni pairie, ni distinction héréditaire, ni distinction d'ordres, ni régime féodal, ni justices patrimoniales, ni aucuns des titres, dénominations et prérogatives qui en dérivaient. Il n'y a plus de distinction, de naissance, de supériorité de rang que celles des fonctionnaires publics dans l'exercice de leurs fonctions. Il n'y a plus, pour *aucune partie de la nation, ni pour aucun individu*, aucun privilége, ni exception en droit commun de tous les français.

Les talents, les vertus, sont les premières recommandations pour obtenir des places : toutes les contributions doivent être également réparties entre tous les citoyens, en proportion de leurs facultés ; les mêmes délits seront punis des mêmes peines.

Mais aussi, il ajoute encore, pour ce qui concerne l'exercice des droits politiques, qu'à l'avenir, lorsqu'il s'agira de choisir les représentants, que, *l'expérience des affaires publiques n'étant pas encore acquise*, les élections se feront à deux degrés, et qu'il faudra remplir des conditions d'*âge*, *de domicile*, *de fortune*, *afin de donner des garanties de paix et de stabilité*.

Ce même législateur qui vient de dire que tous les hommes sont égaux en droits; qui a proclamé qu'il n'y a plus pour aucun homme, ni pour aucune partie de la nation, de privilége ni exception au droit commun ; que tous les citoyens ont le droit de concourir personnellement, ou par leurs représentants, à la formation de la loi, regarde cependant certains individus, les serviteurs à gage, comme *indignes de participer aux élections* ; et, à ce titre, il en exclut toute cette classe de la société.

Plus tard, on dira à ce même peuple (décret du 10 août 1792, rendu pour la formation de la convention nationale), que tout Français âgé de 21 ans, *domicilié depuis un an, vivant du produit de son travail*, est admis à voter dans les *assemblées primaires*, et que les électeurs *qu'il nomme sont seuls admis* A VOTER ET A CHOISIR DES DÉPUTÉS. Ainsi, même à cette époque d'extrême liberté, le jour où l'on vient de renverser un trône, tout le monde n'est pas admis à participer à l'élection directe des députés ;

elle se fait à deux degrés : on ne croit pas encore assez à la sagesse du peuple, à son expérience des affaires politiques; donc, dès ce moment, non-seulement l'intelligence, mais le savoir, sont des conditions essentielles pour être électeur.

Les députés élus disent à la nation que les droits de l'homme en société sont :

1° L'EGALITÉ, et l'on proclame que tous les hommes sont égaux *par la nature* et *devant la loi*.

2° LA LIBERTÉ, qui est le pouvoir qu'a tout homme de faire tout ce qui ne nuit pas aux droits d'autrui. Qu'elle a pour principe la nature, pour règle la justice, pour sauvegarde la loi. Sa limite morale est dans cette maxime : Ne fais pas à autrui ce que tu ne voudrais pas qui te fut fait à toi-même.

3° LA SURETÉ, qui consiste dans la protection accordée par la société à chacun de ses membres pour la conservation de sa personne, de ses droits, de ses propriétés.

4° LA PROPRIÉTÉ, qui est le droit de jouir et de disposer à son gré de ses biens, de ses revenus, du fruit de son travail et de son industrie.

Le législateur, en parlant de l'attribution de la *souveraineté*, ne dit plus la *nation*, il parle du *peuple*, en qui elle réside; elle est *une*, *indivisible*, *imprescriptible*, *inaliénable. Aucune portion du peuple ne peut exercer la puissance du peuple entier*. Le peuple souverain est l'universalité des citoyens français, et il vient de dire que les électeurs nommés dans les assemblées primaires, sont seuls admis à voter et à choisir des députés, qui, eux, représentent cette volonté, cette puissance, cette souveraineté qui est *une* et *indivisible*.

Puis, autre contradiction, il dit au peuple qui gouverne, qui a la souveraine puissance, indivisible : « *Quand le gouvernement viole les droits du peuple,* » *l'insurrection est pour le peuple, et pour chaque* » *portion du peuple, le plus sacré des droits et le plus* » *indispensable des devoirs.* » Il lui avait dit auparavant qu'il y *avait oppression contre le corps social, lorsqu'un seul de ses membres était opprimé ; et, qu'il y a aussi oppression contre chaque membre, lorsque le corps social l'est lui-même.*

Ce législateur garantissait à tous les français la liberté, l'égalité, la sûreté, la propriété, la dette publique, le libre exercice des cultes, une instruction commune, des secours publics, la liberté indéfinie de la presse, le droit de pétition et tout ce qui peut servir à établir la vie civile et politique d'un homme et d'un citoyen. Il disait aussi au peuple : Le gouvernement honore la loyauté, le courage, la vieillesse, la piété filiale, le malheur. Et, pour couronner de si beaux préceptes, consacrer de si belles sentences, il remet le dépôt de sa constitution sous la garde de toutes les vertus. C'était à la veille de 1793 que l'on parlait ainsi.

Jamais plus amère et plus atroce dérision ne fut employée pour séduire des hommes. Que l'on rapproche les événements qui ont suivi de près toutes ces belles paroles des représentants du peuple souverain, et l'on verra jusqu'où peut aller l'erreur et le crime, malgré les fallacieuses promesses que l'on prodigue toujours, sans avoir aucun souci de la postérité qui accuse toujours de leur violation.

Cependant rien n'est encore fixé sur le grand principe du pouvoir populaire. Dans les temps de trouble, les opinions ainsi que les principes changent avec la même promptitude que les événements s'accomplissent; c'est une preuve certaine, évidente, qu'il n'y a que le temps, la raison, l'expérience qui puissent établir et faire prévaloir les grands axiomes de gouvernement, de même que les véritables droits des pouvoirs constitutifs d'un Etat.

Aussi, doit-on remarquer que d'après la constitution de 1793, les hommes sont égaux par *la nature* et *devant la loi ;* en 1790 ils étaient égaux *devant la loi* seulement; d'après celle de 1795 (22 août), l'égalité consiste en ce que la loi est la même pour tous, soit qu'elle protège, soit qu'elle punisse. La liberté ne consiste plus que dans le droit de faire ce qui ne nuit plus aux droits d'autrui; on ne dit plus le peuple souverain, on dit moins encore, lorsque le gouvernement viole ses droits, l'insurrection est pour le peuple, et pour chaque portion du peuple, le plus sacré des droits; car on proclame que nul individu, nulle réunion partielle de citoyens, ne peut s'attribuer la souveraineté, c'est-à-dire le droit de s'insurger. On pense avec raison que l'insurrection n'est qu'une demande formulée d'une manière violente, souvent et presque toujours très-injuste, très-mal fondée, dans le but d'établir un droit, lorsqu'il n'y a pas lieu de redresser un prétendu tort qui n'existe réellement pas. A cette époque, chaque citoyen remplissant des conditions d'âge, de domicile et de fortune, avait le droit de concourir à l'élection, en suivant une certaine hiérarchie d'électeurs qui formaient des assemblées primaires; le peuple concourait directement à la formation de la loi, à la nomination des fonctionnaires publics : son pouvoir qui était un, indivisible, imprescriptible, inaliénable, se trouve plus tard divisé en pouvoir législatif, composé de deux chambres, et pouvoir exécutif, confié à cinq directeurs, *nommés par le pouvoir législatif, faisant fonction d'assemblée électorale, au nom de la nation*, à laquelle on conserve ainsi comme un simulacre, un semblant d'autorité, de souveraineté, dont le peuple avait fait un si brillant usage. La loi fondamentale a prononcé de nouveau le mot d'Etat, avec la signification d'un corps, d'une chose politique, au-dessus de l'atteinte des partis, à l'abri de la turbulence des tribunes révolutionnaires et des factieux.

Il n'y a plus de priviléges; il n'y a plus de limites à la liberté du commerce, de l'industrie, des arts de toute espèce : quelques jours à peine auparavant, alors que l'on proclamait le droit de propriété et son inviolabilité, il y avait une loi émanant du peuple souverain, qui défendait à tout individu, au cultivateur, à l'industriel, de vendre les produits de sa terre ou de son industrie au-delà d'un prix déterminé; de conserver chez soi plus d'une certaine quantité de denrées, sous peine d'être considéré comme suspect; un simple soupçon, c'était la mort; et le peuple confisquait pour des centaines de millions de propriété de ceux qui fuyaient une pareille omnipotence. On avait eu la liberté de former des corporations, des assemblées populaires; d'ouvrir des clubs, ces cavernes sociales dans lesquelles on attaque et détruit tout dans la société et les gouvernements; puis il vient un jour où les élus de ce même peuple les regardent comme un crime : elle seront défendues sous les peines les plus sévères; on veut en effacer le souvenir, à ce point qu'aucune société ne pourra plus prendre le nom de populaire. On les avait jugées avec l'expérience de leurs actes; mais l'expérience, quelque terrible qu'elle ait été, n'a servi à rien, car on les a vues reparaître de nos jours : c'est que dans ce moment, le peuple et ses meneurs avaient les mêmes besoins de destruction et de bouleversement de la société.

Dans les autres lois fondamentales qui vont suivre, les grandes institutions de l'ancienne société reparaissent dans le gouvernement, qui n'est plus confié au peuple, mais à des consuls, dont le premier a le droit de promulguer les lois préparées par le corps

législatif. Le gouvernement marche à la tête de tout ;
dirige tout ; choisit les fonctionnaires publics, parmi
ceux qui auront été désignés à sa confiance dans
chaque commune. Le droit direct d'intervention du
peuple cesse donc dès ce moment : on ne lui soumet
plus la loi fondamentale pour qu'il la discute ; on se
borne à déclarer qu'elle sera offerte à l'acceptation
du peuple français alors qu'elle est déjà décrétée.

Le pouvoir n'avait été décerné que pour dix ans, il
est donné à vie. Le peuple nommait directement les
maires, c'est le pouvoir qui les choisit. L'universalité des citoyens participait à la nomination des électeurs ; ces derniers à celle des députés ; tout le monde
pouvait concourir ainsi plus ou moins directement à
la formation de la loi ; on établit des distinctions parmi
les électeurs : il y en a qui exercent leur droit dans
l'arrondissement, d'autres dans le département ; ils
sont admissibles à des conditions de fortune différentes, ce qui leur permet d'exercer des droits plus
ou moins étendus. Ceux qui doivent être élus ne
le seront qu'à certaines conditions.

Le pouvoir était essentiellement mobile, transitoire, au choix du peuple ; le premier consul a le
droit de présenter, lorsqu'il le juge à propos, un citoyen pour lui succéder après sa mort : ainsi l'hérédité reparaît malgré la forme républicaine qui demeure encore ; et, la seule mention qui soit faite de
l'intervention du peuple se trouve dans le serment
que prête celui qui est devenu presque un souverain

de l'ancien régime, car il dit seulement : *Je jure de maintenir la Constitution........ et de n'employer mon pouvoir que pour le bonheur du peuple duquel je l'ai reçu.*

Plus tard, le pouvoir du consulat se change encore pour prendre la forme monarchique qui avait été détruite quelques années auparavant. Le consul à vie est fait Empereur ; la dignité impériale devient héréditaire dans la descendance naturelle, directe et légitime, de mâle en mâle, par ordre de primogéniture. Le souverain peut adopter un successeur et le choisir parmi les enfants des membres de sa famille, mais l'adoption est interdite à ses successeurs. La succession au trône est réglée pour l'avenir, sans que le peuple prenne aucune initiative et intervienne directement, si ce n'est lorsque les grands pouvoirs de l'État auront préparé une loi organique qui sera proposée au Sénat, *composé des membres de la famille impériale et des personnes* que le CHEF DE L'ÉTAT *y appelle de son plein gré et par l'effet de sa seule volonté ;* loi soumise ensuite à l'acceptation du peuple, mais lorsque le chef de l'Etat a été déjà nommé par cette même loi. Le peuple qui était souverain, ne concourt même plus en aucune manière à la nomination d'un régent ; c'est le Sénat seul qui le choisit *parmi les personnes désignées.*

Le peuple n'est plus le peuple souverain, ainsi qu'il l'était quelques années auparavant : la monarchie absolue est tout, et redevenue souveraine.

Que l'on demande à l'histoire ce que le peuple a
fait pendant qu'il exerçait la souveraineté; quelles
institutions sages il a fondées, ou combien il a dressé
d'échafauds : demandez à cette même histoire ce que
la souveraineté absolue a fait à son tour, quelle prospérité elle a donné au pays. Cependant celui qui avait
réglé son hérédité par une loi est mort dans l'exil;
son fils, roi dès sa naissance, a terminé ses jours
dans une prison sans avoir eu la liberté de voir sa
mère; sans avoir jamais pu librement parler de la
gloire de son père.

Mais avant même que de si grandes destinées fussent
accomplies, les pouvoirs qui avaient été institués proclament la déchéance de celui qui les avait créés.
L'un de ces pouvoirs établit en principe que le gouvernement français est monarchique, héréditaire,
et que le peuple français appelle librement au trône
de France, les mêmes princes que ce peuple en avait
chassé à tout jamais, quelques années auparavant,
après avoir aboli la royauté et fait rouler la tête d'un
roi sur un échafaud.

L'héritier des rois, en venant prendre possession
du trône, décrète par sa volonté, en faisant usage
du libre exercice de son autorité royale, *accorde., fait
concession et octroi à ses sujets*, tant pour lui que pour
ses successeurs et à toujours, d'une Charte dans laquelle il proclame aussi l'égalité devant la loi, l'hérédité du trône, l'inviolabilité de sa personne; conservant la puissance exécutive, se déclarant le chef

suprême de l'Etat, et disant que le pouvoir législatif est exercé *collectivement* 1° par le roi, qui se réserve le droit de sanctionner et promulguer les lois ; 2° par une chambre des pairs qu'il nomme ; 3° par une chambre des députés des départements, dans laquelle on ne peut être admis sans remplir des conditions de fortune et de capacité.

Il dit que pour être électeur, il faut remplir des conditions d'âge, de domicile, de fortune, comme étant une garantie de paix, d'ordre, de stabilité.

La souveraineté a donc passé en d'autres mains : le souverain d'hier est devenu le sujet du lendemain.

Quelques mois seront à peine écoulés, que le grand homme dont la France avait été et est encore si justement fière et glorieuse ; dont la déchéance avait été prononcée ; traverse la France avec la rapidité d'un aigle, arrive porté par l'enthousiasme et vient reprendre possession du trône. Les pouvoirs de l'Etat présentent un nouveau pacte fondamental dans lequel on propose encore d'établir que la souveraineté nationale réside dans l'universalité des citoyens. On flatte toujours ceux dont on peut avoir besoin. Une victoire manquée ne laisse même pas le temps de discuter cette déclaration. Le droit absolu revient à son tour, reprendre possession de ce qu'il appelait son droit divin. Il sera réservé à la génération qui a vu toutes ces choses, de voir s'écrouler encore ce trône, sur les ruines duquel viendront s'amonceler les débris d'une autre couronne, donnée par la nation, qui a combattu pour l'offrir à celui qui devait donner en échange la paix, la prospérité à ceux qui l'avaient élevé sur le pavois ; puis on verra ce même peuple écrire en lettres de feu et de sang sur les murs d'une capitale le nouveau droit de liberté, d'égalité, de fraternité, de souveraineté, conquis en un tour de main ; droit, que l'on veut aujourd'hui placer au-dessus de toute discussion, comme si le peuple qui a fait acte de souveraineté voulait poser en principe qu'il n'y a plus lieu de l'exercer à l'avenir.

Tel est le résumé bien rapide et bien incomplet des principes politiques fondamentaux, en ce qui concerne la souveraineté du peuple, qui tantôt est sur le pavois, tantôt est foulée aux pieds.

On a vu le régime féodal, définitivement fondé par la force, avoir pour résultat la servitude réelle et politique de la population. L'affranchissement de ce même peuple commence avec la liberté donnée aux communes, qui prendront leur force dans la puissance royale ; celle-ci en recevra elle-même de ceux qui sont appelés à profiter de ce qu'ils appelaient alors la liberté. Le peuple sera chargé de défendre celles qu'on lui aura données, de les conserver à son profit ; je ne veux pas demander quel usage il en a fait pour l'administration de ses affaires particulières de cité. Ces libertés doivent grandir un jour, mais progressivement, lentement, péniblement, au milieu d'obstacles de diverses natures, soulevés par une multitude d'intérêts divers ; la liberté naissante dans les communes comptera de belles pages de gloire, mais elle enregistrera aussi bien des revers.

Les communes, devenues libres, disparaîtront sous l'étendard de la royauté absolue, qui couvrira tout le monde de son ombre protectrice ; agrandissant le sol de la France par ses conquêtes ; son influence parmi les nations, par sa force et sa puissance ; sa renommée dans l'histoire, par le développement donné aux beaux-arts, à la littérature, au commerce, à l'industrie, aux grandes institutions législatives de toute nature.

Le peuple, longtemps enfoui dans une obscurité profonde, gémissant parfois sous une dure oppression, se sentant débarrassé des entraves qui l'enveloppaient de tous côtés, qui l'empêchaient de parvenir aux places, aux honneurs, aux dignités, le peuple paraît à son tour comme une autorité, une puissance d'autant plus redoutable, qu'il croit avoir encore des chaînes à briser pour éloigner à tout jamais l'oppression qu'on lui a fait subir, et qu'il veut venger toutes les iniquités passées.

Dans un moment d'ingratitude et de fureur, il va saisir ceux-là mêmes qui lui ont ouvert le chemin de l'avenir et de la liberté ; qui ont protégé ses premiers pas vers elle ; soutenu, encouragé ses premiers efforts ; les rois, qui certainement ont le plus contribué à lui créer des droits de citoyens dans les communes devenues libres, en attendant le moment où il les exercera comme citoyen dans l'Etat. Oubliant cé passé, plein de périls pour tous, il sacrifiera alors tout à la fois, et ceux qui l'ont tenu dans une servitude honteuse, comme ceux qui lui ont donné la liberté.

Grand exemple à étudier pour savoir jusqu'où peuvent et doivent aller les concessions que demande le peuple, ou celles que l'on veut ou l'on peut lui faire ; pour savoir encore si la souveraineté populaire qui gouverne, quelque soit son nom, son origine, ne commet pas quelquefois des fautes, des crimes, et s'il convient de se laisser opprimer par la liberté elle-même, qui, lorsqu'elle a voulu régner sous le nom du peuple, s'est montrée presque toujours mille fois plus despotiquement aveugle, brutale, sanguinaire, spoliatrice, que ne fut jamais le plus dur despotisme, même celui de la féodalité.

Si le peuple a trouvé odieuse et injuste la servitude qu'il a supportée dans des temps de calamité et de barbarie, il ne peut ni ne doit oublier le passé : il doit se rappeler surtout que nous sommes aujourd'hui dans un temps de civilisation et à une époque où la loi doit conserver un salutaire empire. Il faut qu'il n'oublie pas qu'on ne pourra jamais trouver bon, juste, convenable pour lui-même, l'oppression qu'il voudrait faire subir, et qu'il a flétrie avec grande raison, lorsque d'autres s'en sont rendus coupables ; des actes et des lois qui ont excité sa colère, suscité ses vengeances dans des temps qui sont encore présents au souvenir de tous. La liberté ne peut pas, ne doit pas être un vain mot, lorsque l'Etat n'est pas en danger ;

le nom de citoyen ne peut rester une idée stérile,
comme le fut autrefois la qualité d'homme libre, qui
a été un titre sans droit, sans honneur, sans puissance. Si le peuple, ou ceux qui le dirigent, op-
priment, au moment où ils proclament l'empire et
les droits de la liberté, ils sont criminels à mes
yeux, et mille fois plus coupables que celui qui le
fait au nom et en vertu du droit de la force. La
liberté implique avec elle la raison et la justice ; la
force ne raisonne pas, elle frappe aveuglément, brutalement ; la nécessité commande impérieusement au
nom et pour le salut de tous.

Le peuple veut fonder aujourd'hui la liberté, mais
en sa faveur pour s'en faire un privilége, tout comme
du temps de l'établissement de la féodalité, les chefs
jouissaient de l'indépendance la plus absolue. Il a
tenté de le faire par les mêmes moyens. Ce qu'il a
blâmé d'un côté ne peut être approuvé de l'autre. Je
ne crains pas de lui prédire que le plus grand malheur pour tous, pour lui surtout en particulier, serait
de réussir dans son entreprise, parce qu'il commettra
des excès, ou pour y parvenir, ou pour se maintenir
au pouvoir ; parce que cette tentative de liberté sans
frein à laquelle il aspire, lui fera plus de mal en définitive, qu'elle ne lui procurera de bien et de véritable liberté, même momentanée ; car il aura légi-
timé par des exemples les motifs d'une justes évérité
contre lui. Aujourd'hui il s'est proclamé souverain, que sera-t-il demain ? Peut être plus esclave que

jamais. Pourquoi ne ferait-on pas cette question, pourquoi ne répondrait-on pas comme je viens de le faire, puisque dans le court espace de la vie d'un homme, on a vu naître, grandir, disparaître, pour renaître encore comme de ses cendres, le principe de la souveraineté du peuple, souveraineté dont il a fait un si mauvais usage, et qui l'a toujours conduit à une liberté plus que modérée. Combien pourra durer la nouvelle expérience qu'il fait aujourd'hui de son pouvoir : je doute fort qu'elle lui soit avantageuse, honorable.

Le peuple a jeté au loin dans l'exil ceux qu'il avait appelé ses maîtres; il les a rappelés pour les chasser encore. Les uns ont succombé, d'autres ont résisté à tous les désastres, et sont redevenus maîtres. Ils ont vu, eux aussi à leur tour, naître, grandir, se développer, puis disparaître, pour revivre encore, le principe monarchique qui a donné tant de sécurité à la France. Les augustes victimes de ces événements ont du moins laissé après elles le souvenir durable de grandes choses et de sages institutions données au pays. Si le trône leur a manqué, chose peu regrettable en elle-même, lorsque l'on ne peut faire du bien, donner la paix et la tranquillité, elles ont du moins toutes contribué plus ou moins à la gloire de la nation française, à lui donner de la force, de la grandeur, de la puissance, de la prospérité. Les uns et les autres ont payé tout cela avec leur repos, l'exil, leur sang, comme le peuple lui-même, dans d'autres

temps, avait payé sa liberté. Que le peuple souverain mette tous ses actes dans l'un des plateaux d'une
balance; que la postérité soit appelée avec la justice
et la raison à les peser avec ceux de toutes les dy-
nasties qui ont régné en France, que celles-ci rendent
un jugement dont l'histoire devra enregistrer les motifs; il est à craindre que la souveraineté du peuple ne
soit grandement compromise dans cette comparaison,
déjà faite depuis longtemps, dont le dernier mot est
prononcé sans appel par tous les hommes sages et raisonnables. On pourra voir alors si l'on doit toujours
conserver la souveraineté au peuple; quel avantage
il peut y avoir à la lui donner, surtout à la lui laisser
exercer comme il veut le faire aujourd'hui.

Des circonstances toutes spéciales ont forcé l'auteur à recomposer et faire réimprimer la première feuille, alors que le tirage des autres était fort avancé. Il en est résulté une augmentation dans le texte, voilà pourquoi huit pages portent des astérisques.

DES MOTS

LIBERTÉ, ÉGALITÉ, PEUPLE, DÉMOCRATIE.

Avant 1789 il y avait trois ordres légaux dans l'Etat :
le clergé, la noblesse, le tiers état, séparés les uns
des autres par des distinctions nettes et tranchées.
Au sommet se trouvait le roi avec un pouvoir absolu,
incontesté.

Le tiers état, c'était tout ce qui n'était pas noble,
et presque tout ce qui ne tenait pas à l'être. Tout à
l'extrémité se trouvait ce que l'on appelait le peuple.
L'un et l'autre avaient pour privilége celui de supporter toutes les charges. C'était considéré comme
une iniquité : elle remontait cependant à l'établisse-

1

ment du régime féodal, et à la manière dont les terres avaient été distribuées à cette époque.

Il n'y a pas toujours eu une nation souveraine, un Etat; encore moins ce que l'on appelle aujourd'hui le peuple souverain. L'Etat, c'était le roi; du moins il le disait en tenant un fouet à la main.

Plus tard, le tiers état et le peuple ont dit à leur tour : l'Etat, le souverain, c'est moi, toujours et partout. Ils ont ensuite levé le bras ensemble et fait voir d'une terrible manière ce qu'était leur justice : on l'a laissé passer. L'aristocratie et le clergé ont alors largement payé à leur tour : la compensation devrait être regardée comme complète. Le peuple n'a pas encore rendu ce jugement : quand le sera-t-il ?

Dans chacun des trois ordres qui existaient avant 1789, il y avait en fait, un maximum et un minimum d'élévation de naissance, de fortune, d'honneurs, de rangs dans la société, formant divers degrés allant du sommet de chacun aux plus inférieurs dans toutes les branches de cette hiérarchie sociale. Non-seulement il y avait trois ordres dans la population, mais des priviléges pour les uns, qui allaient jusqu'à avoir des lois, des juridictions différentes. Le moindre des inconvénients de cet état de choses était une source intarissable de chicanes scandaleuses qui éternisaient les procédures et les discussions.

Un noble était-il criminel, on lui faisait l'honneur de le décapiter ou de l'étrangler dans un cachot obscur. C'était moins dégradant : il semblait que le crime dût être moins honteux; que l'échafaud fût moins infamant : par exception, on les brûlait comme sorciers, ou bien on les laissait mourir à la Bastille. Le tiers état, le peuple, était pendu, roué ou brûlé vif : un roturier, un manant pouvaient ainsi perdre la vie. Depuis, on a rétabli l'égalité dans ce genre : chacun sait quand et comment cela s'est fait.

La révolution de 1789 a tout nivelé avec deux mots : liberté, égalité. Je veux parler ici des principes de gouvernement, de la justice, et non pas des choses.

Le principe aristocratique qui dominait à cette époque est presque effacé, je dirais même remplacé par un autre tout contraire, celui de la démocratie, qui tend et cherche à l'emporter dans les mêmes proportions que faisait l'autre.

Il n'y a plus aujourd'hui d'aristocratie légale : il ne doit pas y avoir aussi *légalement*, ni autrement, une autre classe à laquelle on puisse donner le nom d'*aristocratie de la démocratie*. Je dis cela, parce que je crois que celle-ci, malgré le mot égalité et le principe qu'elle renferme, tend à se constituer une supériorité privilégiée en fait et en droit. Je m'appuierais au besoin sur des faits qui ont une telle évidence, qu'il est impossible de nier mon opinion.

En *droit constitutionnel*, il n'y a donc plus différentes classes dans la société ; car, d'après le pacte fondamental, nous sommes tous égaux devant la loi. En fait, la réponse ne peut plus être la même ; et, l'on doit dire : il y en a plusieurs, parce qu'il y a une immense variété d'intelligences, de capacités, de forces physiques dans les individus qui la composent, différences qui doivent nécessairement produire une grande inégalité entre eux dans la manière dont cha-

cun peut se placer et agir dans la société. De là provient la source des différentes classes.

Malgré la loi fondamentale, ou plutôt à cause d'elle,
le droit nouveau se trouve en présence du fait ancien.
Peut-on, à l'aide du premier, empêcher que les faits
naturels n'accomplissent tous leurs développements,
et n'aient de justes et légitimes conséquences ? Je ne
le crois pas : la liberté est là qui protége tout le
monde. La lutte entre ces deux choses, ces deux faits
opposés, constitue à mon avis la continuation de la
révolution de 1789. J'ai toujours pensé bien longtemps avant 1848, qu'elle n'était point terminée.
L'idée contraire me paraît une fâcheuse illusion ;
comme il me semble aussi qu'il ne convient pas de
dire qu'après la conquête des deux grands principes
contenus dans les mots liberté, égalité, il n'y a plus
rien à faire. Ces principes ont eu pour première conséquence de soumettre les hommes à une même loi.
Les uns, ceux-là seuls me paraissent raisonnables,
désirent que l'on étende le mot égalité en ce qui concerne *certains droits politiques ;* les autres au contraire appliquent le mot *à des choses, comme la fortune, la propriété.* Ils violent et méconnaissent l'esprit
et la portée des deux mots que je viens de prononcer.
Chacun veut les interpréter à sa manière, selon ses
vues, ses désirs ; veut en étendre le sens, les effets
selon son ambition.

Cette interprétation, ainsi que les conséquences qui
en sont advenues, constituent un état de transition
vers le résultat définitif qu'il est infiniment essentiel de bien connaître, et sur lequel il ne faut pas

s'abuser, car le débat me paraît encore bien loin
d'être arrivé à sa fin. Les événements de 1830, ceux
de 1848, ainsi que tous les écrits qui ont été publiés
depuis plusieurs années sur le socialisme, et sur
tout ce qui touche à la liberté et à l'égalité, pour et
contre, suffisent à établir combien mon opinion est
fondée sur ce point. Ce sont des phases diverses de
cet état de transition.

On ne s'entend pas non plus sur deux autres mots
et deux choses bien importantes, car on les considère
aujourd'hui, l'un comme la source de tout pouvoir, je
veux parler du mot *peuple*; l'autre comme un principe inattaquable, je veux parler de sa *souveraineté*.
Ni l'un ni l'autre n'ont l'avantage d'être acceptés sans
contestation par tous, et cela d'une manière définitive. Les uns donnent au mot peuple une signification
et une étendue qui n'est pas toujours à l'abri de con-
testations, surtout en ce qui concerne l'exercice de
la souveraineté; les autres n'acceptent pas les principes que l'on veut faire découler de ces mots.

Il y en a même qui vont jusqu'à nier le droit de
souveraineté; qui, du moins, la restreignent considérablement, et la font reposer entre d'autres mains
que celles du peuple. L'état de transition dont je
viens de parler tout à l'heure à l'occasion des deux
mots liberté, égalité, existe aussi d'une manière bien
plus tranchée et bien plus évidente en ce qui concerne
le peuple et sa souveraineté. L'étude un peu attentive
de toutes les constitutions depuis 1789, reproduirait
exactement l'état de l'opinion sur ce point important,
elle suffit, et au delà, pour prouver combien l'on peut
avoir droit de penser ainsi.

L'incertitude sur tous ces points constitue un grand
mal. Il vient en partie de ce que l'on n'a pas encore
bien interprété, limité les mots liberté, égalité ; de
ce que l'on n'a pas bien défini le mot peuple ; précisé
l'idée renfermée dans l'attribution de souveraineté.

Ces mots, comme leur acception politique , m'ont
toujours paru n'avoir pas été réglés convenablement ,
et fort mal appliqués par le plus grand nombre : je
veux désigner ici ceux qui dans ce moment en éten-
dent trop l'application, en voulant transporter l'égalité
dans les choses, et qui font de la liberté le droit de
la licence. En ce qui touche la souveraineté , elle a
tour à tour été attribuée au roi, à la nation , au peuple, à un empereur , à des rois pour revenir en dernier lieu au peuple. Le droit au pouvoir souverain a
été proclamé imprescriptible par tous ceux qui l'a-
vaient en mains dans le moment ; il est arrivé que le
peuple qui l'avait dit inaliénable , a renoncé à cette
souveraineté, et a rappelé lui-même, par ses mandataires, ceux qui ont dit à leur tour, que l'autorité,
la puissance , la souveraineté résidaient en eux seuls ;
que le trône était héréditaire ; c'est-à-dire, en quelque sorte , que le peuple n'avait plus le droit de toucher à ce souverain qui se proclamait inviolable. A
quel principe doit-on s'arrêter ? N'est-il pas temps
que le principe révolutionnaire mette fin à toutes ses
prétentions. Il est passé du dogme catholique à la liberté de conscience; de la souveraineté royale à la
souveraineté du peuple; l'incertitude règne aujour-
d'hui sur ce point. Qui l'emportera de la révolution ou
de l'ordre?

Si la chose est incertaine , comment voudrait-on

qu'en présence des différents éléments qui constituent la société, il n'existât pas aujourd'hui un antagonisme plus ou moins patent, avoué, prouvé ; puisque chaque parti interprète à sa manière les mots liberté, égalité, peuple, souveraineté. Cet antagonisme existe, il est malheureusement trop évident. Il consiste, en définitive, en ce que les uns veulent tout niveler en droit et en fait ; même tout ce qui n'est que la conséquence des facultés naturelles départies à chacun de nous : les autres veulent des bornes à la liberté, à l'égalité, à la souveraineté, et demandent ce que l'on entend par peuple, parce que l'on voit que c'est en son nom et pour lui, que l'on veut tout niveler.

D'un côté je vois l'ardeur de ceux qui désirent et veulent tout confondre en une seule classe, quelque soit l'intelligence des individus : d'un autre, c'est la résistance apportée à des prétentions qui doivent être taxées de folles et ridicules : comme je vois aussi, que tout en acceptant le mot égalité devant la loi, on veut conserver en fait des distinctions naturelles entre les hommes, maintenir des classes dans la société, sans pour cela prétendre à des priviléges pour les unes et les autres, tels que ceux qui existaient avant 1789.

Tant que l'on n'aura pas bien examiné les éléments divers qui forment l'ensemble de la société ; tant que l'on n'aura pas bien précisé ce que c'est qu'une classe, je veux indiquer ici, non pas un fait légal, mais l'état et la position que l'homme sait se faire dans le monde par suite de son intelligence, de ses facultés ; il y aura toujours parmi nous un travail de sourdes prétentions, duquel il résultera un état d'hostilité que le

temps, la raison, la connaissance précise des droits
de chacun et de tous pourront seuls faire disparaître ; mais alors aussi seulement que les différentes
personnes comprendront et chercheront sincèrement
à remplir leurs devoirs, en voulant profiter de leurs
droits, mais sans aller au delà ; alors que tout le
monde se sera bien apprécié, mélangé, appilé ensemble, comme dit Montaigne ; mais jamais, tant qu'il y
aura une classe, quelle qu'elle soit, qui tendra à faire
prévaloir et prédominer par la force, une influence
quelconque de l'une sur l'autre.

Il n'y aura donc de paix entre la démocratie et les
autres principes anciens, que lorsque chacun comprendra et pratiquera l'égalité, telle qu'elle a été proclamée par toutes les lois fondamentales. Je regarde-
rais comme une véritable absurdité, relativement à
notre époque, toute tentative qui, d'une manière
ou d'une autre, pour qui que ce soit, et pour quelque
cause que ce soit, tendrait à détruire le principe salutaire de l'égalité devant la loi ; tout comme je trou-
verais absurde, que l'on ne voulût pas admettre *en
fait* différentes classes dans la société ; parce qu'il me
semble impossible que l'on puisse établir une égalité
complète, niveler et détruire les différences qui existent. L'inégalité devant la loi, comme l'égalité absolue
en toutes choses, ne pourraient être maintenues que
par la violence, toujours périlleuse pour celui qui attaque ainsi la société, car elle ne peut se soutenir et toujours durer, sans être secourue par la violence elle-
même. C'est un excès ; ils ne sont pas durables.

Il faut donc éviter la violence pour suivre la raison.

Cela me conduit à faire cette question à tout le monde :
Veut-on, oui ou non, vivre en société? La réponse
ne pouvant pas être négative, un grand point du
débat se trouve réglé, parce qu'alors les uns ne peuvent oublier les devoirs imposés à l'homme social,
qui l'obligent à faire le sacrifice de quelques-uns de
ses droits naturels dans l'intérêt de tous ; les autres,
que les mots liberté, égalité renferment une idée, un
germe de progrès inévitable qui doit être franchement
accepté, pratiqué.

La difficulté pour tous est de savoir trouver le véritable chemin qui doit conduire sagement à un pareil
résultat, afin de ne pas s'égarer dans le champ des
illusions qui dépassent le possible; ou s'arrêter dans
celui des préventions et des résistances qui pourraient empêcher l'accomplissement des choses raisonnables.

La révolution continuera jusqu'à ce que l'on soit
entré dans cette voie : sa continuation vient principalement aujourd'hui de la traduction nouvelle que
l'on fait plus ou moins ouvertement des mots liberté,
égalité; de l'extension extraordinaire que l'on donne
aux principes qu'ils contiennent, ainsi que de l'application que l'on veut en faire.

Pourquoi tout cela et au profit de qui?

Pourquoi? Parce qu'aux yeux de la classe que j'appellerai la démocratie, le droit de l'égalité devant la
loi, décrétée par le bon sens et les lois fondamentales,
n'est plus une chose suffisante; il lui faut en fait une
égalité plus profonde, plus radicale au profit d'un être
moral qu'elle appelle le peuple, sans que l'on dise ce

que c'est que le peuple. Cette égalité n'est pas seulement celle des droits puisqu'on la possède ; c'est celle
des choses que l'on n'a pas , des distinctions de rang,
de fortune , de position sociale. Cependant tout le
monde ne peut pas être riche, ni fonctionnaire : seulement tout le monde a le droit de le devenir.

Cette égalité dernière demandée pour le peuple ,
est la preuve la plus évidente de l'existence en fait
de plusieurs classes dans la société, car sans cela on
ne la demanderait pas. Ces différences sont basées en
effet sur la naissance , la fortune , le rang , les honneurs , le pouvoir.

Quant à la naissance, s'il n'y avait pas plusieurs
degrés d'élévation parmi les hommes , les constitutions démocratiques n'auraient pas toutes, sans exception , cherché à passer un niveau sur la société;
à abolir les titres de noblesse.

Pour la fortune , s'il n'y avait pas des différences,
on ne voudrait pas aujourd'hui le partage général des
biens, leur communauté, ou ce qui est l'équivalent,
même pire, le droit au travail.

Quant au rang , aux honneurs , s'il n'y avait pas
inégalité , on ne voudrait pas encore que le peuple
fut spécialement investi de toutes les places, de tous
les honneurs , afin de lui attribuer ce que d'autres
possèdent en ce moment; et, si le pouvoir, l'autorité, l'influence dans la société résultant d'une place,
n'étaient pas la conséquence de toutes les positions
sociales dont je viens de parler , on ne tiendrait pas
tant à dire que le peuple est souverain , c'est-à-dire

que c'est à lui que l'on devrait recourir pour les accorder par le moyen de l'élection opérée par le plus
grand nombre. On le fait cependant, parce que toutes
ces choses appartiennent dans ce moment à des personnes qui, ordinairement, ne sont pas de la classe du
peuple; qui les ont obtenues par leur intelligence, les
qualités de cœur et d'esprit dont elles sont douées.

Ce qui fait l'erreur, je dirais presque coupable,
de ceux qui prétendent établir cette égalité, c'est qu'ils
ne remarquent pas que cet état de choses ne provient
pas d'une loi qui en aurait exclu le peuple, pour en
laisser le privilége, le monopole, pour ainsi dire,
au profit de certaines personnes; et, que l'on n'a jamais songé, depuis 1789, à établir au profit de qui que
ce soit, par un moyen quelconque, dans la loi fondamentale, d'abord une classification de personnes;
puis, pour les uns, à l'exclusion des autres, des droits,
des moyens de parvenir, je ne dirai pas à la naissance, mais à la fortune, aux places, aux honneurs,
au pouvoir, qui n'aient pas été donnés à tous, puisque
l'on a toujours proclamé que les Français étaient
également admissibles aux divers emplois. C'est que,
aussi, on ne veut pas considérer que l'établissement
de l'égalité dans la fortune devient impossible devant
l'inégalité de la nature de l'homme, de son intelligence et de toutes les facultés naturelles qui constituent la supériorité dans le monde; chose qui ne peut
être réglementée par une loi, parce que l'origine de
cette supériorité ne dépend pas de l'homme, de sa
volonté; qu'elle est hors de son pouvoir, et qu'on ne
pourrait le faire sans tarir à l'instant même les sources

de la richesse publique, en faisant disparaître l'indépendance de l'individu.

Cette inégalité est le résultat de la nature; donc
rien ne peut la détruire.

L'égalité des personnes devant la loi a été établie
par elle-même, sans qu'elle ait jamais cherché à faire
disparaître l'inégalité qui résulte de toutes les qualités physiques et morales de l'homme, de sa constitution, de ses goûts, de ses aptitudes diverses, qui
créent et renouvellent chaque jour une foule de dis-
semblances entre les individus, qui se termine en
définitive par leur classification indestructible, non-
seulement parce qu'elle est naturelle, mais parce que
c'est aussi un des résultats même de la liberté donnée
à tous par la loi.

Aussi, il y a toujours eu, et il y aura toujours des
hommes nobles, ou par la naissance ou par l'éclat
des vertus, parce que la loi ne détruit pas dans notre
cœur, ne peut chercher à détruire tout ce qui constitue la noblesse, c'est-à-dire, la grandeur d'âme,
le courage, la vertu même; les grands sentiments
qui produisent les actions d'éclat; ce qui sert à
fonder les célébrités dans tous les genres.

Comme aussi il y aura toujours des riches, parce
qu'il y a liberté de travail pour tous; plus ou moins
d'intelligence, d'habileté, de bonne direction dans
les affaires, servant de guide à tous ceux qui tendent
à la fortune, et qui veulent parvenir à la richesse.

Comme enfin, sous ces deux rapports, il y aura
toujours des hommes qui resteront dans l'obscurité,
parce qu'ils sont inférieurs aux autres pour les bons

penchants, la pratique de la vertu, l'intelligence, l'élévation des sentiments. Cette classe inférieure, à laquelle je ne donne pas de nom dans ce moment, continuera d'exister dans la société, parce que l'on ne fera jamais par une loi, que le noble ne dégénère pas, ne tombe pas, ne s'abaisse pas par suite des défauts contraires aux qualités qui ont appelé ses ancêtres au premier rang dans la société; parce que l'on ne fera jamais, que le riche ne se ruine pas par une cause ou une autre, et ne soit atteint par la misère la plus grande et la plus profonde; parce que l'on ne fera jamais, qu'il n'y ait pas des hommes qui, par suite d'une conduite plus ou moins irrégulière ou dépravée, seront toujours condamnés à rester ou à retomber dans les derniers rangs de la société, ou même de la classe à laquelle ils peuvent appartenir.

Noblesse, fortune, pouvoir, dignité, nullité, incapacité plus ou moins absolue, ont existé de tout temps et sur toute la terre. Telle est aussi l'élément dans lequel les différentes classes de la société vont toutes puiser leur origine et le rang qu'y obtiennent ceux qui en font partie. Il n'est pas possible de détruire cet ordre de choses, de le niveler, car ce serait vouloir comprimer la nature elle-même. Personne ne peut avoir le droit d'y prétendre; ce serait autre chose qu'impossible; il y aurait du ridicule jusqu'à l'absurde.

En droit, il n'y a point de différence comme avant 1789 : les droits sont attribués à l'individu, et non pas à une classe; mais en fait, il y a un plus grand nombre d'échelons, de gradations allant de l'une à l'autre extrémité : c'est le résultat de la

liberté que chacun a de parvenir ; du droit qui appartient à tout le monde de prétendre faire une chose
lorsque l'on se reconnaît capable de la faire. Cela ne
vient pas d'une disposition légale, qui aurait permis
à tel individu d'être d'une classe, et aurait prescrit
à tel autre de ne pas sortir de celle dans laquelle il se
trouve ; elles sont toutes mélangées en droit par l'effet
d'un seul mot, celui-ci, Egalité. Aussi, les différences
sont-elles beaucoup moins sensibles, infiniment
moins saillantes, par conséquent il y a une tendance
vers l'égalité de fait. Qu'on laisse donc alors le soin
à la véritable liberté d'aplanir et faire disparaître
encore les différences qui existent : qu'on ne force
rien, qu'on ne brusque rien, car ce que l'on ferait
ne serait ni solide ni durable.

Cette gradation des individus, cette fusion générale
s'est faite ainsi tout naturellement. Elle se continue,
s'accomplit tous les jours : c'est encore une des phases,
un des côtés de cet état de transition dont j'ai parlé.
Nos dissensions seront bien prêtes de leur fin, lorsque
tout le monde examinera ce travail de la société qui
s'opère chaque jour sous nos yeux ; parce que si
l'on s'en rend bien compte, on comprendra que c'est
le résultat de la liberté et de l'influence qu'elle doit
avoir, afin que l'on puisse arriver, autant que possible,
à l'égalité de fait. Il faut laisser faire ce travail, mais
sans y mêler la volonté du législateur, manifestée dans
une loi qui réglerait le mode d'action de chacun, ou
des classes ; car, l'homme a pour auxiliaire la première
de toutes les lois, celle de la nature elle-même, qui
en cela n'a rien de contraire à l'ordre établi dans la

société. Pourquoi le ferait-on , lorsque surtout rien ne la menace sous ce rapport? Le législateur a déjà prononcé son mot : liberté , égalité ; que chacun en profite , mais en respectant le sens qu'il a.

Le mal du jour consiste au contraire précisément en ce que l'on veut réviser ces deux mots, pour les appliquer au profit de ce que l'on appelle le peuple : ce n'est pas seulement une fausse interprétation, c'est de plus une très-fausse application que l'on veut en faire ; et, pour ceux qui veulent agir ainsi, le mot peuple ne signifie pas la généralité de la population , c'est purement et simplement celui qui n'a pas l'avantage d'être *né ; celui qui n'a pas la fortune ; celui qui est réduit au travail pour vivre*, en raison de ce que cette fortune est plus ou moins minime , plus ou moins précaire.

Si le mot peuple voulait dire l'universalité , on ne verrait pas surgir tant de prétentions extravagantes, tant de désirs furieux , tant de projets inexécutables en faveur du peuple, car alors on se renfermerait dans le mot égalité , et l'on présenterait toujours des projets de loi embrassant la généralité. Mais, comme on feint de rendre cette expression applicable à tous, tandis qu'en réalité elle est véritablement restreinte , il s'ensuit encore de l'incertitude dans l'interprétation, l'application régulière , légale de ce mot. Ecoutez cependant les démocrates lorsqu'ils parlent du peuple , n'est-ce pas toujours des travailleurs , des prolétaires, de ceux qui sont dans la misère, du pauvre peuple ; n'est-ce pas en leur nom seul , que l'on se présente dans l'arène brûlante de l'opinion publique ; n'est-ce pas surtout au nom des classes que l'on appelle déshéritées, que l'on sollicite ardemment, en faveur de leur bien-être matériel, des innovations que l'on ne précise même pas. J'ai la croyance que l'on ne ferait pas autant de bruit, s'il ne s'agissait que de leur intérêt moral : il faudrait trop de temps pour y parvenir en réalité, tandis que la richesse est sitôt obtenue par le vol et le pillage.

Une des causes de la lutte sourde qui existe dans la société, consiste encore en ceci : c'est que l'on n'a pas défini le mot peuple, pour connaître et préciser l'étendue de pouvoir dont il doit jouir; savoir s'il peut prendre part à l'exercice du pouvoir, que l'on veut lui attribuer; et cependant, on veut l'extension des mots liberté, égalité, au profit spécial du peuple.

Les esprits sont dans un état d'incertitude d'autant plus douloureux, que les prétentions du parti démocratique ne sont pas nettement et franchement formulées, ou tout au moins suffisamment connues, mises au jour. Elles le sont parfois, mais à la suite des révélations que la justice ordinaire du pays fait au public; les faits sont alors démentis : preuve certaine que la démocratie n'ose pas avouer ses désirs secrets, puisqu'elle nie ceux qu'on lui attribue. La société combat donc dans l'ombre contre un Protée qui se présente sans cesse à elle, mais qui se retire chaque fois qu'elle veut le saisir. Elle est rongée par un mal qu'elle voit et sent tout à la fois, qui grandit chaque jour, et qui cache lui-même son existence lorsque l'on veut le guérir. Il est de toute impossibilité que cela puisse durer. Le malade doit périr, si l'on ne s'empresse d'employer un remède héroïque.

On ne se contente pas d'avoir des institutions démocratiques, il me paraît évident que le dessein de la
démocratie est de les établir spécialement pour l'a-
vantage et le bonheur d'une certaine partie de la
population que l'on désigne toujours par ces mots,
le peuple, le prolétaire, le travailleur, et cela au préjudice d'une autre, que l'on désigne sous le nom d'a-
ristocrate, de riche, de bourgeois. Elle les accuse
toujours d'être les ennemis du peuple, et veut les
rabaisser au niveau du peuple : si cette observation
n'était pas fondée, pourquoi mettrait-on les noms et
les choses en opposition les unes avec les autres?

Au lieu d'institutions générales qui créent des droits
universels, applicables à tous; qui ne soient que la
conséquence naturelle et la consécration légale, raisonnable de ces deux grands principes, liberté, égalité, qui ne peuvent pas permettre que l'on enchaîne
l'un sous les pieds d'un autre; qu'on l'asservisse; que
l'on donne à l'un ce que l'on prend à l'autre; il me
semble certain que l'on tend réellement à établir un
privilége en faveur de ceux dont je parle, résultat
qui me paraît infaillible par l'effet seul du suffrage
universel, parce qu'il est inintelligent. La loi est et
doit rester une, impérative, universelle, obligatoire
pour tous, et doit vouloir conserver l'égalité, la liberté; sans cela ce serait le rétablissement de ce que
l'on a détruit en 1789 avec tant de justice et de raison. Ce qui prouve qu'il ne s'agit pas de l'universalité de la population, dans tous les projets que les
démocrates mettent au jour, c'est qu'ils ne prononcent
jamais ces mots, ou celui de nation, et qu'ils se ren-

1*

ferment toujours dans celui de peuple. On ne peut alors douter de sa signification, et de l'application qu'ils veulent en faire, lorsqu'ils font quelque proposition à la tribune, rôle rempli fort rarement par eux, car on les a entendus dire qu'ils n'avaient pas la mission de proposer, mais qu'ils se réservaient le droit de critiquer celles qui étaient faites. La révolution regarde même comme un piége tout ce qui tendrait à la pousser à lui en faire faire. Elle a dit naïvement *que l'on ne fait pas de faute quand on ne fait rien* (1). Il serait sans doute trop périlleux pour elle de formuler ces projets et discuter ces doctrines : elle a dit plus naïvement encore que *sa mission est de discuter celles de la majorité, et qu'il serait déraisonnable de faire juger sa propre cause par ses ennemis* (2). Il faut croire que la révolution est bien sûre de ses lumières et de son impartialité, pour être certaine qu'elle ne se trompera pas, lorsqu'elle prononcera dans ses propres intérêts. Son système est donc de n'en pas avoir, et de rester dans l'inconnu autant que possible; ou plutôt, celui qu'elle fait connaître n'embrasse pas l'universalité des intérêts généraux de la nation. Elle particularise, spécifie toujours la classe à laquelle elle veut spécialement attribuer les bénéfices de la loi, et celle qui doit en supporter les charges, pensant probablement bien interpréter ainsi le mot égalité. Voilà comment les hommes qui se disent du progrès, interprètent le mot et pratiquent la chose.

Cette différence que l'on met dans l'application des

(1) Flotte, *Souveraineté du peuple*, p. 71.
(2) *Idem*, p .72.

propositions faites, est donc une preuve évidente
qu'aux yeux de la démocratie elle-même, il y a, en
fait, on le voit, plusieurs classes dans la société,
puisque l'on s'occupe du bien-être et des avantages
sociaux dont l'une jouirait actuellement, qui devraient
être accordés à l'une au préjudice des autres; que l'on
attaque l'une sans cesse avec plus ou moins de force
et de violence, l'accusant de ne pas vouloir admettre
le peuple à des jouissances matérielles dont elle profite à l'exclusion de l'autre. Cependant, ce qui prouve
que la classification des individus n'est pas un résultat
légal, discuté, prévu, établi par le législateur, mais
bien un fait naturel, c'est qu'il n'y a aucune accusation de ce genre. Certainement on n'eût pas manqué de la formuler, si elle avait eu la moindre
apparence de fondement, même à demi-légitime.

Si la démocratie s'occupe exclusivement d'une
certaine classe de la population, d'où peut-il venir
que tous ceux, sans aucune espèce d'exception, qui
recherchent l'influence dans le monde, parlent toujours aussi de leur amour pour le peuple. C'est qu'en
effet, en réalité, il y en a une qui, par la seule influence des faits naturels, et non pas en vertu d'une
loi, se trouve plus ou moins éloignée des affaires, de
la fortune, du pouvoir, des emplois, des dignités,
des jouissances de la vie : on serait porté à croire que
les mots égalité, liberté n'existent pas pour elle, si
d'abord on ne savait que ce n'est pas la loi qui produit le résultat dont je viens de parler ; mais que
c'est seulement le cours naturel et ordinaire des
choses qui, par suite de mille événements divers,

éloigne, non pas légalement, ces personnes des affaires, de la fortune, du pouvoir; et que, si elles ne
possèdent ni l'un ni l'autre, c'est qu'elles n'ont pas
pu y parvenir, à cause de l'infériorité de leur nature, tandis que d'autres au contraire sortent tous les
jours de la classe dont nous parlons, pour se placer
honorablement et avantageusement dans la société.

L'aristocratie reconnaît l'existence de ce fait; aussi,
le mot peuple a-t-il pour elle la même signification
que dans la bouche des démocrates.

Mais quel est le but que l'on se propose de part et
d'autre? La partie démocratique veut avoir le droit de
prendre à son gré tout ce qui pourra lui convenir à
l'aristocratie de naissance, de fortune et de pouvoir.
Ce seraient les nouveaux taillables et corvéables à
merci. Elle veut rabaisser le talent, l'intelligence;
elle veut qu'il n'y ait qu'une classe en fait et en droit.
En cela elle commet une grossière erreur, et sur la
nature de l'homme et sur sa destinée. C'est ainsi
qu'elle interprète les mots liberté, égalité.

De son côté, l'aristocratie qui étudie les misères;
qui veut bien soulager le peuple, et qui le fait en
réalité, désire d'abord que le peuple s'aide lui-même,
en profitant des mots liberté, égalité. Elle veut rester
libre d'agir à son gré, sans y être contrainte par une
loi. Telle est aussi la manière dont elle interprète ces
mots, auxquels il a bien fallu se soumettre politiquement depuis la révolution de 1789.

D'abord, de quel côté se trouve la sincérité dans
toute la philanthropie dont on fait si grand étalage de
part et d'autre? De quel côté aussi la légalité? Les

uns parlent et agissent par ambition, les autres peut-
être par crainte. Je n'ose pas affirmer que la philanthropie de ces derniers ne soit pas un peu de commande : je veux croire cependant à sa sincérité, et
c'est chez moi une opinion profondément établie.

Quoi qu'il en soit, je pense que de l'ambition dé-
mesurée, irréfléchie, désordonnée des uns; de l'idée
de souveraineté attribuée au peuple, naît à mon avis
la plus grande partie du mal, parce que le peuple,
selon moi, ne comprend pas ce que c'est que la souveraineté. Ici, on veut faire, et l'on fait de la démocratie au profit de ce que l'on appelle le *peuple*, et
non pas pour la généralité; on s'attache avec acharnement aux mots liberté, égalité, mais l'on veut éviter
la conséquence légale de leur application générale,
universelle pour tous, de tout ce qui constitue la
loi de liberté et d'égalité. On veut bien faire pénétrer
la démocratie dans toute la société actuelle, où l'on
ne voit plus, comme autrefois, trois ordres légalement établis; mais on en réserve mentalement tous
les avantages pour les uns, les charges pour les autres.
On dépasse ainsi le but, et l'on s'irrite de la résistance très-légitime que l'on rencontre.

Il serait étonnant qu'il n'y en eût pas, lorsqu'il est
évident que l'on veut mettre un privilége à la place
d'une institution générale. La démocratie que l'on
veut établir, que l'on invoque comme devant être le
fondement de toutes les sociétés futures, est donc un
abus de mots lorsque l'on voit les choses : abus de
mots d'autant plus dangereux pour la cause de ceux-
là même qui s'en servent, que l'on peut facilement

les convaincre de n'avoir pas de franchise, parce que ce n'est pour eux qu'un moyen de parvenir au pouvoir. C'est une tendance fâcheuse qui montre encore une fois de plus l'imperfection de l'homme, surtout de ceux qui se placent ou veulent se placer dans le monde, comme des modèles ; imperfection qui éclate surtout, lorsqu'elle émane d'un parti dans lequel on trouve tant de critiques sévères contre l'état actuel de la société; et, de certains hommes chez lesquels la justice, la raison ne dominent pas toujours, et ne soumettent pas tout à l'empire qu'elles doivent avoir et conserver.

D'un autre côté, la difficulté consiste aussi à faire comprendre et à faire accepter tout ce qui résulte de ces deux mots liberté, égalité. Il faut dire qu'il y a des personnes qui s'y trouvent peu portées : j'entends parler ici non pas des gens turbulents de l'aristocratie, mais de ceux qui ont l'esprit prévenu, et qui ne veulent pas admettre l'égalité de droit, là où elle n'existe pas en fait dans les personnes. Cela vient, en outre, de ce que la société actuelle vit encore avec les souvenirs du passé; que l'on rencontre tous les jours dans le monde les descendants de ceux qui étaient les aristocrates avant 1789, et qui ont peut-être conservé quelques préjugés de leur classe : cela vient aussi de ceux qu'inspirent partout, la naissance, la fortune, le rang, les dignités; voilà pourquoi, ce me semble du moins, une partie de ce que l'on appelle l'aristocratie se familiarise difficilement avec les idées, et surtout les conséquences renfermées dans les deux mots dont je parle.

Que ceux à qui ces paroles peuvent s'appliquer me permettent de leur dire, qu'elles ne comprennent pas ce qu'est une révolution véritable; qu'ils n'ont pas compris celle de 1789 : il ne faut pas qu'ils raisonnent avec le droit ancien, parce qu'il est aboli, rayé définiment; il ne faut voir que le droit nouveau, infiniment plus solide, plus juste, plus équitable, plus naturel que celui qui existait auparavant en ce qui touche l'état des personnes, et faire en sorte de bien le comprendre, et surtout de bien le pratiquer.

La quasi-résistance que l'on apporte à cette pratique n'est regardée par moi que comme une erreur, peut-être une faiblesse dans la logique d'un parti, qui doit inévitablement accepter et se soumettre à tous les résultats sortis de l'immense conflit dont je viens de parler. Les éléments du passé ont laissé des souvenirs et des traces trop profondes, même dans l'esprit de ce que j'appellerai les parvenus depuis 1789, pour qu'il n'y ait pas lutte entre les deux principes, l'ancien et le nouveau qui a pris naissance à l'époque de notre grande régénération sociale. Les effets et les conséquences du dernier se sont agrandis d'une manière prodigieuse au profit de la généralité, par l'influence de ces deux mots liberté, égalité, introduits à tout jamais dans notre droit public, et qui tendent encore à se développer. La résistance doit donc disparaître. Elle serait inutile et déraisonnable.

La société est donc dans ce moment en présence de deux résultats, ou plutôt de deux faits d'une immense importance. D'une part, le droit résultant des

mots liberté, égalité, qui se trouve en regard de l'i-
négalité réelle des personnes, qui amène celle des
conditions dans le monde social; inégalité naturelle qui empêche les uns de pouvoir convenablement exercer le droit politique : de plus, il y a
aussi en présence l'un de l'autre, le nouveau et l'ancien principe, l'aristocratie, la démocratie, qui sont
en lutte ouverte, ou plutôt qui paraissent être en lutte
ouverte, et qu'il faut savoir concilier.

Le mal vient donc de là, et de ce que l'on n'a pas
trouvé le moyen de concilier l'inégalité des personnes
avec le droit d'égalité devant la loi; de ce que les deux
principes sont peut-être trop exagérés, l'un par ses
prétentions, l'autre par ses souvenirs, et que de
part et d'autre on n'a pas trouvé le point où il est
juste, convenable d'arriver, celui qu'il ne faut pas
dépasser sous peine de tomber dans l'injustice et
dans la violence. Ce sont ces situations, ces choses
si profondément séparées l'une de l'autre; ce sont ces
tendances opposées qu'il faut fondre ensemble: dire
à l'une, tu dois accepter ceci; à l'autre, tu dois ne
pas dépasser cela; comme il faut dire à tous, sans
aucune exception, soyez dignes de l'exercice des
droits que la loi vous a conféré, parce que le législateur suppose avant tout, avec le bon sens, que la loi
ne peut être une lettre morte, et qu'elle est faite pour
être sagement et convenablement exécutée. Il faut passer toutes ces oppositions au creuset de l'intérêt général,
pour en faire sortir quelque chose qui ne soit ni l'aristocratie de la féodalité, ni la démagogie de 1793, ou
le socialisme de ce jour, cent fois pire encore; quelque chose qui soit comme *la généralité, la nationalité.*

l'universalité, afin d'arriver à consacrer et à conserver un droit unitaire, fondé sur la raison et non pas
sur une utopie ou des priviléges.

Que tout le monde se conforme donc au droit nouveau. *Liberté légale, mais liberté d'une société civilisée;*
égalité devant la loi, mais égalité d'une société civilisée,
dirigée, dominée par la raison, le bon sens et la justice;
égalité, liberté, respectant la famille, la propriété. Que
tout le monde accepte ces mots et ces choses, avec
toutes les conséquences naturelles qu'elles doivent
avoir : que personne n'aille au-delà du droit qui est
donné à tous et à chacun, dont tout le monde doit et
peut profiter s'il a l'intelligence suffisante pour le faire.

Ces deux choses sont au bénéfice de tous, dans une
mesure universelle, qui aide et protége grands et petits, riches et pauvres, nobles et bourgeois, ouvriers
et prolétaires; car, sans cela, il n'y aurait pas liberté,
égalité. Ces deux mots constituent un principe régu-
lateur qui doit rester à jamais la base de notre société.
Je pense que sous le rapport politique, ils sont destinés à devenir celle de toutes les autres dans le monde.

Je ne puis trop le dire, et je le repète au risque de
renouveler une observation déjà faite, le mal qui se
manifeste consiste en ce que de chaque côté on ne
s'entend pas sur plusieurs choses.

D'une part on ne définit pas le mot peuple : on ne
fait pas de véritable démocratie, celle fondée sur le
mot égalité. On ne respecte pas les mots et les principes que l'on a conquis, dont le sens et la portée
sont étrangement faussés, exagérés par la démocratie
ardente, avancée, qui les défigure au point de vouloir en faire un privilége. On exagère les droits de

2

ce que l'on appelle avec affectation le peuple , et l'on
regarde comme une grande iniquité que l'on ne s'empresse pas de lui accorder tout ce qu'on demande
pour lui et en son nom. On ne veut pas considérer
le mot égalité, comme devant être restreint à l'*obéis-*
sance à la loi ; on veut que *la nature se soumette à*
une loi de circonstance : on veut tout niveler , lorsqu'il
est certain que demain la nature aura tout renversé
ce que la loi aurait établi la veille dans ce sens : on
s'irrite alors de la résistance que l'on oppose à l'envahissement de la barbarie.

D'un autre, on ne comprend pas le droit nouveau,
et les principes qui me paraissent indestructibles ,
parce qu'ils sont fondés sur une éternelle justice, sur
une impérissable vérité ; et que toutes les conséquences qu'ils doivent produire à l'avenir ne sont
pas encore admises , acceptées par ceux qui forment ce que j'appellerai la résistance ; qui à leur
tour ne comprennent pas les mots égalité et liberté ,
avec lesquels ils se familiarisent difficilement , peut-
être en effet , parce qu'il peut paraître extraordinaire, sous certains rapports, qu'un homme sage ,
instruit, puisse n'être pas supérieur en droit, et pour
certaines choses , à celui qui n'a pas ces qualités en
fait , quand surtout il s'agit, lorsque précisément il
s'agit de faire preuve de sagesse, d'instruction, de
modération dans l'exercice du droit.

Il y a confusion de part et d'autre , c'est le moins
que je puisse dire : c'est cela qu'il faut éclaircir , faire
disparaître. La démocratie qui a le droit pour elle,
avec les mots liberté, égalité devant la loi , veut le
faire passer dans tous les actes de la vie sociale d'un

homme, ainsi que dans son existence privée. Ce que j'appelle résistance, s'imagine que l'égalité en droit, lorsqu'il s'agit de souveraineté, et principalement de l'exercice de cette souveraineté accordée si libérale-ment au peuple, ne peut raisonnablement exister là où ne se trouve pas l'égalité en fait dans les moyens de l'exercer.

Il faut donc préciser le droit de la liberté; celui de l'égalité; la somme de pouvoir qu'il donne à chacun quant à l'exercice. Il faut que les uns et les autres sachent bien pratiquer le principe, d'une manière sage, modérée, même restreinte s'il en est besoin; il faut se plier à cette restriction, de la même manière que dans l'intérêt général on a imposé à l'intérêt par-ticulier une restriction dans le droit de tout faire. Ceux qui résistent aux mots liberté, égalité, comme la démocratie veut les appliquer, me paraissent d'ac-cord avec ce nouveau principe qui repousse le privi-lége que l'on veut établir en faveur du peuple; aussi, leur résistance n'ayant peut-être que cela pour motif, me paraît très-légitime et très-fondée; tandis qu'au contraire la démocratie n'est pas d'accord avec elle-même dans cette application. D'un côté, on veut avancer trop rapidement; on dépasse le but, et bien au-delà; de l'autre, on résiste au cours des choses, des idées du temps. Quelques-unes peuvent être bonnes, si elles sont sagement limitées; mais l'im-mense majorité est des plus absurdes et des plus dé-testables. On ne veut pas remarquer de part et d'autre, qu'il n'y a que les rénovations sociales fondées sur la justice et la raison qui puissent s'accomplir, et qui s'accomplissent en effet malgré toutes les entraves :

la démocratie, surtout, ne veut pas s'apercevoir qu'on ne peut avoir le droit de faire respecter à tout jamais les institutions qui violent ces mêmes principes de justice et de raison.

Il est une autre chose capitale sur laquelle on n'est pas d'accord, c'est que le temps n'est plus où l'on a pu écrire avec quelque vérité, il faut que le peuple ne soit pas instruit : je ne veux pas faire allusion ici à une trop fameuse circulaire qui ne périra jamais dans la mémoire des hommes ; je veux parler d'une époque qui remonte à plusieurs siècles. Quant à moi, je dis au contraire que l'instruction du peuple est d'absolue nécessité, qu'il ne faut pas juger de son utilité par les fautes qu'elle peut lui faire commettre aujourd'hui, et par quelques inconvénients qui en résultent, inconvénients qui ne sont pas attachés à l'instruction elle-même, parce que je parle de la véritable, de la saine, de la solide, donnée par de bons maîtres ; les inconvénients naissent plutôt d'une éducation incomplète et mal faite, mal comprise et mal pratiquée ; celle-ci enorgueillit trop ceux qui la reçoivent sans connaître le prix de la bonne, et l'usage qu'ils sont appelés à faire. Il faut donc apprécier sa nécessité, sa convenance, par l'utilité, par le bien que l'on est en droit d'en attendre. Il n'est pas possible que ce qui est avantageux à la classe de l'aristocratie d'aujourd'hui, puisse être mauvais, dangereux, nuisible à la démocratie.

Il ne faut pas juger de l'avenir par l'état présent, parce que nous sommes encore sous ce rapport aujourd'hui dans un état de transition; et que toute transition amène toujours, de la part de ceux qui en profitent, un excès dans l'usage des droits nouveaux ou des facultés que l'on accorde. Selon moi, le bien de l'instruction doit être immense un jour, parce qu'elle détruira l'erreur, celle-là même dans laquelle on plonge criminellement le peuple ; il apprendra alors à connaître la religion, à respecter la loi et l'autorité du prince ; c'est plus que jamais un besoin pressant, parce que la soumission éclairée aux institutions de son pays, ne fait pas naître de révolte ; elle les prévient au contraire, celle-ci n'étant toujours que le résultat d'une erreur, d'une prévention, de l'ignorance, de la superstition, du fanatisme dans tous les genres. On ne doit pas oublier que le pouvoir, quelqu'il soit, qui s'appuie sur l'ignorance et la fraude, finit toujours par périr, parce qu'il n'a aucune force véritable.

Les grandes querelles politiques de nos jours proviennent presque toutes de l'amour-propre de certaines gens qui sont infatuées de la science qu'ils croient avoir, ce qui les fait tomber trop souvent dans de déplorables erreurs. C'est pour moi un motif suffisant d'instruire le peuple, de l'éclairer ; non pas pour en faire un philosophe, car il mourrait de faim avant de le devenir ; mais pour lui faire connaître tout à la fois ses droits et ses devoirs. Si le peuple n'a que ses bras pour vivre, qu'il se moralise du moins avec de l'instruction, cela lui fera perdre sans aucun doute le goût des plaisirs grossiers : alors, il se délassera par des moyens plus nobles et plus convenables, la tranquillité de tous ne peut qu'y gagner.

Mais voyons ce que c'est que le peuple.

QU'EST-CE QUE LE PEUPLE?

Ce mot a pris depuis 1789, époque à laquelle on a parlé de la souveraineté du peuple, et précisément en raison de cela, une acception qu'il n'avait pas auparavant. Il faut donc poser la question aujourd'hui comme il me semble qu'elle doit l'être, c'est-à-dire, se demander ce que l'on doit entendre *légalement*, *politiquement* par ce mot peuple; puis, ce que c'était autrefois. C'est donc, pour ainsi dire, une question politique et grammaticale qui embrasse le présent et le passé.

Quant à la question légale aujourd'hui, je réponds avec le sens du mot égalité devant la loi, le peuple, c'est vous et moi; tout ce qu'il y a au-dessus

et au-dessous de vous et de moi. Ce n'est en particulier ni le duc et pair, ni le grand dignitaire, ni le
millionnaire, ni l'administrateur, ni le magistrat, ni
le ministre des cultes, ni le propriétaire, ni le ren-
tier, ni l'industriel, ni l'ouvrier dans tous les rangs,
ni le prolétaire, ni celui qui reste habituellement
dans les derniers échelons de la société. Tout cet ensemble forme, compose la population, le peuple, la
nation, réunie par un lien commun, celui de la loi
commune; habitant une même contrée, la France;
chacun pratiquant sa croyance. C'est une unité morale, indivisible, dont chaque parcelle, chaque fraction se présente devant la loi ou les magistrats, avec
sa qualité d'homme et de citoyen, pour rester soumise à l'autorité de cette loi qui régit tout le monde.

La population compose ce que l'on appelle ordinairement la nation. Le peuple n'est pas, ne doit pas
être une fraction quelconque de l'universalité qui
forme toute entière la société dans un pays déterminé.

Dans ce moment, lorsque l'on prononce le mot
peuple, on dit plus d'une chose, car ce mot embrasse
bien des pensées. C'est un horizon immense sur
lequel on voit apparaître principalement la politique
avec son cortége de principes nouveaux, et les re-
doutables embarras nés de prétentions mal raison-
nées et peu réfléchies. On les surexcite cependant. On
ne parle plus seulement, comme avant la révolution
de 1789, du peuple par opposition à ce que l'on appelait alors les grands, les nobles, les riches; à cette
partie de la population qui constitue la bourgeoisie
aujourd'hui; on en parle comme d'une classe qui doit
être souveraine, qui est injustement et illégalement

déshéritée de la souveraineté : on paraît oublier que
la loi d'inégalité qui a été détruite en 1789, au lieu
d'être rétablie, a toujours été repoussée, et que personne n'a jamais songé, en droit et en fait, à murer les
portes par lesquelles le peuple peut arriver à l'aristocratie, à la noblesse, à la richesse, à la bourgeoisie,
qui n'ont pas légalement exclu tout le peuple de la
participation à l'exercice de la souveraineté.

La vérité, que l'on a l'air de chercher ; la liberté,
l'égalité, auxquelles on a l'air de tenir beaucoup sur
cette matière, embarrassent peut-être plus qu'on ne
pense ceux qui parlent du peuple et de ses droits de
souveraineté. Aussi fuit-on la définition du mot peuple ; il faudrait au contraire la faire, la préciser ; c'est
ce que l'on ne veut pas, ou tout au moins ce que l'on
n'a pas fait encore. On s'éloigne de cette définition,
tout comme certains animaux fuient le grand jour,
parce qu'ils le redoutent. Les actes et les paroles seraient
alors trop à nu. C'est qu'on ne peut pas tromper,
même le peuple, avec la vérité, la liberté, l'égalité,
sagement définies, car alors on serait forcé de les pratiquer selon la définition acceptée. Essayons de le faire.

Chez nous, partout, dans tous les temps, sous tous
les gouvernements, même sous les Républiques, il y
a eu des hommes distingués par les grandes qualités
du cœur et de l'esprit ; des nobles, oui des nobles, à
Rome, à Sparte, chez les Athéniens, chez les Germains. Les peuples les plus barbares eux-mêmes, ont
des hommes placés au-dessus des autres par leur
naissance, leur vertu, l'éclat de leurs services, l'importance de leurs richesses, par leur industrie ;
comme il y en a eu aussi qui n'ont pas su conquérir

la renommée, les richesses, le pouvoir, les honneurs;
se faire un rang, sortir de la dernière classe, celle
du peuple, dans laquelle nous sommes tous nés. Si la
nature nous a créés hommes, c'est aussi avec des
facultés intellectuelles différentes.

Entre les extrémités d'une chose quelconque, il y
a toujours un terme moyen : en ce qui concerne la
population d'un pays, chez nous, par exemple, c'est
ce que l'on appelle la bourgeoisie. Elle est alternati-
vement alimentée par tous les éléments de l'aristocratie de naissance, de rang, de dignité, de fortune,
qui s'abaisse souvent par mille causes diverses;
comme aussi, elle s'augmente encore de tous ceux qui
s'élèvent à leur tour, après être nés dans la plus
humble position et la moins fortunée.

Partout aussi s'est trouvé une classe moins distinguée par ses richesses, son éducation, ses mœurs,
ses habitudes vicieuses et grossières. Elle s'est toujours appelée le peuple. Comme aussi partout, dans
tous les temps, on a pu dire, dans un sens presque
grammatical et plus étroit encore, le menu peuple, la
populace, la lie du peuple, ce qui était classé à Rome
parmi les *capite censi*

Aujourd'hui, et par opposition à la qualité de noble,
de riche, de bourgeois, confondus dans une expression générale, celle *d'aristocrate*, on applique le nom
de prolétaire à ceux qui n'ont pas de naissance, de
fortune établie, ni de profession fort lucrative; mais,
véritablement, à considérer les obligations qui sont
imposées par les mœurs et les usages, le peu de
produit de ce que l'on appelle la terre, les bénéfices
excessivement minimes et restreints de certaines

professions, il doit y avoir alors des prolétaires partout; car, partout et dans toutes les conditions sociales, il se trouve une foule d'individus qui sont loin d'être dans l'aisance. Le prolétariat n'est donc pas une institution légale, mais un des résultats des lois de la nature et des facultés de l'homme. L'un s'élève, l'autre reste stationnaire : d'autres s'abaissent, cela se voit tous les jours.

Dans tous les états monarchiques, despotiques ou républicains, il y a eu, il y aura donc toujours, dans la généralité des habitants d'un pays, d'une ville, d'une localité quelconque, une certaine quantité d'individus, à laquelle on devra donner le nom de peuple, parce que ce mot représente une chose réelle, à savoir non-seulement l'infériorité en fait, mais encore, et bien plus, l'infériorité en moralité, en instruction, en éducation. On mettra toujours cette partie de la population en présence de celle qui se recommande par des qualités contraires.

Le mot peuple représente donc bien réellement partout, et dans le sens grammatical, une classe de personnes inférieures à d'autres sous beaucoup de rapports, surtout ceux moraux. Avant, comme depuis que les mots liberté, égalité, sont entrés dans notre droit public, on a vu sortir de cette classe des hommes qui ont montré du courage, qui ont fait preuve d'habileté, de moralité; et, l'on a dit d'eux, qu'ils sont sortis de la foule du peuple, comme si en quelque sorte l'habileté, la moralité, le courage, la persévérance dans les affaires, n'étaient pas ordinairement le partage du peuple, ne se rencontraient

pas habituellement chez lui. On en a vu quelques-
uns monter tout au sommet de la société, du moins
se placer dans les premiers rangs; personne n'a jamais songé à les en chasser, à les blâmer de la supériorité qu'ils ont montrée; je dirai même à contrecarrer
leurs efforts. Cela ne prouve-t-il pas que les grandes
intelligences, les véritables capacités savent tôt ou
tard se faire jour. De quel droit le peuple pourrait-il
se plaindre, s'il reste toujours dans la même condition ? C'est à lui seul qu'il doit s'en prendre.

Si tout le monde a droit de prétendre aujourd'hui à
l'illustration, à la noblesse, à la fortune, aux honneurs, je ne vois pas néanmoins qu'il y ait plus de
sommités qu'autrefois, plus d'hommes véritablement
illustres. Je vois beaucoup de personnes qui veulent
laisser leur nom à la postérité, qui font de très
louables efforts pour y parvenir. Il y a un plus grand
nombre d'individus, qui se sentant l'esprit et les bras
déliés par ces deux mots liberté, égalité, s'ingénient
de mille manières pour parvenir honnêtement, du
moins cela devrait toujours se faire ainsi. Ces personnes du peuple qui arrivent au terme moyen, ou
qui le dépassent, forment cette classe moyenne, et
celle qui est au-dessus; l'alimentent tous les jours,
et font ressortir le progrès marqué dans lequel on
peut les voir. Tout le monde peut et doit remarquer
que la moyenne est plus riche, plus instruite, plus
généralement propre aux affaires qu'autrefois, parce
qu'alors la foule n'était pas admissible comme aujourd'hui à tous les emplois publics, ne cherchait pas
à s'y faire admettre, ne s'en rendait pas digne; et,
que le désir fort légitime de parvenir plus haut encore,

fait redoubler d'efforts ceux qui s'y trouvent, comme ils ont fait pour arriver à cette classe moyenne si quelques-uns en étaient éloignés.

Je ne vois pas pour cela dans tous les rangs du monde social plus de Charlemagne, de saint Louis, de Charles V, d'Henri IV, de Louis XIV, de Napoléon; plus d'Eginhard, de Sully, de Richelieu, de Colbert; plus de l'Hospital, de Molé, de Harlay, de d'Aguesseau, de Lamoignon; plus de Cujas, de Domat, de Pothier; plus de Turenne, de Condé, de Soult; plus de Jean-Bart, de Suffren, de Duguay-Trouin; plus de Démosthènes, de Cicéron, de Bossuet, de Fénelon, de Massillon; plus de Corneille, de Racine, de Molière; plus de Thucydide, de Plutarque, de Tite-Live, de Tacite, de Xénophon, de Montesquieu; plus de Jacques Cœur, de Vaucanson, de Jacquart. Les Turcarets sont tout aussi nombreux; les Lucullus non moins encore; les uns et les autres n'ont point dérogé. Mais en revanche, les mots liberté, égalité ont fait tourner la tête à bien des gens : voilà pourquoi l'on trouve beaucoup plus d'Erostrates politiques; de Gracchus, de Catilina, d'Etienne Marcel et de Ravaillac : comme aussi, il y a le peuple travaillé par les ambitieux de tous les étages. Si ces derniers réussissent aussi facilement, c'est qu'ils s'adressent à d'autres ambitieux, qui n'osent pas avouer hautement leurs désirs secrets.

Dans toutes les populations il y aura toujours des hommes qui seront modérés dans leurs désirs, appliqués à leurs devoirs, soumis à la loi, au prince qui doit gouverner; à l'autorité, parce qu'ils comprennent l'indispensable nécessité de ces choses dans un état. Ceux-là seront partout et toujours de la première

classe par leurs sentiments. Que l'on en soit bien certain, ils ne resteront jamais dans la dernière. Qui que
tu sois, si tu es un factieux, je te mets bien au-dessous
du peuple, je ne puis reprocher que de l'égarement
à l'un, tandis que l'autre est un criminel à mes yeux.

Si tous les hommes étaient égaux en nature, ils
auraient sans doute les mêmes goûts, les mêmes instincts, les mêmes besoins, et n'auraient pas recours
alors les uns aux autres, chacun pouvant faire tout
seul ce que d'autres font pour lui. De cela seul qu'ils
ont besoin les uns des autres, naît l'idée de l'inégalité
entre eux pour certaines choses, puisque les uns peuvent faire ce qu'il est impossible à d'autres d'exécuter;
et de cette inégalité naissent aussi les rangs, les classes
dans la société, parce que du fait de supériorité physique, morale de chaque individu surgit aussi le fait
de l'inégalité de l'individu, qui enfante à son tour
l'opinion qu'il fait concevoir de lui, et qui l'appelle
au rang qu'il obtient dans cette société, parce que
c'est à cette supériorité qu'il la doit.

L'opinion du public ne donne ni la naissance, ni
la fortune, ni l'industrie; mais, c'est par l'opinion
publique que l'on apprend qu'un homme, appartenant à telle ou telle classe de la société, se conduit
conformément aux lois naturelles et de convenances
qui doivent régir la classe à laquelle il appartient,
non pas qu'il y ait une morale différente pour chacune
d'elle; mais parce qu'il n'est pas permis à un noble,
par exemple, de faire ce que ferait un mauvais sujet,
à un riche ce que peut faire un pauvre.

Pourquoi ne voudrait-on pas que l'illustration d'une
famille se perpétue en obligeant moralement celui

qui a l'honneur de porter un grand nom à se conduire convenablement, comme l'hérédité continue la
richesse dans cette même famille ou dans toute
autre ? Je ne vois pas en quoi le peuple ait à souffrir
d'un pareil principe, en ce qui concerne ses intérêts
particuliers, puisqu'il a le droit de parvenir aux honneurs, à la richesse ; tandis que je vois au contraire,
sous le rapport philosophique, comme sous celui de
l'intérêt direct, quelque chose de souverainement
injuste, d'immoral, de rabaisser jusque dans le ruis-
seau fangeux du vice, le talent, la vertu, le courage
et tout ce qui distingue l'homme civilisé et lui crée
un rang supérieur dans le monde.

Naissance, noblesse de cœur, titres, dignité,
vertus obligent à se rendre dignes de ses parents,
du rang qu'ils ont occupé, des vertus, des actions
d'éclat qui les ont signalés à l'estime de tous leurs
concitoyens, à la reconnaissance de la patrie. Quel
est celui qui oserait vouloir rabaisser tout ce qui sert
à élever un homme au-dessus d'un autre ? ceux-là
seuls qui ne peuvent parvenir à s'élever eux-mêmes.
Richesse et charité doivent marcher ensemble ; il n'y
a encore que ceux qui ne peuvent parvenir à l'une
qui se plaignent que l'on n'exerce pas l'autre d'une
manière convenable. Celui qui oublie ses devoirs,
retombe nécessairement, infailliblement dans la classe
d'où sont sortis les autres, ceux qui les ont religieusement observés ; la classe inférieure est sans cesse
alimentée par la dissipation et la mauvaise conduite
qui abaisse réellement tout ce qu'elles touchent ; elle
est alimentée aussi par de grands malheurs. Gram-
maticalement, j'appelle cette classe celle du peuple.

C'est en cherchant à se rendre compte de toutes
ces choses et de ces nuances diverses, que l'on
peut dire que le mot peuple doit être pris aujour-
d'hui, non pas comme l'équivalent de population
universelle, mais avec la signification que la démocratie elle-même lui donne, c'est-à-dire, que le
peuple est la classe, cette partie de la population qui
renferme *les travailleurs*, *les prolétaires*, *et qui des-
cend jusqu'au dernier échelon de la société;* ceux enfin
qui n'ont que leurs bras pour vivre, qui attendent
tout de leur industrie, qui sont dans une position
pécuniaire plus ou moins heureuse.

Dans ce sens, le peuple serait donc encore en fait,
ce qu'il était avant 1789. S'il est beaucoup plus en
droit, avec le mot égalité et la liberté de parvenir, que
veut-il donc être aujourd'hui ?

On voudrait ne pas l'avouer, mais je dis qu'il veut
être, ou du moins qu'on veut pour lui qu'il soit tout,
c'est-à-dire, souverain, tandis qu'on ne peut avoir
le droit de briser les mots de liberté légale, d'égalité
devant la loi ; ce qui serait fait si le peuple réalisait
sa prétention d'être, de constituer tout seul ce que
j'appellerai la nation ; c'est à ce titre, que par suite d'un
abus de mots, et d'une confusion qu'on laisse inten-
tionnellement planer au-dessus de l'intelligence *de la
classe du peuple*, on parle à celui-ci de la souveraineté qu'on veut lui attribuer en ayant l'air de donner
à ce mot l'acception de la généralité, afin d'entraîner
la classe vers ces aspirations de pouvoir, d'égalité en
toutes choses, et obtenir avec elles le droit de diriger,
de gouverner l'universalité.

La confusion des mots entraîne celle des choses.

Ainsi, la classe du peuple qui se croit la plus nombreuse, la plus forte, la démocratie veut dominer
celle qui est qualifiée par elle dans un mot générique,
l'aristocratie ; mot qu'elle applique tout aussi bien à
la naissance, à la fortune, qu'à la bourgeoisie, pourvu
que ce ne soit pas la classe qu'elle appelle le peuple
On n'est plus du peuple à ses yeux lorsque l'on est
sorti de cette classe. Il n'y a d'hommes dignes d'en
faire partie, que ceux-là qui s'y trouvent ou qui tous
les jours y retombent ; c'est cependant la partie la
plus dangereuse de la population, parce qu'elle peut
être considérée aux yeux d'une morale sévère,
comme n'ayant pas toujours rempli les devoirs qui
sont imposés à l'homme et au citoyen. Aux yeux donc
de la démocratie, tout ce qui n'est pas peuple ne doit
être rien ; ce qui est peuple doit être tout.

Je le sais, je touche à une corde sensible ; mais les
prétentions sont trop connues et trop mal déguisées,
pour que l'on puisse les nier. Si le peuple était l'universalité, pourquoi parlerait-on alors sans cesse du
peuple et rien que du peuple ? La démocratie répond,
c'est qu'il souffre : le mot s'applique donc à une chose,
à une classe qui est en opposition grammaticale et
politique avec un autre mot, une autre chose, une
autre classe, l'aristocratie, la bourgeoisie qui ne
souffrent pas, qui sont dans une position que l'on veut
pour le peuple.

L'aristocratie met-elle un obstacle à ce que l'on
fasse disparaître les souffrances du peuple ; à ce que
tout au moins elles soient allégies : je pourrais demander par quelles causes le peuple souffre tant,
et d'où vient sa misère le plus souvent. Je ne le ferai

pas : je dirai seulement que l'aristocratie contre laquelle on excite sa colère et sa haine, se venge tous les jours, et à juste raison, de toute cette colère et de tous ces mauvais sentiments, mais à la manière dont se vengent les gens dignes d'être nobles, riches et bourgeois; c'est en faisant au peuple plus de bien qu'il n'en a jamais reçu, non pas par peur, mais librement; non pas par orgueil et fantaisie, mais par esprit d'humanité, de charité, d'égalité bien comprise et bien pratiquée, celle d'un chrétien envers un autre homme son semblable.

J'en atteste le peuple lui-même, et tous les établissements de bienfaisance et de charité qu'on lui prodigue partout.

Le peuple reconnaîtra un jour ces vérités, et rendra justice à qui de droit. Quant à moi, je la rends aussi dans ce moment à qui le mérite, et je dis nettement à la démocratie que je n'ai aucune confiance dans ce grand étalage qu'elle fait de paroles pompeuses, de maximes rayonnantes de philanthropie, parce qu'à mes yeux, il ne s'agit pas véritablement et exclusivement des intérêts matériels du peuple, ni de ses droits politiques, ni de sa souveraineté réelle, mais des avantages que peuvent en tirer ceux qui parlent ainsi; j'en fournirai plus loin des preuves irrécusables lorsque je demanderai pourquoi l'on veut que le peuple soit souverain (1).

Les premiers apôtres qui ont enseigné la doctrine de Jésus-Christ, ont partagé les durs labeurs du maître et les privations des disciples. Ces derniers vivaient dans la simplicité qu'ont toujours commandée les ma-

(1) Chapitre 10.

3

ximes de morale qu'ils enseignaient. La foi , cette sublime croyance qu'ils cherchaient à propager , qui s'est répandue sur la terre, a été sanctionnée dans tous les temps par des mœurs et des vertus conformes aux doctrines , tandis que je ne vois dans la vie publique ou privée de ceux qui enseignent la démocratie , rien de conforme à ce qu'ils disent , à ce qu'ils présentent comme étant la vérité.

Au lieu donc d'inspirer de la confiance à la société, celle-ci se révolte, s'insurge en quelque sorte devant de telles contradictions, et n'ajoute aucune foi à tout ce qui est dit , demandé au nom du peuple ; de pareils hommes et leurs discours, comme les faits que l'on est en droit de leur imputer, doivent plutôt ruiner la cause du peuple , que la servir et la faire triompher.

Ce n'est pas sans un grave motif que l'on dit toujours au peuple , de tout côté seulement se trouvent les grands et généreux instincts ; les grands dévouements , les grands courages, l'habileté qui efface tout, la reconnaissance, tu es la population par excellence. On fait ainsi , parce que c'est le seul moyen de poser dans son esprit, et dans celui du public, l'importance extrême que l'on veut lui donner dans les affaires, et afin de placer la classe du peuple au niveau de toutes les autres.

C'est un moyen de relever le peuple dans sa propre estime, et de rendre à ses yeux, fort naturelles et fort légitimes , des prétentions qu'il faudra un jour soutenir par lui-même, s'il veut les conserver. Il reste entendu que ce sera sous la direction de ceux qui les auront fait naître, mais qui, ainsi qu'on l'a déjà vu, auront bien peu contribué de leur sang à les faire obtenir.

Pourquoi, en effet, le peuple, celui qui n'est pas la généralité, qui est peut-être le plus grand nombre dans la population, mais qui n'en est pas la partie la plus éclairée, la plus morale, la plus distinguée par l'éducation, la politesse des mœurs et des habitudes de la vie; qui, au contraire, est portée à tous les excès aussitôt que l'occasion se présente, pourquoi ce peuple n'aurait-il pas des désirs immodérés? Il ne peut en être autrement, car on lui dit tous les jours que sans lui, sans ses bras, tout le reste de la population ne serait rien et périrait de misère.

Aussi le peuple dit-il dans ses chants, *à genoux devant l'ouvrier*. Un homme à genoux devant un autre! et l'égalité, non pas celle devant la loi, celle du droit, mais celle de fait que l'on veut établir, celle de la nature même, proclamée dans la Constitution de 1793, qu'en veut-on faire? Quoi! c'est l'aristocratie qui emploie sa fortune à faire travailler l'ouvrier; qui peut ainsi l'enrichir; qui fait vivre sa famille, et c'est l'aristocratie qui doit se mettre à genoux devant l'ouvrier! Mais, que serait donc celui-ci s'il ne travaillait pas? Est-ce que l'ouvrier qui prononce de telles paroles n'a besoin de personne (à son tour) pour préparer toutes les choses qu'il ne peut faire lui-même et qui sont nécessaires à son existence et à ses vêtements. Il faudra donc qu'il se mette à genoux aussi lui devant l'autre ouvrier dont il a besoin, et celui-là encore devant un autre; puisque nous tous, dans le monde, nous avons indistinctement besoin les uns des autres? Que l'on me présente un homme qui n'ait pas besoin d'un autre, et je lui permettrai de dire alors que le riche doit se mettre à genoux devant celui qu'il contribue à enrichir et qu'il fait vivre ! je permettrai de dire que le riche ne serait rien sans l'ouvrier. L'un et l'autre ont besoin chacun d'être aidés dans toutes les choses qu'ils ne peuvent ou ne savent pas faire. Le riche paie avec son or, l'ouvrier paie avec son travail — il y a réciprocité de services.

Allez, j'ai la certitude d'être dans le vrai quand j'ai dit que c'était un privilége que l'on demandait pour le peuple, pour ces travailleurs, pour ces prolétaires. De l'idée de l'importance qu'on leur donne et qu'ils croyent avoir dans la société, naît pour eux tous, l'idée *d'un droit* qui leur paraît juste, naturel, mais qu'ils conçoivent à peine, car ils n'ont pas les connaissances suffisantes pour cela. Aussi, lorsqu'on refuse d'accorder ce que le peuple demande, ce n'est plus avec la raison qu'il veut le conquérir, c'est avec le fusil.

Ainsi, c'est en rabaissant les uns et en les représentant sous les couleurs les plus fausses, les plus injustes, les plus odieuses, que l'on cherche à élever les autres, et à faire entrer dans l'esprit du peuple l'idée de sa supériorité, de sa nécessité pour le riche, de son importance dans la société. Le but évident, c'est de lui faire comprendre que lui seul mérite d'avoir des droits ; qu'ils sont légitimes pour lui seul ; et, qu'à lui seul, par conséquent, appartient celui de les exercer. Si en fait le mot peuple annonce de l'infériorité, non pas dans la nature et l'espèce de l'homme, mais dans sa position sociale, qui réclame comme un besoin d'aide et de protection de la part de ceux qui sont au-dessus de lui, pourquoi voudrait-on, en politique, en faire la plus importante partie de la population, l'ordre souverain.

Oui, 'on a eu pour but d'attacher au titre d'ouvrier, de prolétaire, au mot peuple, à cette classe de la population qui en représente la partie la moins importante par les lumières, l'éducation, l'expérience des affaires, tous les droits, toutes les faveurs, toute la prépondérance sociale sans s'inquiéter du mot égalité. Oui, le but est de lui soumettre tout : oui, malgré l'expérience de tous les temps, de tous les siècles, de tous les gouvernements, qui ont mille fois proclamé, reconnu cette vérité que le gouvernement ne vient pas d'en bas, on veut mettre au sommet de l'échelle sociale ce qui est dans la partie inférieure, et prendre pour agents principaux dans le gouvernement, ce qui de tous temps, dans tous les pays, sous tous les gouvernements, n'y a jamais participé que d'une manière très-indirecte et très-restreinte. Oui, on veut faire disparaître le véritable sens du mot égalité de droits, en rayant du code de la raison et du bon sens, les articles de ces codes qui n'attribuent l'usage et l'exercice de ces droits qu'à ceux qui peuvent les pratiquer sagement et en connaissance de cause, pour les donner exclusivement à ceux qui sont dans l'impossibilité de le faire. On veut, qu'il n'y ait plus d'inégalités, afin de rayer du code de la nature, les effets de ces étonnantes et prodigieuses distances qui se remarquent entre les intelligences des hommes, et d'où dérivent toutes les positions sociales, qui servent à former les classes de la société; distances qui, à elles seules, suffisent pour attester le doigt de la providence, la volonté de Dieu, qui domine et dirige tout dans ce

monde ; afin de substituer à tout cela je ne sais quel
ordre , quel mot social , représentant la prépondérance du peuple , celui dont je parle. Ordre et mot
que l'on voudrait ensuite élever jusqu'à un droit ;
droit que l'on voudrait mettre au service spécial des
intérêts matériels d'une partie de la population , en
excitant des passions contre tout ce qui peut lui
être supérieur dans toutes les conditions.

Le peuple n'est qu'un instrument entre de pareilles
mains ; les flatteries qu'on lui adresse ne sont que de
la dorure sur des mensonges : quoiqu'il en soit , je
ne pense pas cependant que le peuple soit appelé , à
raison de son état actuel , à jeter dans le monde
l'éclat que doit et que peut y produire une classe
plus éclairée, et rendre à la société politique les services que l'on demande toujours, et que l'on ne peut
et doit demander qu'aux lumières , à la raison , à
l'expérience.

La vérité est plus simple. Un droit légitime , c'est
comme la lumière elle-même ; elle pénètre partout ,
malgré tout. Ce droit n'a besoin d'aucun ornement,
d'aucuns secours extraordinaires, d'aucune intrigue,
d'aucun artifice pour faire connaître sa valeur, assurer
son succès. Il vient du temps et de la raison, des circonstances, de l'utilité, du bien qu'il procure à la so -
ciété, qui est le premier, le meilleur de tous les juges,
et non pas du caprice des masses et des ambitieux
qui les dirigent trop souvent dans une mauvaise voie.

Si chacun a le droit de conquérir une place dans
la société, il n'appartient à personne de transformer
ce droit en privilége, surtout pour une classe tout
entière. On aura beau frapper le sol et les bas-fonds

de tous les discours anarchiques, on ne fera jamais qu'il n'y ait pas dans un pays quelconque une classe que l'on appellera le peuple, qui sera et restera toujours le peuple, composée partout des mêmes éléments, résultat de l'infériorité naturelle et morale sous tous les rapports; classe plus impressionnable que toute autre, aux passions et aux préjugés de toute nature, trop souvent disposée au mal et au bouleversement.

Il est donc bien entendu qu'en parlant ici du peuple, je prends le mot dans l'acception que lui donne la démocratie elle-même : il est question de la classe de personnes qui est la dernière dans la population par les causes que j'ai dites, et non pas par sa nature; qu'il ne s'agit pas de l'universalité de la population, mais d'une partie seulement.

QU'EST LE PEUPLE?

———

Je viens d'essayer de faire connaître ce que l'on doit entendre aujourd'hui par le mot peuple, et à quelle classe de la population on doit, et l'on applique spécialement cette expression ; quelles prétentions on rêve pour lui.

Voyons ce qu'il est en réalité.

Je vais faire connaître ma pensée, mon opinion, sur cette question. Plus tard j'en ferai une autre, c'est celle-ci : Qu'est-ce que la souveraineté, quelle est son origine ? puis encore une autre, le peuple est-il digne et capable de supporter le poids de la souveraineté ?

Celui qui dirait que parmi les individus qui composent ce que l'on appelle la classe du peuple, il ne se trouve pas chez l'un ou chez l'autre quelques-unes, ou même un grand nombre de bonnes qualités, celui-là dirait une chose très-inexacte et très-fausse.

Je viens de parler très-sincèrement et sans aucune espèce de détour. J'irai plus loin si l'on veut, et je dirai, je reconnaîtrai même qu'il y a beaucoup d'individus qui ont de belles et solides qualités. Si on le veut encore, j'accorderai même davantage et j'ajouterai que dans cette classe il y a plus d'individus qui en possèdent que dans aucune autre de la société. Mais alors je demanderai pourquoi l'on plaint autant sa position morale, son infériorité sociale, puisqu'il a tous les instruments naturels, toutes les qualités nécessaires pour parvenir et ne plus rester dans la condition inférieure dans laquelle il se trouve. Si le peuple est aussi bien partagé par la nature, pourquoi le pousse-t-on à l'insurrection, en lui disant que c'est un lépreux dans le monde moral ; qu'il est malheureux. Craint-on qu'il ne sache pas supporter la misère et son infériorité. Quant à moi, j'ai toujours pensé que les grands cœurs ont surabondamment de la vertu, du courage, de la philosophie.

Cela est vrai, dira-t-on, pour quelques individus seulement : mais il s'agit des masses ; c'est précisément d'elles dont je veux parler.

Je dirai, j'entends tous les jours vanter la sagesse du peuple, ses instincts généreux, sa bonté, sa modération, sa patience, son courage, son énergie, son bon sens, sa mansuétude, son humanité, sa grandeur d'âme, sa profonde reconnaissance pour les bienfaits qu'on lui prodigue, son patriotisme, en un mot toutes les brillantes qualités qui servent à prouver la perfection de l'homme et du citoyen; encore une fois, s'il est ainsi fait, pourquoi reste-t-il toujours peuple, car c'est avec toutes ces vertus que chacun en particulier parvient à se tirer de la foule, pour arriver aux honneurs, aux richesses, aux dignités.

Malheureusement, j'entends peu parler de son respect pour la religion et ses ministres; pas davantage de celui qu'il devrait avoir pour la loi, l'autorité, la justice, et j'en fournirai de trop nombreuses preuves irrécusables, lui qui cependant a la prétention d'être souverain. Je sais qu'il craint toutes ces choses, les redoute, comme on craint et l'on redoute tout ce qui est appelé à réprimer les passions, à punir les excès. Je voudrais qu'il les aimât, car cela me donnerait la preuve qu'il en comprend la nécessité dans tout gouvernement bien organisé. ..

Celui qui sera sage, qui voudra le bien, qui sera modéré, patient, qui aura du bon sens, qui sera ferme dans ses projets, qui aura de la grandeur d'âme, qui travaillera en respectant la loi, l'autorité, le prince, les magistrats, le droit des autres, ne cessera pas pour cela d'être citoyen : bien du contraire, ses droits, sa liberté, sa propre existence seront garantis, protégés par lui-même et pour sa famille, par l'exemple qu'il saura donner dans l'accomplissement de ses devoirs, et je lui dirai : tu es un bon citoyen, passe parmi ceux que l'on appelle les élus : encore non, il n'est pas besoin de le lui dire, car il est déjà parmi eux, il donne le bon exemple; j'ajouterai qu'il est impossible qu'il ne soit pas bon époux, bon père, bon ouvrier, car c'est avec toutes ces précieuses ver-

tus, avec ces conditions que l'on arrive infailliblement à la considération, à la prospérité, à la richesse.
Si celui-là est né dans la classe du peuple, il est
digne d'en sortir, et il en sortira infailliblement.

Les masses peuvent-elles s'appliquer ce que je viens
de dire ?

Partout où vous ne rencontrerez pas, sinon toutes
ces qualités, du moins la plupart d'elles, vous trou-
verez le désordre, la débauche, la misère, l'esprit de
révolte, la léproserie morale, l'ingratitude. On
nie ce que j'avance; eh bien! que l'on réponde à quelques questions.

Qu'est-ce qui est à la tête de toutes les séditions ?
quels sont ceux qui les composent ? avec qui fait-on
les révolutions ? Je ne veux désigner ici dans ce moment que ces coups de mains audacieux qui renversent des trônes et des institutions. Qui a pillé, incendié,
dévasté les palais et les lieux les plus sacrés ? détruit
les monuments de l'art dans tous les genres ? qui s'est
servi du fer, du plomb, du feu pour faire périr, d'une
manière lamentable, ceux qui, fidèles à leur drapeau,
défendaient la société envahie ? à qui doit-on imputer
tous les horribles excès qui se sont commis contre les
personnes et les choses, dont le récit doit figurer
dans l'histoire à côté des plus monstrueuses barba-
ries et des turpitudes les plus révoltantes du sac des
villes dans le moyen âge ? Que dit-on lorsqu'il y a eu
résistance de la part du pouvoir, et lorsqu'il veut
sauver la société et la civilisation ? On a tiré sur le
peuple ; on a massacré le prolétaire, l'ouvrier, le
travailleur. Les plaintes et les gémissements sont pour
eux; les malédictions et les imprécations pour ceux

qui ont sauvé le pays en défendant l'ordre, les lois,
la véritable liberté. Ceux-là ne sont plus du peuple,
parce qu'ils se sont séparés de ces excès, et cependant
aux yeux de certains orateurs, le peuple est l'être
par excellence, qui lui seul peut protéger, sauver
l'état en danger; qui veille sur la société, est prêt à
la défendre, qui en est seul digne et capable. Les législateurs seront-ils menacés, soyez sans inquiétude,
ils auront la protection du peuple, cet être invisible
qui est nulle part, lorsqu'il faut protéger; partout,
lorsqu'il y a du mal à faire.

Que l'on réponde franchement et ouvertement à
ces différentes questions; et surtout qu'on le fasse
avec toute la sincérité et la franchise que j'ai mis à
les faire. J'écoute, que l'on parle : je serai heureux
si l'on me prouve que je suis dans l'erreur.

Je vais en faire une autre.

Est-il bien certain que ce peuple, si disposé à secourir, à protéger l'ordre, soit toujours reconnaissant du bien qu'on lui fait, et des avantages qu'on lui
procure dans tous les travaux qu'il est appelé à accomplir pour subvenir à ses propres besoins, à ceux
de sa famille?

J'entends aussitôt mille voix qui s'élèvent à l'envie
pour exalter cette reconnaissance. Je veux bien ne
pas trop m'enquérir de quel côté partent ces affirma-
tions si bruyantes : la vérification serait une chose trop
délicate. Cependant, il s'en élève une dans la foule;
elle est seule, et néanmoins elle fait taire toutes les
autres, car c'est celle de la vérité. Elle dit à son
tour : Montrez-moi les traces de cette reconnaissance et de la protection que le peuple a accordée au

pouvoir? Puis, après avoir fait cette question, elle
poursuit ainsi :

Il y a en France une ville célèbre par ses manu-
factures. Tout le monde, l'univers entier, en admire
les produits; c'est Lyon. Sa population immense
compte un grand nombre de ces hommes auxquels
on affecte de donner le nom de prolétaires. Il sont
fiers, et à juste titre, de leur habileté, de leur incontestable supériorité, car elle est très-réelle. Il y a un
demi-siècle, leur travail était plus pénible, moins
rapide, moins parfait qu'aujourd'hui, par conséquent
moins productif.

Dans cette ville, il s'est trouvé un homme, ouvrier
lui-même, issu de la classe de ces prolétaires, qui,
à force de persévérance et de génie, a inventé une
machine à l'aide de laquelle le travail de ses compagnons de labeur a été considérablement simplifié,
puisqu'avec elle on a pu employer moins de bras, et
cependant produire beaucoup plus d'ouvrage. Aidé
par cet ingénieux mécanisme, l'ouvrier a éprouvé
moins de fatigue; son travail a été plus régulier; les
produits eux-mêmes sont devenus infiniment plus
beaux dans leurs qualités, et plus variés dans leurs
dessins. La différence du prix de revient de la main-
d'œuvre devait évidemment tourner au profit de la
classe ouvrière, puisque l'abaissement des prix devait
amener une plus grande consommation ; celle-ci,
l'emploi d'un plus grand nombre d'ouvriers, qui fabri-
quaient en moins de temps une plus grande quantité de
ces merveilleux tissus. On craignait que les ouvriers
manquassent de travail, que le nombre ne diminuât, il a
au contraire augmenté dans une immense proportion.

Cet homme, ce prolétaire, cet ouvrier, c'est Jacquart (Joseph-Marie), né à Lyon le 7 juillet 1752.

Que devait faire le peuple prolétaire pour cet
homme, son véritable bienfaiteur, l'honneur de son
pays, de ses concitoyens, celui en particulier des
autres prolétaires comme lui, ses compagnons. Que
ne lui devaient-ils pas? Y a-t-il eu quelque récompense civique de donnée? quelque rémunération, je
ne dis pas opulente, mais seulement une de ces gra-
tifications qui soutiennent la misère d'un homme, et
que l'on réclame aujourd'hui en faveur du pauvre
prolétaire, comme la juste récompense de son moindre
travail.

La gratification opulente a été offerte par une nation rivale en industrie : elle a été noblement refusée
par celui qui la méritait, malgré qu'il fut dans la plus
profonde misère, malgré qu'il eût versé la richesse
à grands flots dans son pays. Un décret lui accorda
la modique somme de 50 francs pour chaque perfec-
tionnement qu'il apporterait à sa machine. Son nom
du moins a-t-il été inscrit tout de suite dans quelque
temple élevé par la reconnaissance publique à tous
les hommes utiles? Dans quel lieu a-t-il fini ses jours,
celui qui avait été le défenseur de sa ville, de son
pays? Comment y a-t-il vécu, ainsi que son épouse?
Sa machine elle-même, qu'est-elle devenue ?

La même voix qui seule s'était élevée parmi tant
d'autres, continue et dit, après ces différentes questions :

Sa machine, après avoir été obstinément repoussée dans son pays, n'y a été adoptée qu'après avoir
contribué à la prospérité commerciale d'une nation

rivale de nos plus belles industries. L'inventeur a été
dénoncé comme l'ennemi du peuple ; les ouvriers,
qui avaient reçu le pain de cet homme, ont commencé par briser, lacérer sa machine partout où ils
l'ont vu établie : l'autorité elle-même, a participé à
cette action inouïe, aux applaudissements de la foule;
ils l'ont brûlée d'une manière infamante sur une des
places publiques, et de même qu'autrefois les cendres des grands criminels étaient dispersées aux caprices des vents, de même le fer fut vendu comme
du vieux fer, et le bois comme du vieux bois. Trois
fois la vie de cet homme fut si sérieusement menacée, que, sans le secours de quelques cœurs généreux, il eût été précipité dans les flots; et enfin,
pour comble de reconnaissance, ils ont chassé de la
ville qu'il habitait ce prolétaire qui lui faisait tant
d'honneur : et, celui-ci a passé le reste de ses jours
dans la misère et dans l'oubli ; l'oubli, le plus cruel
chagrin qui puisse atteindre un grand et noble cœur.
Ne devait-on pas, au lieu de cela, quelque monu-
ment à cet homme, en mémoire de ce qu'il avait fait?
Qui est-ce qui a tenté de le faire plus tard, sans pouvoir y réussir tout d'abord, et dans un temps où ses
cendres reposaient depuis longtemps dans leur dernière demeure si modeste? On a élevé deux statues, il
est vrai, mais à qui ? à l'homme du peuple, au prolétaire, et dans le lieu même où ces choses se sont
accomplies. Le bienfaiteur a été négligé toute sa vie ;
il a vécu misérablement dans un galetas avec sa com-
pagne, et celui qui a profité du bienfait a été honoré.
Était-ce donc pour transmettre à la postérité la plus
reculée la mémoire du bienfaiteur que l'on a fait

ainsi? Est-ce aussi comme signe de la reconnaissance des ouvriers, du peuple?

Cette même voix continue encore et demande pourquoi l'on a érigé ces statues à l'homme du peuple.
Elle dit : on le faisait à Rome pour les vainqueurs
de Numance et de Carthage; dans la Grèce, c'était
aussi pour les héros; on en a élevé à Guillaume-le-
Conquérant, à Jeanne d'Arc, à Henri IV, à Louis XIV,
à Napoléon; vous en élevez tous les jours à toutes
nos célébrités, nos illustrations dans tous les genres,
ce qui prouve que les hommes ne sont pas égaux
entre eux; pourquoi donc en avez vous élevé au
peuple, à l'homme du peuple?

Quelle victoire a-t-il remportée tout seul? quelle
conquête a-t-il faite? est-ce à lui que l'on doit la
boussole? a-t-il mesuré l'étendue des cieux? a-t-il
appris aux hommes l'art de construire un vaisseau
et de le diriger sur les mers les plus éloignées?
a-t-il seulement trouvé le moyen de reconnaître les
fraudes que commettent les hommes du peuple, dans
le pain qu'on lui prépare et qu'il mange? est-ce lui
qui a maîtrisé la vapeur, et en a fait un auxiliaire de
ses travaux? a-t-il fondé et doté des hôpitaux? élevé
des maisons de refuge et de secours pour ses propres
enfants? a-t-il enseigné la morale? est-il plus vertueux? plus habile dans tous les arts? plus grand
dans l'adversité? plus généreux après la victoire, ou
lorsqu'il est dans la prospérité? plus reconnaissant
du bien qu'on lui a fait? en un mot, signalez ses vertus
et dites quelle grande récompense il a mérité, et celle
surtout que vous avez voulu lui donner en élevant
ces statues.

S'il possède tant de brillantes qualités, s'il a tant
de gloire, pourquoi donc l'avoir fait si tard : s'il a
tant de vertus, pourquoi plaignez-vous son isolement
moral dans le monde? La vertu en est-elle définitivement bannie, et ne peut-on la rappeler que lorsqu'il
s'agit du peuple, d'un prolétaire ou d'un ouvrier. Si
la chose est possible, pourquoi ne l'avoir pas fait pour
l'un, et quelle cause a-t-on eu de le faire pour l'autre?
Si l'on doit tout oublier, tout effacer, qu'espère-t-on
aujourd'hui alors? Si le prolétaire, le peuple est si
laborieux, si instruit, si clément, si grand, pourquoi reste-t-il le peuple? Pourquoi le représente-t-on
toujours vivant dans l'humiliation du travail, lorsque l'on sait que le travail est si nécessaire, que l'on
ne voulait admettre dans les ateliers de l'Etat que les
ouvriers par excellence. Le travail changera-t-il de
nature alors; sera-t-il moins humiliant, moins dur,
fatigant, pénible, plus avantageux?

Si on navre le cœur et l'esprit du peuple par le
récit artistement fait d'infortunes, quelquefois trop
réelles, est-ce par pitié pour lui? Pourquoi ceux-là
alors ne lui donnent-ils pas plus de travail, un salaire
plus élevé, plus de pain, plus de repos, de tranquillité, surtout lorsqu'on lui a dit, il n'y a même
plus d'espérance pour toi. Si on a élevé une statue
à l'homme du peuple, afin de le glorifier, c'est que ce
mot a pour ceux qui ont fait cette chose, une signification toute particulière, et que l'on a voulu spécialement flatter l'amour-propre d'une classe dans la
société, qui n'embrasse pas la généralité de la population de tout le pays, d'une ville. Le peuple, pour
certaines personnes, ce n'est pas la nation, c'est cette

4

portion de la population sur laquelle on compte toujours, non pas pour protéger la loi, l'ordre public,
les législateurs, mais pour favoriser et seconder d'infâmes projets. Oui, si on a élevé des statues à l'homme
du peuple, c'est pour le mettre au-dessus du reste de
la population ; si tel n'était pas le motif véritable, pourquoi n'a-t-on pas fait ainsi pour les autres classes de la
société.

On plaint le peuple de son infériorité sociale, mais
encore quel est donc ce peuple dont on veut parler.

N'est-ce pas au nom du peuple que la loi est pro-
mulguée ? N'est-ce pas en son nom que se rend la
justice ? N'est-ce pas lui qui fait la loi, qui délègue le
pouvoir exécutif qui est une partie de sa souveraineté?
Que peut-on désirer de plus pour lui, ou plutôt encore de quel peuple veut-on parler ?

Le peuple au nom duquel on rend la justice, n'est-
ce pas la généralité ; si c'est elle, le peuple des démocrates est compris dans ce mot, et l'on n'a rien à
demander sous ce rapport. N'est-ce pas cette même
généralité qui délègue le pouvoir exécutif ; que de-
mande-t-on encore pour lui? Si la justice se rend
au nom de la généralité du peuple, de cet être moral, souverain, que l'on dise donc quel est ce peuple
dont on parle et pour lequel on demande aujourd'hui
tant de choses. La généralité comprend l'aristocrate,
le bourgeois, le riche, le pauvre, l'ouvrier, le prolétaire, le travailleur de tous les rangs, et même
ce peuple pour lequel on réclame aujourd'hui des
droits, alors que l'on veut le faire considérer comme
la classe des parias dans la société, celle qui a toutes
les sympathies des démocrates.

Quelles sont donc ces protestations que j'entends faire en son nom, puisqu'il est compris dans la généralité? Quels droits revendique-t-on pour lui? Si le peuple est la généralité, celle au nom de qui la justice est rendue, qui délègue le pouvoir exécutif; si le peuple est souverain, je ne comprends plus rien à toutes ces réclamations, à tout ce zèle en faveur d'un être que l'on plaint avec tant de chaleur; car alors je dirai : on a parlé de la généralité, dès lors si l'on a des vœux à faire pour le peuple, il ne faut pas particulariser lorsque l'on propose des améliorations à faire; car, si les vœux ne s'adressent qu'à une partie, j'accuserai hautement de partialité, puisque l'on ne s'occupe que des uns au préjudice des autres; et alors je ne reconnais à personne le droit de crier à l'injustice, à l'exclusion, et à tout ce qui constitue cet ostracisme politique que l'on semble déplorer parce qu'il pèserait sur ce que l'on appelle le peuple.

Si le peuple n'est pas la généralité, ce mot a donc une signification toute spéciale. Que l'on dise donc alors le véritable sens que l'on y attache, afin qu'il soit justement appliqué.

La même voix reprend encore et dit: on fait ainsi pour l'exciter à la révolte, en lui faisant croire à une supériorité morale qu'il ne possède pas, et qui le porte à s'insurger contre la société, lorsqu'on vient à lui refuser l'exercice de certains droits qu'il demande et qu'il est incapable d'exercer pour le moment; ou lorsqu'on ne veut pas réaliser les utopies nouvelles qui n'ont aucun fondement de justice, de raison, de bon sens.

Mille voix s'élèvent encore pour repousser énergiquement une pareille imputation qui s'adresse plutôt
à ceux qui flattent le peuple qu'à celui-ci : mais, la
vérité reprend de nouveau à son tour : si ce n'est pas
dans ce but, pourquoi l'excite-t-on toujours à la révolte en lui représentant son infériorité sociale. N'est-
il pas vrai qu'il écoute, entend et profite spécialement
de ces leçons, puisqu'il est toujours le premier dans
le pillage, l'incendie et le sac des édifices? Y voit-on
ceux contre lesquels on l'excite?Si les pensées secrètes
de ceux qui le dirigent, restent cachées jusqu'au moment où la révolte éclate, et qui pourrait les méconnaître, lorsque ces statues des hommes du peuple le représentent les armes à la main, comme il se montre
en effet dans un jour de révolte ; il y a de plus un
moyen de faire connaître ce qui couve dans l'esprit
et le cœur du peuple, et principalement de ses chefs,
c'est de les considérer tous ensemble le lendemain
d'une rébellion qui a obtenu quelques succès. Examinez dans ce moment toute cette classe de la société, et demandez-vous d'abord qui elle a protégé ;
puis, regardez autour de vous, et vous saurez alors
la véritable définition du mot peuple, ce qu'il est.

Aussitôt apparaît aux yeux l'immense horizon d'un
océan dont la vue peut à peine atteindre les bornes.
On y voit un mouvement confus, tumultueux, de
pensées, d'opinions, de désirs, de passions désor-
données qui se font jour dans la société par ces mille
organes de la publicité, qui eux-mêmes ont alimenté,
attisé, entretenu avec soin le feu qui éclate soudain.
Examinez, pesez toutes ces pensées, toutes les opinions qui se manifestent ; toutes les prétentions qui

surgissent, on y trouve au fond une accusation d'injustice et de tyrannie, à des degrés divers, de la
part de la classe autrefois dominante, envers celle
qui vient d'être victorieuse. N'a-t-on pas toujours
besoin de légitimer ses propres excès ; c'est quelquefois la seule manière d'en rejeter tout l'odieux sur
d'autres, en leur attribuant les causes morales de
l'insurrection. Puis, on y trouvera encore le dessein
plus ou moins patent, avoué, d'obtenir par un
moyen quelconque, celui de rémunérer les souffrances
passées, quand bien même elles ne seraient qu'un
juste résultat d'une faute, d'un crime commis contre
la société. Ne faut-il pas aussi combler tous les désirs, même au mépris des plus saintes lois, car, dans
ce moment, il n'y en a plus qu'une, la satisfaction
personnelle des intérêts de ceux qui ont mis la main
à l'œuvre, et surtout de ceux qui les conduisent.
Ces pensées, ces opinions, ces désirs ne se manifestent pas avec toute la maturité de la raison et de
la sagesse, mais avec tout l'emportement et la brutalité qu'emploient toujours ceux qui tiennent en
main une épée victorieuse.

Avant le combat, on généralise la théorie ; on
montre du calme, de l'humanité, de la modération ;
on proteste de son ardent amour de la justice, de son
respect pour les lois, l'autorité, la religion, la famille. Après, la théorie change, se modifie : tout est
oublié, méconnu. Comment cela ne serait-il pas ? La
première victoire n'a donné qu'une partie de ce que
l'on voulait obtenir ; il semble qu'elle ne fait que lever
le rideau de la scène de l'ambition longtemps contenue ; aussi, on excite de nouveau ces mêmes

envies, ces mêmes passions : on les pousse vers une
nouvelle crise, en parlant sans cesse d'un droit légitime, sacré, impérissable, imprescriptible, contre
lequel ne peut s'élever aucun autre droit, même celui
de la sagesse, de la raison, de l'expérience, de l'intérêt général, et du plus grand nombre, celui même
de la civilisation, de la société.

Alors surgit, non pas une sédition, qui n'est qu'une
plainte partielle plus ou moins violente, mal fondée
ordinairement, mais une véritable révolution qui
n'en est pas pour cela plus légitime. Dans un tel moment, l'Etat n'est plus un Etat : la nation est à peine une
nation, car elle ne se gouverne plus ; elle a été surprise ;
elle éprouve la torpeur de l'effroi qu'inspire toujours
le brigandage : souvent la lâcheté s'empare d'elle, chacun songeant à ses intérêts particuliers et non à la
chose publique. Aussi alors, le gouvernement ressemble à une mer en fureur qui bouleverse tout ; ou,
à un vaste incendie que rien ne peut apaiser, et qui
bientôt va tout consumer. Le peuple, qui est presque
toujours fanatique dans les affaires religieuses ou politiques, s'arme de nouveau, non dans le but de
protéger, de sauver la société, mais pour des affaires et des intérêts qu'il croit comprendre, tandis
que ceux qui le font agir se cachent dans l'ombre,
sous l'apparence de veiller à son bien, à son salut,
ou bien dissimulent leur véritable position sociale en
descendant jusqu'à prendre les vêtements du peuple,
n'osant pas avouer leur participation. La fureur
fournit des armes : l'anarchie hideuse sort de la ca-
verne où elle était enchaînée. Longtemps contenue
par la peur de la loi, sentant ses bras libres de toute

entrave, elle éclate avec les mugissements de la tempête ; saisit toutes les institutions, toutes les positions
sociales, tous les droits acquis, la liberté, l'égalité,
le pouvoir des lois, l'autorité des magistrats, les
sceptres, les couronnes, et, dans un accès d'épou-
vantable licence, elle fait un horrible mélange de tous
les débris qu'elle laisse après elle épars sur son passage : les choses sont encore bien plus effroyables,
surtout si elle a goûté de la fortune et du sang des
riches qu'elle envoie sur un échafaud expier les jouissances passées, et tous ceux qui sont élevés dans
la société, bouleversant ainsi les fortunes particulières, l'industrie, le commerce, tout ce qui fait la
grandeur, la prospérité, la gloire, l'honneur d'un
Etat, d'un pays civilisé. C'est ainsi qu'elle poursuit
le crime de la naissance, de la fortune, des honneurs,
de l'habit, du rang que l'on a occupé dans le monde :
tout lui vient en aide pour trouver des coupables; la
vertu elle-même a conspiré contre le bonheur du
peuple.

Après, le flot se retire épouvanté lui-même de tout
ses excès, laissant au despotisme le soin de faire
sentir, souvent avec de terribles représailles, que
le gouvernement d'un seul est absolument nécessaire
pour rétablir l'ordre, faire disparaître les décombres,
et laver les taches de sang, quelquefois même avec
du sang; car il ne faut pas beaucoup de temps à l'a-
narchie pour amonceler ruine sur ruine, commettre
mille crimes plus affreux les uns que les autres; pour
enseigner aussi que le despotisme sort toujours de la
licence, comme un jeune rameau surgit des racines
encore vigoureuses de l'arbre séculaire qui vient d'être

abattu ; et, que l'excès de la liberté conduit infailliblement un peuple à la servitude.

Nos pères et nous tous avons vu ces choses lamentables faites au nom de la liberté, de la fraternité surtout.

Que le peuple écoute un peu cependant un jugement qui date de plusieurs siècles : c'est celui de
notre sage et judicieux Montaigne. Ce qui était vrai
de son temps, l'est encore aujourd'hui.

« J'ay veu, dit-il, de mon temps, merveilles en l'in-
» discrette et prodigieuse facilités des peuples à se laisser
» mener et manier la créame et l'espérance, où il a pleu
» et servi à leurs chefs, par dessus cent mescomptes
» les uns sur les aultres, par dessus les phantosmes
» et les songes. Je ne m'estonne plus de ceulx que
» les singeries d'Appollonius et de Mahumet embu-
» flèrent. Leur sens et entendement est entièrement
» estouffé en leur passion : leur discrétion n'a plus
» d'aultre choix, que ce qui leur rit et qui conforte
» leur cause. J'avais remarqué souverainement cela
» au premier de nos partis fiebvreux ; cet aultre, qui
» est nay depuis, en l'imitant, le surmonte : par où
» je m'advise, que c'est une qualité inséparable des
» erreurs populaires ; aprez le premier qui part, les
» opinions s'entrepoulsent, suyvant le vent, comme
» les flots : on n'est pas du corps, si l'on s'en peult
» desdire, si on ne vague pas le train commun. Mais,
» certes, on faict tort aux partis justes, quand on les
» veult secourir de fourbes ; j'y ay toujours contre-
» dict. Ce moyen ne porte qu'envers les têtes malades ;
» envers les saines, il y a des voyes plus seures et
» non seulement plus honnestes, à maintenir les

» courages et excuser les accidents contraires. »
(Montaigne. Liv. III, chap. X.)

Que dans les moments terribles dont je viens de
parler, on cite le courage du peuple, personne ne
contredira ce jugement ; ce sont toujours les soldats
de nos plus beaux triomphes militaires : mais, parlera-
t-on de sa sagesse, de sa modération , de son respect
des lois , de son amour du prince et des institutions du
pays? Qui oserait le faire en présence de tous les horribles excès qu'il vient de commettre ? Non , dira-t-on
peut-être, car dans ces moments il est ivre de fureur,
et rien ne peut le contenir. Si l'on connaît sa faiblesse,
son penchant à se laisser séduire par les apparences,
pourquoi alors l'excite-t-on ? S'il faut l'étudier dans
les circonstances dont parle Montaigne, qu'on relise
son jugement ; et surtout, qu'on l'apprenne au peuple ,
il changera peut-être ensuite.

Pourquoi n'espérerait-il pas un nouveau et plus
brillant succès ? Ne lui a-t-on pas dit qu'il était libre ,
et surtout que l'insurrection est le plus saint des devoirs.
Il s'insurge, c'est la conséquence nécessaire , obligée
des doctrines pernicieuses qu'on lui a enseignées. La
gloire et le despotisme militaire lui en ont appris
d'autres , et il a crié vive la gloire, sans même s'occuper de la liberté, ni chercher à guérir les plaies
profondes qui lui avaient été faites. Vient-elle à reparaître, il élève une statue à l'un de nos meilleurs
rois , et s'attèle au char pour la conduire seul au piédestal où elle est aujourd'hui exposée à ses regards.
Son enthousiasme fut sans égal. On croit la société
raffermie sur ses bases, et l'on cesse de veiller avec
autant de vigilance. Mais pendant ce temps le vieux

levain révolutionnaire s'est dégourdi progressivement ; a dressé la tête avec précaution, et regardé
autour de lui. Il se prépare silencieusement à sortir
de sa léthargie forcée, commence peu à peu à cir-
culer de nouveau dans la société sous mille formes
diverses ; d'abord, avec toute la prudence de celui
qui veut surprendre sa proie ; puis, il s'enhardit d'un
premier succès qui paraît n'être rien au fond pour les
esprits inattentifs, mais qui devient un point d'appui,
quelque faible qu'il soit en apparence ; son audace
augmente de tout l'espoir d'un nouveau triomphe, et
enfin lorsqu'il se croit sûr de la victoire, il jette le
masque à la figure de ceux qu'il a enlacés de mille
manières, les insulte et les outrage afin de les rendre
méprisables, et finit enfin à l'aide de ce même peuple,
ainsi trompé par de fallacieuses promesses, lui qui
est un instrument toujours docile dans toutes les
mains habiles ou criminelles, par se ruer encore sur
la société, renverser les trônes, ou briser les couronnes, même celles qu'il a données, et en retour
desquelles il avait reçu de la gloire et de la prospérité, plus de force et de véritable liberté, qu'il n'en
réclame dans ses moments de licence furieuse.
On lui fait crier alors à bas l'aristocratie, à bas les
riches, à bas le pouvoir, à bas les autels, et demain
il criera le contraire si les circonstances le permettent ; tant il est vrai que le peuple appartient toujours
au moment présent, et aux passions que l'on fait
naître et fermenter dans son cœur et son esprit.

Croit-on pour cela que le peuple veuille abolir l'aristocratie, le pouvoir, la richesse, représentant à ses
yeux ce qu'on lui a dit être le signe de la souveraineté,

ou qu'on lui a fait envisager comme d'odieux priviléges pour une autre classe. Non, il les demande pour
lui, c'est-à-dire seulement, qu'à son tour il veut être
un aristocrate; il trouvera fort mauvais qu'on le
trouble dans la jouissance de tout ce qui constitue
l'aristocratie à ses yeux. Je pourrais citer comme
exemples, une foule de faits qui viendraient prouver
la vérité de cette opinion.   .

J'en demande bien pardon à tous ceux qui se font
les apologistes du peuple, mais je ne puis consentir à
lui reconnaître autant de brillantes qualités qu'on le
fait : il ne faut pas oublier que j'entends toujours ici
parler des masses.

Je ne chercherai pas dans le peuple l'élévation de
sentiments que produit toujours une vie pure et sans
tache; une vertu, un courage soumis depuis longtemps
aux épreuves de la sagesse et de la modération : ce
serait en vain, car le peuple agit plutôt par instinct
que par raisonnement éclairé. Il se laisse trop facilement enthousiasmer, pour ne pas se laisser séduire ;
pour ne pas donner à craindre aussi qu'il ne se laisse
décourager dans les moments où la patience, la persévérance doivent être les guides et les soutiens de
l'homme véritablement fort, sûr de lui-même; de
ceux-là surtout qui sont à la tête des affaires de l'Etat;
d'un souverain, dont le front ne doit pas se courber,
et qui doit être impassible devant l'orage et le bruit
de la tempête. Le cœur et l'esprit du peuple sont trop
mobiles, trop impressionnables, pour que les profondes émotions de la joie et de la douleur, de l'espoir
et de la crainte, de l'ambition même, ne viennent
jamais altérer la sérénité que doit avoir un souverain.

On le voit s'enflammer au récit d'une belle action ,
s'enthousiasmer pour la vertu, mais vivre dans le
vice, et souvent faire des choses incroyablement
mauvaises. Séduit par tout ce qui annonce du courage, le moindre revers cependant le fait voir indigne du sentiment qui l'animait auparavant. Aujourd'hui il se précipite dans les flots ou les flammes
pour sauver un enfant; demain il hurlera de joie à
la mort de son père, qu'il va traîner sur un échafaud
révolutionnaire.

Il n'en est pas du peuple comme de certains
hommes qui ne sont jamais surpris par aucun malheur, aucun événement, et qui grandissent dans
l'adversité. Le peuple se lasse du bonheur lui-même,
preuve certaine que ce n'est pas la raison qui le
guide toujours. Il ne cède pas à la persuasion, ni à la
vérité, mais à la force; aussi c'est-il toujours par la
force qu'il songe à soumettre. Il ne pense pas à persuader; comment le ferait-il? Il n'est ni assez sûr de
son éloquence, de son savoir, de son expérience, de
sa vertu comme exemples à citer. Il sent sa force,
et pour lui c'est la loi suprême. Il s'imagine que la
souveraineté consiste dans une épée, parce qu'il
n'emploie jamais que cette espèce d'armes, et croit,
en conséquence, que l'on peut et doit faire une loi,
comme il ferait de la conquête d'un empire. Pour
l'un il ne faut que des soldats et des généraux, des
corps exercés aux rudes fatigues de la guerre. Lorsqu'il s'agit de gouverner, on a besoin d'avoir des esprits mûris à toutes les difficultés que peut présenter
un art aussi difficile. Le peuple possède-t-il les connaissances nécessaires pour y parvenir?

Il y a parmi le peuple des hommes qui étonneraient un Spartiate par leur frugalité et leur sobriété, comme on en citerait d'autres qui produiraient un sentiment semblable par leur intempérance : ceux-ci par leur amour des exercices violents ; ceux-là par leur goût pour la paresse, l'oisiveté ; d'autres par la prodigalité avec laquelle ils dissipent ce qu'ils ont péniblement gagné ; et ces autres par l'avarice.

Il y a dans le peuple de grands et nombreux exemples de vertu, mais il y en a aussi de bien plus nombreux de vices honteux qui l'entraînent hors de la bonne voie, et qui concourent trop souvent à lui donner la plus honteuse de toutes les servitudes, celle des passions brutales.

Quel est celui-ci qui est prosterné au pied des autels? Il rend son hommage d'adoration au Dieu créateur de toutes choses. Il lui paie ainsi son tribut de reconnaissance. Il a la foi. Quels sont ces autres qui fuient en riant ironiquement de cette crédulité ? Ce sont les philosophes, les esprits forts de la classe; ils se dirigent dans ce moment vers quelque mauvais lieu, où, tout en perdant leur temps, ils vont discuter sur la convenance et l'utilité de conserver les autels, et décider s'il faut les supprimer. Demain ils seront prêts, si on les y pousse, à exécuter l'arrêt ainsi prononcé la veille.

Heureux souverains! Ils ont sans doute une grande confiance dans leur force d'âme pour supporter l'adversité. Pourquoi s'en plaignent-ils alors? Peut-être veulent-ils se convertir à cette sainte religion, toute nouvelle, qui consiste à donner pleine satisfaction aux élans de la chair. Morale trop flatteuse pour les passions, pour qu'elle ne soit pas adoptée, suivie par le peuple ! Il y en a qui, sans doute, pensent qu'une société et un gouvernement quelconques peuvent subsister et facilement se maintenir sans avoir une croyance qui reporte les hommes vers une autre vie meilleure, et qu'il est inutile de trop s'occuper de la manière dont on doit remplir ses devoirs dans celle-ci. C'est en effet ce qu'on enseigne au peuple ; parfois il le pratique beaucoup trop. Cette tendance à l'incrédulité est tellement prononcée aujourd'hui chez lui, qu'il semble que le résultat en soit naturel, et comme une victoire remportée sur l'erreur et l'ineptie. Il y a malheureusement dans toutes les classes de la société un trop grand nombre de personnes qui sont du peuple sous ce rapport.

Si encore on pouvait dire que tout cela n'est qu'un écart de légèreté, qu'une imprudence, qu'une trop grande facilité à croire de funestes conseils, échappés à quelques moments d'erreurs. Mais, hélas ! les biens et le bonheur que l'on a fait espérer ici-bas au peuple lui donnent tant d'espérances trompeuses, lui occasionnent tant d'illusions sur ce point, qu'il reste toujours sous le mirage séduisant de toutes les promesses qui lui sont prodiguées. Travaille-t-on à les détruire, ce n'est pas une erreur qu'il croit abandonner, c'est un droit qu'on lui arrache.

Le peuple est tout aussi vain, aussi ambitieux que les autres hommes. Les honneurs et les distinctions le flattent et le séduisent comme les autres. Car, que demande-t-il aujourd'hui ? Que lui voit-on désirer avec tant d'ardeur ? Ce sont les honneurs, les dignités, les richesses. Obtient-il une distinction flat-

teuse, une récompense, c'est une justice qu'on lui
rend; cela peut être vrai. Les accorde-t-on à un
riche, à un bourgeois, à ce qu'il appelle un aristocrate, c'est toute autre chose; il y a faveur, népo-
tisme. Voilà sa justice. Jamais rien n'aura été fait de
plus injuste, de plus ridicule. Comment cela ne serait-il pas ainsi, n'est-ce pas le pouvoir, l'autorité
souveraine qui a récompensé sans le consulter; il est
évident que l'on ne peut rien faire si lui-même n'a
pas décidé. Voilà le résultat de ses préventions contre
le pouvoir. Il serait même étonné, s'il le possédait,
qu'on l'accusât de la même manière, quand bien
même il aurait fait pis cent fois.

Funeste et fatal aveuglement du peuple! Quand
la vérité apparaîtra-t-elle à des esprits qui pourraient
devenir dignes de la connaître et de l'apprécier!
Quand? Lorsque l'on trouvera de la soumission dans
les flots mobiles qui le composent, envers le pouvoir
qui le dirige; non pas une soumission basse et stupide, celle d'un esclave lorsqu'il aura moins de confiance dans ceux qu'il écoute maintenant, qui le
perdent et le pervertissent; lorsqu'il sera plus disposé
à l'obéissance envers le souverain. La chose est presqu'impossible, puisque deux souverains se trouvent
en présence, celui de la force, celui de la raison et
de l'intelligence; aux yeux du peuple qui ne raisonne
pas, l'un doit avoir plus de droits que l'autre : faites-
le donc obéir alors, comme doivent le faire tous les
bons citoyens. Celui qui est le plus fort et le plus
nombreux, croit ainsi remplacer la sagesse. Il ressemble en cela aux peuples sauvages ou à demi-civi-
lisés; il ne peut se faire à cette idée que l'autorité, la

puissance, la souveraineté puissent résider dans une main seule, ne voulant pas s'apercevoir que cette main isolée est celle de la force morale, de l'autorité, de la loi, de la souveraineté de la raison et de la sagesse. On travaille depuis trop longtemps à apprendre au peuple à les mépriser : que l'on travaille avec la même persévérance à rétablir l'empire qu'elles doivent avoir, on finira aussi, sans aucun doute, par retrouver la véritable souveraineté, celle de l'intelligence, de la raison, de la sagesse, de la modération.

Aussi le peuple sera-t-il toujours suspect à quiconque le connaît ; à ceux qui veulent que la prudence, la persévérance, l'abnégation de l'homme fasse une large place aux sentiments du citoyen. Les comprend-il ? Sait-il ce que c'est que la vertu politique, l'amour des lois et de la patrie ? Sait-il que cela impose sans cesse l'obligation de préférer l'intérêt général à son intérêt particulier ? que c'est un renoncement à soi-même, et que c'est toujours une chose pénible, souvent même à un grand cœur, pénétré d'un pareil sentiment.

Qui pourrait l'inculquer dans le cœur du peuple ? Conçoit-il bien le sens du mot égalité ? Comment le saurait-il ? On lui dit qu'il est le maître, parce qu'il est le plus fort et le plus nombreux. Il y a donc à ses yeux un plus faible, puisqu'il croit être ce qu'on lui dit qu'il est. Qu'a-t-il appris de ses pères ? à s'insurger. Que dit-il à son fils ? tu as du fer, du plomb, du feu, tu as par conséquent du pain; marche et ne crains rien. — Mais, la loi. — C'est une idole que l'on peut renverser au besoin, car tu es souverain, tu peux la faire aujourd'hui, et la faire disparaître demain.—Arrête-toi, malheureux, lui crie la société, tu vas périr sous les débris et les ruines que tu vas faire.—Je n'ai rien à perdre, par conséquent je ne crains rien ; que m'importe la vie, elle m'est souvent importune. — Mais la tranquillité de ta famille ; la vie, l'avenir de tes enfants ne te touchent donc plus : mais l'Etat, la patrie, l'universalité des citoyens va périr engloutie dans un immense précipice. Il n'écoute rien, passe, saisit un pavé derrière lequel il se réfugie les armes à la main, croyant avoir à venger contre la société, le pouvoir, une insulte ou une injustice dont il a été victime ; à punir ce qu'on lui apprend à appeler la tyrannie. Il se relève ensuite, rentre chez lui, très-étonné de la misère dans laquelle il retrouve les siens, et plus encore du mal qu'on lui a fait faire. Il ne s'en doutait même pas ; c'est l'intérêt personnel qui l'aveuglait : on l'avait trompé, séduit, et demain il se laissera encore tromper, séduire.

Aussi redoute-t-on l'amitié du peuple, parce qu'elle n'est pas stable ; comme on redoute sa colère, parce que c'est celle de la fureur que rien ne peut calmer, si ce n'est l'épuisement de celui-là même qui l'éprouve.

C'est dans cette étrange et singulière mobilité de passions, que l'on va toujours chercher les moyens de lui plaire. Voilà pourquoi on lui dit tour à tour, qu'il est l'objet de la reconnaissance, de l'admiration, comme de la crainte de ceux qui parlent de son bonheur, et voudraient le voir heureux. Il est sans cesse pris de convulsions de joie ou de fureur, qui passent avec la même facilité. Les idoles de la veille sont réléguées dans l'oubli le lendemain, ou jetées à la voirie. Le peuple n'a-t-il pas applaudi à la sentence qui a condamné Socrate à boire la ciguë, et à être exposé après sa mort aux bêtes féroces? N'est-ce pas lui qui a élevé Cromwel sur le pavois? qui l'accompagnait à Westminster, dans la dernière demeure des rois? N'èst-ce pas lui qui a tiré de ce lieu les restes de cette idole de la veille pour les pendre ignominieusement à un gibet sur la place de Tiburn? N'est-ce pas lui qui a porté en triomphe au Panthéon les restes de Marat, cet ami du peuple? Ne les a-t-il pas jetés plus tard dans un égout? Qui oserait dire que pour Cromwel et Marat, il n'a pas fait bonne justice? Que d'exemples de cette nature ne pourrait-on pas citer. Qui donc oserait aujourd'hui légitimer la catastrophe qui eut lieu à Withehal, le 9 février 1649 (¹), sur la personne de Charles Stuart Iᵉʳ : en le conduisant à l'échafaud le peuple criait à ses oreilles, en l'accablant des plus grossières insultes : justice, exécution; car il se montre toujours avide de sang : qui donc voudrait aussi justifier celui du 21 janvier 1793 : l'exécution était à peine achevée, a dit un historien, « que des » furieux trempent leurs piques et leurs mouchoirs » dans le sang qui venait de couler, et furent jusque » sous les murs du Temple montrer la brutale et » fausse joie que la multitude manifeste à la nais- » sance, à l'avénement, à la chute de tous les » princes. » On a élevé des monuments expiatoires à ces victimes, et le peuple aujourd'hui dans son re-

(¹) L'année anglaise commençait alors le 24 mars et ne se réglait pas encore sur le calendrier Grégorien. Le 30 janvier, jour de la mort de Charles Iᵉʳ, correspond pour nous au 9 février 1649.

pentir va rendre hommage aux vertus de ceux qu'il avait traîné à l'échafaud ; la date de leur mort deviendra pour le pouvoir lui-même un jour de deuil et de désolation. Dans l'ouragan de son enthousiasme, il confie le pouvoir aux mains les plus criminelles, les plus viles ; sa colère ne tarde pas à succéder : malheur alors à ceux qui sont sur le pavois, leurs cendres elles-mêmes ne seront pas en sûreté.

Ceux qui le dirigent et l'instruisent aujourd'hui, sont plus criminels à mes yeux que le peuple lui-même ; si je voulais détruire tout son avenir de liberté, je le laisserais faire ; aujourd'hui victorieux, libre jusqu'à la licence la plus effrénée, demain il serait esclave, car sûrement il aurait commis quelques excès. Mais quel remède à ce mal? Le médecin ne doit pas s'en rapporter aux promesses du malade qu'il est chargé de guérir ; il doit sonder les plaies, diriger les soins, prescrire les médicaments, les appliquer d'une main énergique, et le malade recouvre la santé : c'est le seul moyen de sauver le malade lui-même.

On veut faire participer le peuple à la souveraineté ; bien plus, on veut encore qu'il l'exerce directement. Que l'on me cite un pays où la prospérité de l'État est due toute entière à l'intervention directe du peuple dans les affaires, où le gouvernement a été pratiqué par lui-même ? Fortifié par l'exemple que l'on voudra me donner, ma conviction du danger de sa participation à toutes les affaires du gouvernement pourra changer ; je pourrai espérer alors un meilleur avenir. J'oublierai les dissensions d'Athènes, que les lois de Dracon purent à peine réprimer, et qui ont précédé la législation si sage de Solon. J'oublierai celles de Carthage, entre le sénat et les centumvirs ;

j'oublierai toutes les ligues dites du bien public, qui, dans un certain temps, se formaient en France contre la royauté attaquée par la féodalité ; et mille autres événements qui, dans tant de lieux différents, ont troublé, accablé l'État de désastres dont l'histoire nous a conservé le souvenir, et qui sont dus à la trop grande part que le peuple a été appelé à prendre dans le gouvernement de la chose publique.

On veut en faire un souverain, que dis-je, on proclame sa souveraineté. Qu'a-t-il pour la conserver ? la force seulement. Ce n'est pas par la violence que l'on gouverne, c'est par la raison. Il est bien rare que la violence ne soit pas une tyrannie, plus ou moins mal fondée, lorsqu'elle est plus ou moins prolongée : tout s'affaisse lorsque l'on ne peut la continuer et la maintenir. La raison, la sagesse, laissent toujours des traces profondes auxquelles on revient encore après en avoir suivi les préceptes. Le peuple se dit souverain aujourd'hui, non pas parce qu'il est le plus sage, mais parce qu'il se croit le plus fort. Cette espèce de liberté le conduira à moins de liberté qu'il n'en avait avant de la pratiquer comme on lui enseigne à le faire maintenant, parce que la licence dans laquelle il veut vivre, lui fait oublier qu'il y a des lois auxquelles on doit toujours obéir, et qu'elles sont la seule et véritable base de la prospérité, de la liberté et de la tranquillité.

Les plus grands ennemis du peuple, ce sont ceux qui le flattent. Mais le jour n'est pas loin où sa main formidable les renversera du piédestal sur lequel ces derniers veulent monter. On l'exalte ; on surexcite ses passions, ses instincts, sa colère, son envie : on lui montre en même temps la victime qu'il doit frapper, et l'instrument qui doit servir à seconder ce que l'on appelle sa justice. Il crie lui-même vive..... je ne prononcerai pas le mot, car, malgré qu'il soit souvent répété, il ne peut sortir que de la bouche de quelques gens en démence, et j'aime encore à me persuader que le peuple véritable répudie de telles choses. Sait-on pourquoi il pousse ces cris sauvages? C'est parce qu'on lui a dit que les riches l'humiliaient par leurs aumônes. Aura-t-il plus de motifs de fierté et d'orgueil légitime, lorsqu'il les aura pillés, ou lorsqu'il aura détruit les hôpitaux fondés par eux? Le travail n'a jamais humilié personne. On lui dit qu'il est réduit à la condition la plus misérable, celle de travailleur; et cependant on excite la vanité de tous les ouvriers, en leur disant que sans eux le riche ne peut rien faire, ne serait rien. Y aurait-il de l'injustice à dire aussi aux ouvriers que sans les riches ils ne vivraient pas, puisque ce sont les riches qui leur font gagner leur vie. On dit au peuple que l'inégalité des richesses est un abus, une injustice criante, mais on n'ajoute pas que celles-ci ne s'acquièrent que par le travail, et qu'elles sont la conséquence du degré de force, d'intelligence de chaque individu. On lui cache, autant qu'il est possible, que cet état de choses ne provient pas d'une loi qui attribue la richesse spécialement à telle ou telle classe de la société; que chaque jour on voit un riche devenir pauvre, et celui-ci devenir riche à son tour. On met seulement en présence le riche qui jouit, avec le pauvre qui souffre. Comptez ensuite sur sa modération : aussi, dans un moment d'émeute, il n'y a plus d'opinion, il n'y a que le riche et le pauvre, distingués par l'habit.

Le peuple sera-t-il plus heureux, lorsqu'à son tour

il aura fait naître tout au moins l'indifférence , sinon
de la haine contre lui , sans avoir acquis plus de sagesse et plus d'expérience , peut-être même plus de
fortune. Qu'importe , dira-t-on , s'il peut maintenir
ce qu'il aura établi. Si la chose est juste , ce sera
bien ; si elle ne l'est pas , ce ne peut être que par la
violence, alors c'est la tyrannie. Un souverain , se
faire tyran en violant , sans nécessité pour le salut de la
société , la foi jurée , les lois de son pays , celles non
moins saintes de la justice ! Que le peuple se retire,
car, dans ce cas , je ne lui reconnais pas le droit de
se plaindre de personne ; de ce qu'il affecte aujour-
d'hui d'appeler l'injustice , l'oppression du riche : je
le reconnais bien moins encore à ceux qui soufflent le
feu de la révolte dans des cœurs qui resteraient
honnêtes, sans toutes ces funestes prédications.

Le peuple ne peut être souverain , parce qu'en
matière politique , comme dans beaucoup d'autres,
ce n'est encore, moralement, qu'un enfant qui, selon
moi , est imbu de préjugés et de préventions qui
aveuglent toujours ; parce que , par la position et
l'état d'éducation des personnes qui composent cette
classe, et par sa condition dans la société , il est trop
souvent soumis aux fâcheuses influences de ces préjugés et des passions qui le tourmentent. Tout enfant
a besoin d'un tuteur. Le meilleur de tous , pour le
peuple , ce doit être l'éducation, l'instruction morale,
religieuse, politique. Outre ce premier tuteur moral,
il lui en faut un autre de fait , un souverain quelconque capable de le diriger.

Que l'on remarque bien ceci : toutes les classes,
dans la société, n'ont jamais été stationnaires, dans
ce sens qu'elles se renouvellent tous les jours , soit

parce que les uns tombent, soit parce que les
autres s'élèvent. Je pense même que, le plus ordinairement, il y a davantage de mauvaises inclinations
dans ceux qui sont tombés, qu'il n'y en a, en général, dans une classe où l'on monte. Que les enfants
de ceux qui sont tombés, vivant au milieu des mauvais exemples de leurs parents, des préjugés, de l'i-
gnorance, des passions de la classe à laquelle ils
appartiennent par leur décadence, ont besoin, eux
aussi, d'éducation, d'instruction morale, religieuse
et politique, afin de se débarrasser de ces préjugés,
et se soustraire à l'influence des mauvais penchants
au milieu desquels ils vivent. D'où suit qu'il reste
toujours, dans l'universalité de la population, comme
un noyau qui ne cesse pas d'être et de former cette classe
que l'on appelle le peuple. Cela doit durer pendant
un espace de temps qu'il est impossible de déterminer; par conséquent, il y a lieu de toujours conserver, pendant ce laps de temps, le tuteur qui doit le
gouverner. C'est de là que vient pour moi la nécessité, l'impossibilité, dictées par la raison et le bon
sens, de ne pas confier de pouvoir, d'autorité, de
souveraineté à un être moral quelconque qui est incapable de l'exercer convenablement, puisqu'il ne
peut pas se conduire lui-même.

Pourquoi n'en serait-il pas ainsi? L'homme fait,
raisonnable, instruit, le majeur, celui qui en un mot
est capable aux yeux de la loi civile; qui jouit à ce
titre de tous ses droits civils, n'agit pas toujours au
gré de ses désirs, selon l'impulsion de ses appétits
naturels, de ses passions, de sa volonté réfléchie
quelquefois, et des préjugés qu'il peut conserver,
malgré son éducation et son instruction. Il a, outre

sa raison et sa conscience qui peuvent le guider, mais qui peuvent aussi l'égarer, en raison de leur plus ou moins grande perfection, un autre tuteur qui lui trace une ligne de conduite à suivre, et qui le force, l'oblige à faire telle chose plutôt que telle autre qui pourrait lui convenir, et qui lui défend d'en faire une autre. Ce tuteur, c'est la loi. La société a dû le donner à tous ceux qui veulent vivre sous sa protection, parce qu'elle sait par expérience que parmi ceux qui la composent et qu'elle protège, il y en a toujours quelques-uns qui veulent suivre une route tracée par la fantaisie et les caprices. Il doit en être de même du peuple, en ce qui concerne certains droits.

Qui veillera à ce que la règle ne soit pas violée, si ce n'est le tuteur, le souverain, qui doit être au-dessus des préjugés, des passions et des égarements du vice, de l'ignorance qui enfante l'erreur. Le peuple, souverain, sera-t-il jamais dans des conditions telles, qu'il puisse exercer cette surveillance sur lui-même avec toute la fermeté, la justice, l'impartialité qui appartiennent à un homme probre et libre? Non, sans aucun doute.

Il y a donc dans l'intérêt de tous, nécessité absolue d'éviter les écarts des passions, et de faire en sorte qu'elles ne puissent jamais troubler l'ordre établi.

Il faut savoir pour cela ce que doit être le peuple, afin qu'il puisse mériter le titre de souverain que l'on veut lui déférer, et qu'il puisse convenablement exercer un peu de puissance dans la nation souveraine.

Mais avant, voyons ce que c'est que la souveraineté, quelle en est la source, l'origine.

DE LA SOUVERAINETÉ ET DE SON ORIGINE.

On a parlé de la souveraineté du peuple comme d'une chose juste et légitime en soi, par conséquent incontestable en principe, sans que l'on ait cherché à faire voir en quoi cela était juste, légitime; en quoi le principe était ou n'était pas inattaquable, indestructible.

Il y a cependant des choses qui paraissent fort justes et légitimes en elles-mêmes, qui semblent reposer sur des principes solides, qui néanmoins ne sont pas complétement acceptées dans la pratique, quoique admises par la théorie, et qui, en raison de cela, ou ne peuvent être permises, pratiquées par tout le monde, parce qu'il y a des personnes qui en sont plus ou moins incapables; ou qui sont repoussées complétement

parce que l'expérience, la raison, le bon sens public
en font suffisamment justice.

Aussi, me paraît-il que l'on a eu raison de dire, que
le droit à une chose quelconque, ne consistait pas dans
la force physique de celui qui prétendait à l'exercice
de ce droit, mais dans les moyens moraux de la faire convenablement, alors surtout que cette chose était reconnue bonne, d'une utilité générale; d'où venait la nécessité de veiller à ce que cet intérêt, cette utilité générale
ne fussent pas froissés d'aucune manière. Voilà pourquoi aussi on a posé en principe, que la force ne pouvait être l'arbitre de la société, mais bien la sagesse :
par conséquent, aux yeux de la raison, le droit, le
pouvoir, l'autorité, l'exercice du droit de souveraineté, ne devront donc pas être remis à celui qui est
plus fort, mais à celui qui est le plus sage, le plus
habile.

On a dit au peuple, mais avec une ironie amère, for-
tement empreinte, saturée de colère, on lui a répété,
pour qu'il l'apprît, que les titres de la tyrannie au
pouvoir et à l'autorité, ne consistaient pas dans le nombre de ses baïonnettes et de ses canons. Il me semble
que l'on a eu grandement raison de parler ainsi ; car,
c'est à mon sens, la confirmation la plus explicite de
ce que je viens de dire, que le droit ne réside pas
dans la force. Aussi, je dirai à mon tour au peuple,
que le droit à la souveraineté, ne se trouvera pas suffisamment établi à mes yeux, au moyen d'un échafaud
dressé au milieu de la place publique ; et, que les lois
qui auront été écrites avec le sang qui le couvre, dans
le but de confirmer cette souveraineté, ne devront pas
pour cela passer pour sages, justes, bonnes, légiti-

mes , impérissables, surtout si elles tendent à consacrer et à conserver des droits que le peuple ne puisse
remplir et exercer convenablement.

Je m'empresse de le dire et de le reconnaître : oui ,
il est vrai que nul sur la terre n'apporte avec soi ,
en naissant, *le droit naturel* de commander aux autres. Mais, j'ajoute aussi , lorsque nous voulons vivre
en société, nous avons tous , *en raison même de notre
indépendance et de notre liberté naturelles* , le droit d'é-
tablir une règle politique qui confère le commandement, la souveraineté à celui qui nous paraîtra digne
de l'exercer. Nous avons le droit de prescrire la manière dont ce pouvoir de commander sera exercé ; et,
comment ce pouvoir, la souveraineté seront trans-
mis après avoir été donnés.

L'indépendance naturelle , personnelle et morale
de chaque individu dans la société, est la source du
droit de souveraineté politique donnée à un homme
pour gouverner les autres, lorsqu'il est choisi parmi
les membres do la société générale dont il fait partie.
Mais d'un côté, le principe, l'origine de ce droit naturel de donner la souveraineté , et d'un autre, son
exercice par tous, lorsque la société est fondée, me
semblent constituer deux choses essentiellement différentes l'une de l'autre, tout comme un métal encore
renfermé dans sa gangue plus ou moins impure est
différent de lui-même, surtout quant à l'usage que
l'on en veut faire, lorsqu'il s'agit de l'employer dans
les arts.

Il y a dans l'individu faisant partie d'une société
autre chose qu'un corps matériel. Chacun de nous
constitue pour ainsi dire deux personnes, deux êtres

qu'il faut bien se garder de confondre : l'un , est l'*homme de la nature*, dont l'éducation n'est pas faite, encore enveloppé dans la gangue des préjugés et des passions ; l'autre, *est celui de la société*, qui a passé par le creuset de l'instruction, de l'éducation et de toutes les bonnes pratiques qui placent un homme au-dessus d'un autre, par l'habitude qu'il a de faire le bien. Je dis qu'il ne faut pas les confondre , car, sans cela , on tomberait dans la plus étrange erreur , on s'exposerait aux plus grands mécomptes si , en parlant du *droit et de l'exercice de la souveraineté politique* , on raisonnait exclusivement pour le pratiquer , d'après *les lois de la liberté naturelle de l'homme* , que l'on voudrait invoquer à chaque instant, parce qu'elles sont complétement différentes de celles qui doivent diriger l'homme de la société.

Il me paraît certain qu'il faut que l'homme de la nature, suspende une partie de ses droits, ou, que celui de la société, oublie une partie de ceux qu'il tient de la société elle-même. L'un et l'autre ne peuvent coexister ensemble dans cette société. On doit nécessairement suspendre , diminuer, limiter celui qui ne sera dirigé que par un intérêt particulier qui serait son seul but; tandis que l'on doit étendre, autant que possible, celui qui sert à créer un intérêt général ; il faut le consolider avec la raison et la justice.

Un des plus grands maux de notre époque, c'est précisément de ne pas se rendre un compte précis de ces deux positions qui impliquent des devoirs différents, et de vouloir apporter , dans la société organisée, toute la liberté et l'indépendance de l'homme de la nature. C'est aussi, de vouloir que l'autorité, insti-

tuée par l'homme social, soit exposée à chaque instant
à subir les variations de stabilité, les caprices de l'imagination de l'homme de la nature.

Il faut donc rechercher quelle peut être l'origine
de la souveraineté du chef d'un État, de la société
elle-même.

L'homme de la nature purement physique, qui a son
sens moral, a aussi, en raison de cela, tout son libre
arbitre, comme être intelligent, raisonnable et jouissant à ce titre de tous les droits que lui donne la nature elle-même. Cet homme peut dire : Mon droit,
c'est moi, ma vie, ma liberté ; parce que, pris comme
individu, être moral, il est distinct, isolé de tout
autre homme ; qu'il a son existence propre, séparée,
indépendante, ses organes corporels, sa pensée, sa
volonté, son libre arbitre en un mot.

Tant qu'il ne s'agira que de lui seul, pris individuellement et séparé de tous les autres êtres qui lui
sont semblables dans le monde social, il est vraiment
d'une indépendance et d'une liberté complètes : son
droit naturel, particulier, personnel, est d'user de
ses facultés, de sa liberté, comme il lui convient : il
est souverain de lui-même.

Mais l'homme n'est pas destiné à une existence so-
litaire. Qu'on le suppose cependant vivant dans cet
état, éloigné de toute civilisation, il n'a pour ainsi
dire aucune connaissance positive du bien et du mal,
parce qu'il manque de point de comparaison pour
connaître ce qui est bien, ce qui est mal. Il agit
d'après les impulsions de sa nature. Placez-le dans la
société, la vertu se découvre à lui, ainsi que la
perfection, parce qu'il peut voir le bien et le mal chez

les autres, et qu'il conçoit le plaisir, l'utilité de préférer l'un à l'autre. Il a, en voyant les sociétés voi-
sines de la sienne, l'idée d'un bien général, qui le
force à sacrifier une partie de son bien-être, de sa
volonté, de son indépendance illimitée, naturelle, pour
parvenir à un bien général semblable. Ce sacrifice est
fait par son libre arbitre, qui le fait obéir à la loi du
bien, qu'il voit et qu'il apprécie, et qui l'éloigne de
l'état de la nature. Ses instincts naturels pouvaient
continuer à se développer complétement à l'état sauvage, mais ils fléchissent à leur tour lorsqu'il est en
société, afin que ses semblables et lui, agissant d'une
manière conforme à la règle morale et politique adoptée par d'autres, il puisse y avoir union durable et
solide entre tous.

C'est l'instinct, la sympathie, le besoin qu'il a de
son semblable, qui rapproche un homme d'un autre ;
qui le force, le contraint, moralement tout au moins,
à former avec celui-ci une réunion, une association
qui reposent sur cette mutualité de secours que tout
homme a besoin de réclamer d'un autre dans mille
circonstances diverses.

C'est en vertu de son indépendance, de sa liberté
naturelle, de la souveraineté de soi, que l'homme a
le droit de former cette réunion que l'on appelle société. C'est donc précisément parce qu'il est libre,
indépendant, souverain de lui-même, qu'il a le droit
incontestable d'aliéner cette liberté, cette indépendance selon son libre consentement, à des conditions
et dans une mesure qu'il peut stipuler et fixer ; qu'il
a très-incontestablement le droit de revendiquer contre
quiconque voudrait la violer, l'oublier, la mécon-

naître, et qu'il peut invoquer lorsqu'il s'agit du repos,
de l'intérêt général de la société dont il fait partie.
S'il a consenti à aliéner sa liberté naturelle, c'est pour
trouver en échange dans la société la protection que
réclame souvent sa faiblesse physique ou morale, qui
seraient sans aucun doute, l'une et l'autre, fort souvent hors d'état de pouvoir résister aux attaques diverses auxquelles tout homme serait exposé, s'il
restait à l'état de nature.

En vivant en société avec ses semblables, l'homme
ne cesse pas pour cela de conserver sa liberté, son
indépendance, sa volonté, son libre arbitre en ce qui
touche sa conduite personnelle comme individu, être
moral, lorsqu'il s'agit uniquement de lui. Mais hors
de lui-même, et lorsqu'il s'agit de la société, cette
indépendance et cette souveraineté se sont profondément modifiées devant les lois de la société à laquelle
il appartient, parce qu'elles ne proviennent plus en
quelque sorte d'un individu isolé ; qu'elles ne s'a-
dressent plus à la liberté et à l'indépendance d'un
sauvage, mais à l'intelligence d'un homme qui comprend que, si chacun dans le monde social n'avait
égard qu'à soi, n'agissait que d'après les impulsions
de sa nature, oubliait la somme de reconnaissance
qu'il doit à cette société qui le protége, le désordre
le plus profond se mettrait promptement à la place de
la paix et de la tranquillité ; que la vérité, la justice
seraient promptement étouffées par les effets et les
conséquences de l'application de la liberté naturelle
employée par le plus fort contre le plus faible ; du
plus hardi, du plus audacieux contre celui qui serait
le plus timide ou le moins habile.

L'homme qui est en société, n'est donc plus le même être qui vient de parler de sa liberté, de sa volonté, de son indépendance naturelles dont il s'est dessaisi en entrant dans cette société, en vertu de ce droit de souveraineté qui existait dans lui, qui émane de lui. Il n'est plus le même, parce qu'il en a volontairement, librement, spontanément retranché une partie, qu'il a déposée entre les mains d'un autre être purement moral, qui, à son tour, devient souverain par la force, la puissance, l'autorité, le droit que lui ont donné toutes les fractions de souveraineté réunies en une seule personne. Cet être moral s'appelle *société*, *ordre public*, *bien*, *intérêt général*. C'est le souverain de tous sans distinction, parce qu'il a été formé par la volonté et la coopération de tous les individus libres et indépendants, qui ont pu, à leur gré et selon leur volonté, disposer de ce qui était à eux, d'eux-mêmes.

Ce souverain général est armé de toute la puissance collective que l'on a remis entre ses mains : il est par cela seul, et de plein droit, chargé de la sécurité, de la tranquillité, de la protection générale, et des intérêts matériels de tous ceux qui ont servi à le former, qui veulent vivre sous sa loi, en lui conférant librement une partie des droits qu'ils avaient reçus de la nature. Il est chargé de protéger la propriété, la famille, la religion, et tous ces grands principes de morale qui font la base éternelle de toute agrégation d'hommes ; aussi, est-ce en raison de cela qu'il a une grandeur, une majesté, une puissance, une autorité sans égale dans le monde ; qui domine et doit dominer toutes les autres puissances, les autres autorités, car c'est en son nom, et sous son influence protectrice, que se font toutes les lois, pour et contre tous.

Il y a donc dans la société deux droits en présence ; celui de l'homme libre de la nature, tendant à toujours conserver la plénitude de ceux qu'il tient d'elle, que les uns prétendent ne pouvoir être aliénés ; desquels résulterait l'indépendance absolue, que l'on pourrait exercer à chaque instant, partout et toujours, malgré le contrat social formé, qui permettrait à l'homme de croître et de se développer sans obstacle et sans contrainte ; c'est-à-dire, d'appliquer librement son activité à tout ce qui le porte et le rapproche de ses impulsions internes.

D'un autre, celui de l'homme de la société, l'être civilisé, qui a formé un lien général, qui n'est autre que celui de conservation, de protection mutuelle, mais qui oblige moralement et politiquement les personnes qui ont consenti à aliéner leur liberté, leur indépendance naturelles, dans des limites déterminées, à ne pas user du droit de tout faire et de tout dire, changer à chaque instant les grandes bases qui servent précisément à constituer la société elle-même ; et qui, par conséquent, les contraint à respecter ce qui est l'intérêt général, la volonté du plus grand nombre, et à maintenir ce qui a été établi, le contrat social en un mot.

Cet homme, cet être civilisé n'a pas pour cela complétement abdiqué, à tout jamais, la faculté si naturelle, si juste, si légitime, parce que cela appartient toujours à son intelligence et à sa volonté, d'exprimer une opinion sur le meilleur moyen d'assurer la sé-

curité, de protéger les intérêts généraux, l'ordre qui
doit être maintenu dans toute société librement formée. Bien du contraire, il l'a conservé et dû le conserver, parce qu'il est spécialement intéressé à veiller
lui-même à tout ce qui touche son propre bonheur;
mais aussi, c'est en lui donnant de sages limites tracées par l'expérience, la raison, la sagesse, qui
l'engageront à donner des conseils; et non pas à propager des principes destructeurs de toute société;
comme il a le droit aussi de désigner le chef qui doit
être à la tête de l'administration générale de la société, de l'État, de l'universalité, et les personnes
qui devront être chargées des soins de coopérer à
l'établissement des règles qui seront observées à
l'avenir pour assurer, maintenir cet ordre, cette sécurité générale.

C'est donc précisément parce que l'homme social
n'avait pas encore complétement abdiqué la liberté,
la souveraineté de lui-même, renoncé à sa raison, à
sa volonté, à sa nature d'être intelligent et libre,
qu'il a pu volontairement établir les règles et les
conditions de sa vie en société; choisir un homme
pour le protéger au besoin, en lui remettant une
partie de son pouvoir sur lui-même, afin qu'il ait sur
lui, sur la société en général, et sur tous ceux qui la
composent, le droit spécial de protection et de surveillance.

Quel but s'est-on proposé en donnant une autorité
souveraine à un homme sur les autres? Quel doit en
être le résultat?

L'un et l'autre sont et doivent être les mêmes.
C'est la tranquillité, la prospérité publique, la gran-

deur, la force, la puissance, la haute position, l'influence dans les affaires du monde politique extérieur
de l'ensemble de toute la population ; c'est enfin la
distribution égale de la justice, ce premier besoin de
toute société. Ce ne peut pas être, pour un homme qui
tient sa souveraineté de plusieurs autres, le vain
honneur d'être appelé roi, empereur, ou de porter
un autre titre. Ceux qui lui ont donné le droit de
souveraineté, n'ont pas entendu renoncer à leur
propre bonheur, c'est au contraire pour l'assurer
qu'ils ont confié le pouvoir à une seule main : celle-
ci est donc tenue, obligée spécialement, de s'occuper
des intérêts, de la tranquillité, de la prospérité générales, comme chacun s'en serait occupé dans son
intérêt particulier. Il fait, et doit faire une étude spéciale des moyens propres à y parvenir : c'est à lui à
choisir les hommes les plus capables de le seconder,
les plus dignes d'être dépositaires de ses ordres, de
ses volontés.

Ceux qui lui ont donné la souveraineté, n'ont
point pour cela de privilége dans les résultats, ni
droit à une préférence quelconque dans la somme de
bonheur général. La société étant composée de l'universalité, le chef se doit à lui-même de dispenser à
tous la même protection, la même justice, le même
droit de parvenir, comme tous doivent profiter de la
gloire, de la prospérité désirée, demandée, pour-
suivie, dans l'intérêt général de cette société.

Celle-ci, comme son chef, sont forts et puissants,
mais à des degrés divers, de toute la force et la puissance des libertés et des volontés collectives qui ont
été déposées entre leurs mains. La société est l'ex-

pression morale, intellectuelle, ostensible cependant de la volonté de tous ceux qui la composent : son chef et elle ne seront jamais des tyrans à mes yeux, lorsqu'ils emploieront les baïonnettes pour maintenir entre leurs mains le pouvoir qu'on leur a conféré. Leur autorité ne vient pas de la force dont ils viennent de faire usage, mais de celle que chacun avait sur lui-même, et à laquelle on a renoncé afin de les charger d'assurer la sécurité de tous, de la même manière que chaque individu aurait pu le faire isolément pour lui-même : dans ce cas, la force n'est qu'un moyen de coercition pour faire respecter le droit donné.

La conséquence obligée de tout ce qui précède est que la société, comme son chef, en vertu des conventions librement établies, ont le droit de ne pas tolérer que *les hommes de la nature, ne formant qu'une très-faible minorité ;* ou les individus dans la société n'étant pas la partie la plus saine et la plus éclairée de la population, ne se trouvant pas également en majorité, *puissent avoir à chaque instant le droit d'user de leur indépendance et de leur liberté naturelles, pour renverser ce qui aura été constitué, établi par la volonté d'une immense majorité d'hommes sages, éclairés ;* qui, de leur côté, voudront purement et simplement laisser reposer dans leur conscience et dans leur raison guidées par l'expérience, le droit de modifier, s'il en est besoin, ce qui aura été établi, en attendant le moment convenable pour le faire, s'ils le jugent utile au bien de tous.

Je répondrai à ceux qui demanderaient pourquoi tout homme social ne jouirait pas de l'usage intégral de son droit naturel? Si celui-là veut le conserver dans toute son indépendance, et l'exercer dans toute son énergie, qu'il cesse de faire partie de la société : qu'il se retire et aille vivre dans les forêts vierges avec les sauvages, qui, seuls sur la terre, le conservent et le pratiquent comme il entend vouloir le faire dans la société. Ou, s'il veut faire partie de celle-ci, qu'il obéisse à ses lois, et qu'il modifie l'homme de la nature. Si l'on accepte cette réponse, et l'on ne peut pas la repousser, c'est admettre en principe, que personne, individuellement, ne peut avoir conservé la faculté de troubler *l'ordre, de violer le droit et la loi établis par la volonté émanant du plus grand nombre ; et à plus forte raison de l'immense majorité de la partie la plus saine et la plus éclairée de la population ;* droit et loi, auxquels personne n'entend se soustraire, si ce n'est cet homme de la nature.

La souveraineté de la société, comme celle de son chef, doivent donc être considérées comme ce qu'il y a de plus élevé dans le monde moral, et parmi les choses d'ici-bas, puisque l'une et l'autre émanent de ce qu'il y a de plus grand, de plus élevé chez l'homme, qui a formé l'une, et a donné l'autre comme une émanation de lui-même.

La souveraineté étant ce qu'il y a de plus élevé dans le monde social, l'intelligence étant aussi chez l'homme ce qui le rapproche le plus de la supériorité, constituant même la supériorité morale, il ne peut être indifférent pour la société de donner à la souveraineté une origine de formation qui ne soit pas en corrélation directe avec le rang qu'elle occupe dans l'esprit de tout homme raisonnable. La solidité,

l'influence, le lustre de la souveraineté, dépendront,
sans aucun doute, des moyens et des personnes qui
auront été employés pour la donner. Si le résultat
doit être grand, le moyen d'y parvenir doit l'être
aussi. Archimède demandait un point d'appui pour
soulever le monde, il faut un grand principe pour
créer dans le monde social la plus importante de
toutes les choses, le pouvoir suprême, qui est et doit
être l'expression la plus vraie, la plus sincère de ce
qu'il y a de plus parfait chez l'homme.

Si, en vertu de notre liberté naturelle, nous
avons droit de nous dépouiller d'une partie de cette
liberté, s'ensuit-il que tout le monde ait le même
degré d'intelligence pour exercer convenablement,
hors de lui, ce même droit : non, sans aucun doute;
aussi me paraît-il que le droit d'exercer la souveraineté, de choisir un souverain, ne peut pas être
confié indifféremment à tout le monde sans distinction.

Dans le monde social, le levier d'Archimède doit
être l'intelligence, la vertu. Tout être intelligent, vertueux, expérimenté, se trouvant en analogie avec le
but que l'on se propose d'atteindre, sera, par cela
seul, digne, capable d'exercer un droit qui tend,
non pas à rabaisser, mais au contraire à élever l'intelligence, la vertu, l'expérience, sans diminuer la
somme de liberté dont chacun de nous a le droit de
jouir comme individu social. Celui qui donne un
droit, en retranchant quelque chose de ce qui constitue chez lui une supériorité quelconque, doit le
faire en parfaite connaissance de cause.

Pour l'homme social, il s'agit de se donner un

chef, un maître; et pourquoi répugnerait-on à cela?
Est-ce que nous n'en avons pas toujours eu au-dessus de nous, dans nous, à côté de nous? Ne les ren-
controns-nous pas partout et toujours?

Homme de la nature, au-dessus de la terre je n'ai
que Dieu pour maître. Il l'est de plein droit à raison
de sa puissance infinie, sans bornes, car elle échappe
à l'intelligence la plus élevée, et parce qu'il est le
créateur de toutes choses. Si je me rapproche de
lui par l'intelligence qu'il m'a donnée, c'est sans
doute pour que cette intelligence me serve à faire ce
que je crois être le mieux. Dans ma conduite personnelle et morale, ce sera ce qui aura été jugé tel
par le plus grand nombre des autres, et qualifié
vertu, bien, justice, devoir. En me plaçant dans le
monde intellectuel, au point de vue d'où je pourrai
apercevoir mon existence présente d'être actif et libre,
je retrouve cependant toujours cet être supérieur et
suprême dont je dépends aujourd'hui, et qui sera un
jour mon souverain juge dans un autre monde,
lorsqu'en sa présence je viendrai dérouler ma vie
entière d'homme moral, comme les actes qui proviennent de ma liberté et de mon indépendance naturelles. Ce maître, mon souverain juge, je ne puis
ni le repousser, ni me soustraire à sa suprême puissance.

Si je porte mes regards sur moi-même, si je considère les devoirs que j'ai à remplir, je retrouve au
dedans de moi, dans mon for intérieur, un autre
maître moral, qui me commande de ne pas obéir à
mes passions et de rechercher la vertu, le bien, la
justice, la vérité.

A mes côtés, dans la société, je trouve des semblables qui ont une volonté comme la mienne ; qui pensent, agissent comme moi, avec plus ou moins d'intelligence, en vertu de leur liberté naturelle ; je ne puis leur commander. Vivant tous en société, nous avons voulu, par cela seul, éloigner de notre esprit ces rêves puisés dans le vaste champ des idées et des espérances chimériques d'une vie d'indépendance sauvage et anti-sociale, qui nous auraient transportés au-dessus des régions des choses possibles ici-bas ; hommes, qui ont comme moi, librement choisi un maître, un chef politique, qui existe dans toutes les sociétés civilisées, et même dans celles qui sont à l'état sauvage.

Ainsi, l'homme, même le plus intelligent, trouve donc toujours au-dessus, au dedans de lui comme au dehors, un être supérieur, quelque chose qui le domine, soit comme un être moral plus parfait que lui, auquel il doit obéir dans son intérêt personnel d'homme social bien entendu. Il retrouve partout cette obligation de faire le bien, de préférer la perfection à ce qui ne l'est pas, et de consacrer ainsi la supériorité infinie de l'intelligence et de la vertu sur la force brutale et le vice. Faire le mieux, à l'aide de l'intelligence et de la vertu, est donc une loi immuable, en usant pour cela des moyens que le créateur a mis à notre disposition, puisque c'est par l'intelligence et la perfection que nous nous rapprochons le plus de notre divin maître. C'est aussi nous rapprocher de la loi morale, puisqu'elle nous commande le bien ; c'est encore obéir à cette même loi, lorsque nous agissons dans le monde ordinaire, que de donner la préférence à tout ce qui est supérieur.

Le meilleur usage que l'homme social puisse faire de sa liberté, sera donc d'en user avec toute l'intelligence qui lui a été départie, tout en restant indépendant dans le choix qu'il devra faire de son maître et de son souverain ici-bas dans la société. Le plus beau résultat qu'il puisse obtenir, c'est de choisir le plus digne. On ne peut bien le faire qu'avec les plus intelligents, les plus vertueux.

Lorsque ce choix est fait, l'homme n'appartient pas pour cela au souverain qu'il s'est choisi, auquel il en donne tous les droits; il lui reste encore celui de dire, personne n'a le droit de m'asservir et d'oublier que j'ai consenti à obéir, mais à des conditions que la raison et la sagesse prescrivent de respecter de part et d'autre; qui obligent le souverain à agir de son droit avec modération, et selon l'esprit du contrat qui a été formé entre celui qui se dépouille momentanément d'une partie de sa liberté, de son droit naturel, pour le remettre en d'autres mains.

On ne doit pas oublier que la base du contrat qui a été formé est celle-ci : *l'un donne volontairement, librement, à certaines conditions ; l'autre, reçoit, mais ne prend pas en vertu d'un droit qui lui serait réservé par la nature.* Cette base ne peut être changée. C'est celui qui a *donné* qui a limité sa liberté, son droit naturel, en confiant à un autre, pour son propre bonheur, le soin de régler certaines actions, de régir la société dont il plaît à celui qui a donné de continuer à faire partie. Celui qui a *reçu* n'a pas le droit d'asservir. Il lui a été donné de régir, gouverner, protéger la société, les hommes qui lui ont

confié le pouvoir, mais rien autre chose : faire respecter ce droit donné, le maintenir, c'est aussi gouverner, régir, protéger.

Ceux qui ont donné n'ont pas pour cela dérogé à
leur nature d'hommes libres ; ils ne sont pas indignes
pour cela de leur origine, de leur maître divin ni
d'eux-mêmes, par cela qu'ils auront fait usage des
facultés et des dons qu'il a départis à ceux qui en
agissent ainsi. Personne ne pourra prétendre qu'ils
aient les goûts d'un esclave, encore moins d'un sauvage, à moins peut-être que ce ne soient ceux qui
sont follement ambitieux, et qui placent la liberté
dans la licence. Ils ont conservé de leur liberté tout
ce qu'une saine raison les autorise à en garder, pour
en faire usage aussi toutes les fois que la nécessité
sera démontrée, et que l'universalité de ceux qui
peuvent donner sciemment, sagement, intelligem-
ment, sera convaincue, comme je puis l'être moi-
même, que le moment est venu d'en faire usage. Je
dirai encore à ceux qui sont libres dans le monde
moral, puisqu'ils ont le choix entre ce qu'ils croient
être le bien et le mal, que cette liberté ne peut être
complétement anéantie dans le monde social, lorsqu'il
s'agit du bien et du mal de moi et de mes semblables.

Si Dieu a donné l'intelligence à l'homme de la
nature pour qu'il se rapprochât autant que possible
de lui, pour arriver à la perfection, il lui a donné
aussi la raison, pour modérer au besoin les écarts
possibles de cette intelligence. Pourquoi alors ne
voudrait-on pas que celle-ci et la raison, c'est-à-dire
la vertu, la sagesse, l'expérience, ne fussent pas la
règle qui devra servir de guide, et mériter la préfé-

rence à un homme sur un autre pour faire telle ou telle chose, dans tout ce qu'il devra être appelé à faire comme citoyen, puisque c'est le moyen par lequel l'homme s'élève dans le monde moral.

En choisissant un chef, un maître, en vivant en société, le *citoyen* fait acte de véritable liberté. Son intelligence, son désir du bien général ont contribué à soumettre sa liberté, sa volonté à ce chef. Le souverain de lui-même, qui *donne* une partie de sa puissance, de sa souveraineté personnelle, individuelle, pour la confier à une autre personne qui la *reçoit* pour en faire un usage déterminé, et dont la souveraineté est composée de toutes ces fractions, n'a pas pu perdre le droit de la reprendre pour la donner à un autre, s'il lui convient, ou s'il est nécessaire de le faire. Il a agi ainsi, parce qu'il l'a voulu, parce qu'il a désiré que l'exercice de sa volonté de *citoyen*, *d'homme de la société*, fut soumis aussi à l'avenir, à des conditions générales qui servent à maintenir l'ordre ; parce qu'il a été démontré clairement que du maintien de cet ordre, dépend l'existence même de la société, qui a été formée par le concours de toutes les volontés libres et souveraines d'elles-mêmes, avec des conditions indestructibles de durée éternelle. C'est de là que vient la puissance morale de la société, qui doit tout dominer.

Celui qui a donné sa souveraineté, n'a point abdiqué à tout jamais ni les droits de l'intelligence, ni la liberté de l'homme social, ni la volonté humaine. Il n'a point dit qu'il croirait et ferait à tout jamais tout ce que l'on voudrait lui faire croire, tout ce qu'on pourrait tenter de le contraindre à faire contre les lois de sa propre nature morale, qui lui fait désirer le bien et choisir la vertu. Il a voulu *principalement abdiquer la possibilité de faire le mal, celle de se laisser entraîner par des penchants qui pourraient être mauvais, pour donner à un souverain de son choix le droit de réprimer ces mauvais penchants, et d'empêcher le développement exagéré de tous les sentiments d'une liberté primitive et anti-sociale.* Pour y parvenir, le souverain a édicté des lois pénales.

C'est ainsi que la souveraineté de chacun, a été déposée entre les mains du chef de la société, afin qu'il eût le pouvoir nécessaire pour contraindre à faire le bien, et punir ceux qui ne le feraient pas, lorsque la loi pénale était là pour les prévenir des résultats qui pourraient se présenter, si ceux qui ayant été souverains d'eux-mêmes, selon la loi de la nature, oubliaient les conditions de moralité qui doivent dominer la vie et la conduite de l'homme social, comme celles de soumission qui doivent subsister dans toute société.

L'origine du droit de souveraineté réside donc dans la liberté et l'indépendance de l'homme; mais l'exercice de cette souveraineté est profondément modifié par les lois immuables de toute société, qui s'élèvent devant l'homme de la nature comme une barrière que ne peuvent plus franchir les mauvaises passions.

La souveraineté du chef choisi volontairement par tous les hommes capables d'apprécier la souveraineté et les devoirs qu'elle impose à tous ceux qui veulent en exercer les droits, procède de la volonté, de la puissance, de la souveraineté seules de ceux qui la lui ont donnée.

Maintenant, il y a quelque chose au-dessus de la volonté même de ceux qui donnent la souveraineté à un chef, et du chef lui-même ; c'est celle de la société, car c'est l'ancre de salut commun, le point de ralliement, c'est la civilisation personnifiée dans un mot, dans une idée morale.

Dès qu'elle est formée, cette souveraineté me paraît devoir être placée bien au-dessus de toute espèce de volonté, de souveraineté imaginable. Sa raison d'être se trouve dans la nécessité absolue de son existence, qui a pour but, pour résultat, le bien général, la protection, la conservation des intérêts communs, et de tous les grands principes qui servent à consolider la propriété, la famille, la religion, trois bases essentielles à toute société. Aussi, sa puissance doit-elle être inattaquable, indestructible, inaliénable, quel que soit le chef de cette société, parce que ce qui concerne celle-ci doit être immuable. C'est une loi, une règle perpétuelle, universelle ; ce sont des principes qui ne souffrent pas, ne doivent pas souffrir de contestation, car on ne peut contester ni le droit de propriété, ni la sainteté des liens de famille, ni la nécessité indispensable d'une religion, d'une croyance, quand ce ne serait que pour offrir des moyens de consolation aux hommes frappés par l'adversité.

Un être moral comme la société ne peut subsister sans avoir un pouvoir, un droit spécial, particulier, qui l'aide à se conserver en le préservant de toute attaque, qui lui permette, au besoin, de faire tout ce qui est nécessaire pour maintenir la civilisation. Il ne peut être exposé aux attaques incessantes des mauvaises passions qui rongent et dévorent tout.

La souveraineté du chef de cette société, créée par la volonté de tous ; son pouvoir, son autorité, doivent s'augmenter de toute la puissance attribuée à la société elle-même, parce qu'il est spécialement chargé de la protéger, de la défendre, de la sauver. C'est aussi pourquoi la souveraineté du chef de la société et sa position, doivent paraître si élevées, si sacrées aux yeux de tout homme sensé, raisonnable, parce que cet intérêt général, constitue précisément la prééminence qui doit absolument conserver tout pouvoir suprême. Voilà pourquoi l'on doit regarder le chef de l'Etat comme étant inviolable de sa nature, caractère qui doit être maintenu à tout ce qui s'appelle Roi, Empereur, Grand Seigneur. Attaquer leur personne, directement ou indirectement, c'est véritablement attaquer la puissance, la souveraineté de ceux qui la lui ont conférée. Chercher à renverser leur pouvoir, sans cause légitime et hors le cas d'absolue nécessité, et encore avec les précautions que doivent inspirer la prudence et la sagesse lorsqu'il s'agit d'un pareil changement, c'est un suicide moral, une contradiction avec le besoin absolu de paix et d'ordre, qui ne peut être maintenu que par et avec la prééminence de ce pouvoir suprême, qui est et doit être l'expression la plus élevée, la plus vraie de ce qu'il y a de plus parfait.

Si ces choses sont certaines, je demanderai alors si tout le monde aura droit de désigner le souverain ; si tout le monde indistinctement, aura celui de l'être et d'exercer le droit de souveraineté dans la société et sur la société , et surtout de faire usage à chaque instant de ce droit de souveraineté de la nature, abdiqué par cela seul que l'on vit en société.

La réponse ne peut être que celle-ci :

L'homme de la nature ayant abdiqué son indépendance complète, ayant voulu vivre en société, ne peut avoir le droit de troubler à chaque instant ce que la majorité des hommes de la société voudra maintenir, l'ayant regardé comme étant ce qu'il y a de plus convenable pour assurer le bien et le repos de tous ; d'où vient le droit de régler l'exercice de celui de souveraineté , le moment d'en faire usage.

Le souverain ne peut être désigné , choisi que par ceux qui peuvent le faire convenablement. Ce seront les plus dignes , les plus capables , les plus expérimentés. Ils auront seuls le droit de l'exercice de la souveraineté dans le monde social, parce qu'ils doivent songer spécialement à l'intérêt général : pour cela, il faut pouvoir le connaître, l'apprécier, le comprendre largement. Il ne faut donc pas remettre le droit d'exercer la souveraineté entre les mains de ceux qui ne sont pas dans ces conditions, ou qui ne veulent en user que pour satisfaire leurs passions particulières, leur ambition, ou flatter les vaines fumées de leur amour-propre.

Le souverain doit être digne, par lui-même et ses qualités , de la haute position sociale à laquelle il est appelé.

Maintenant, quel est le caractère, quels sont et doivent être les attributs de la souveraineté ?

CARACTÈRE ET ATTRIBUTS DE LA SOUVERAINETÉ.

Le peuple est souverain, dit-on; mais qu'est-ce que la souveraineté, et en quoi consiste-t-elle? Quel est son caractère? Quels doivent être ses attributs?

Les démocrates le disent eux-mêmes : dans une société civilisée, tout droit vient ou doit venir de la raison et non pas de la force. L'intelligence est et doit être le guide de la raison. Les baïonnettes, les canons, les échafauds sont la preuve extérieure de la force ; ce sont les moyens que le droit établi emploie quelquefois pour se maintenir contre d'injustes et déloyales agressions ; mais le droit, celui de souveraineté, ne réside pas dans ces instruments de destruction. L'un et l'autre résident évidemment dans cette parcelle de pouvoir que chaque homme a sur soi-même, qui donne à chacun le moyen de connaître le bien et le mal, de préférer l'un à l'autre, en nous laissant, comme êtres libres moralement, le soin, la liberté, la faculté de faire ce que nous croyons le plus utile à notre bonheur ou à celui de nos semblables, en établissant une règle de conduite applicable à tous dans la société. Le droit de l'exercice de la souveraineté doit être fondé sur la nécessité, l'utilité de faire une chose plutôt qu'une autre, dans un but et pour un intérêt déterminé qui doit être celui de tous, et par les moyens qui se rapprochent le plus de la perfection, en suivant les règles de la morale et de la vertu.

Le droit vient d'un usage; celui-ci est consacré par la loi. Le droit ainsi établi, est une puissance morale qui implique un fait moral, la possibilité d'agir convenablement, comme homme et comme citoyen, justement, conformément à la raison et à la loi, pour le plus grand bien général, sans négliger notre intérêt particulier. La loi ne peut être que l'écho de la raison et de la justice.

Tous les droits, civils et politiques, ne s'établissent que par suite de l'application souvent renouvelée d'un fait, qui, par son utilité évidente, révélée par la raison, depuis longtemps éprouvée par l'expérience, se présente à l'intelligence et au jugement comme une chose bonne en soi, propre à servir d'exemple, qu'il faut pratiquer plutôt qu'une autre, et qu'il faut perpétuer en la conservant dans les relations des hommes entre eux. Ce fait devient un antécédent, précisément parce que l'on a pris peu à peu l'habitude de l'invoquer et de l'appliquer comme une chose bonne, juste, raison ?

7

sonnable , remplissant toutes les conditions de perfection indiquées par l'intelligence et le bon sens. Cet
antécédent devient un principe et finit par s'établir
comme un droit. Ce principe est écrit dans une loi, consacré comme une règle générale, que le bien de tous
impose à tous ceux qui vivent en société. La société
conserve, maintient ce droit. Le droit dérive donc d'un
fait utile en lui-même , dont la nécessité , l'utilité publique, générale, dont l'application réitérée perpétue
l'existence, parce que la raison commande de le faire
ainsi.

La souveraineté du peuple , pour être admise en
droit par la société, doit donc être établie comme un
fait historique irréfragable, toujours pratiqué , dont
l'utilité , la convenance seraient prouvées par des
exemples multipliés depuis des siècles, non pas chez
un peuple seulement, mais chez toutes les nations de
la terre ; ou tout au moins, chez celle dans laquelle on
voudrait établir ce droit, ce principe.

J'ai déjà interrogé notre propre histoire. Je pourrais le faire aussi pour tous les pays. Si je vois l'intervention du peuple dans les affaires publiques sous
certains gouvernements , et dans une certaine mesure , je n'y vois nulle part une souveraineté absolue,
encore moins l'exercice direct de la souveraineté
dans ce qui constitue les affaires du gouvernement,
le peuple enfin se mêlant partout aux affaires de l'État.
Tandis que je vois apparaître au contraire dans tous
les gouvernements auxquels le peuple a participé plus
ou moins, des rois marchant à sa tête ; des magistrats , un sénat , une autorité quelconque qui prédo-
minait au contraire celle du peuple. Sparte, Athènes,

les Crétois, Carthage, Rome elle-même, qui a commencé par des rois et fini par des Césars et des empereurs.

. Dans les temps modernes, il y a les républiques du moyen âge : des chefs chez chacune d'elles ; mais nulle part encore une fois, la souveraineté absolue, l'intervention directe du peuple dans le gouvernement de la chose publique, telle que l'on voudrait aujourd'hui la lui faire exercer. Je vois au contraire partout le pouvoir, la souveraineté modifiée il est vrai, dans la main de ce chef, qui régit et gouverne sans l'intervention directe du peuple ; et ailleurs, dans celle d'un monarque, d'un roi, ayant souvent une autorité pleine, entière, absolue. Plusieurs classes dans la population, et, toujours, partout, dans les temps anciens et modernes, la plus grande participation au pouvoir, attribuée aux plus nobles, aux plus riches, aux plus instruits, aux plus expérimentés dans les affaires, même à Sparte, Athènes, Rome, Carthage, où le peuple était forcé, surtout dans les deux premiers, ainsi qu'à Carthage, de prendre ses magistrats parmi les plus nobles et les plus riches, comme étant les plus capables ; c'est-à-dire, en un mot, que même dans ces prétendues républiques, l'intelligence l'emportait sur le nombre et sur la force brutale. Dans les républiques modernes, on appelle toujours aussi aux fonctions celui qui est le plus digne. C'est même le principe fondamental de ces gouvernements. Leurs chefs ont toujours été investis du pouvoir, de l'autorité, en raison de cette présomption de leur habileté ou de leur grande expérience. De tout temps, l'intelligence d'un homme a donc été comme la base de son droit politique, de son autorité, de sa participation à l'exercice du pouvoir, dans les limites tracées par la loi fondamentale.

D'où viendrait donc alors, dans ce cas, le droit de souveraineté que l'on veut attribuer au peuple pour l'admettre surtout au gouvernement direct de l'État? Est-ce parce qu'il a plus d'intelligence ou parce qu'il est plus nombreux? Est-ce parce qu'il est plus fort et qu'il soulève de plus lourds fardeaux, ou parce que l'épée qu'il porte, avec laquelle il frappe l'ennemi, lui fait une plus large blessure et pénètre plus profondément dans sa poitrine? Mais, je l'ai dit, la souveraineté n'est pas la force brutale, inerte : ce n'est pas une montagne qui reste inébranlable sur sa base, sans rien produire; la souveraineté réside essentiellement dans l'intelligence qui enfante de bonnes choses, et non pas dans le nombre ou la masse de la matière. Il n'y a pas, il ne peut y avoir de véritable souveraineté sans intelligence, parce que celle-ci est son principal attribut.

La puissance de l'homme consiste-t-elle dans son bras ou dans sa tête? Quel serait donc aux yeux des hommes qui veulent donner le pouvoir, exercer la souveraineté, mais qui la font résider dans la force, puisqu'ils disent tous les jours au peuple, tu es le plus nombreux et le plus fort; quel serait donc, dis-je, celui qui mériterait davantage leur reconnaissance, et serait le plus digne de la souveraineté, entre, je suppose, une montagne qui venant à s'écrouler couvrirait indistinctement tous les terrains qui l'environnent, même les plaines les plus fertiles employées à la culture, ou un homme qui, avec le temps et les secours de l'art, tout en conservant la plaine fertile, comblera des précipices dangereux, fera disparaître des marais infects, et parviendra ainsi à donner à l'agriculture, le précipice, le marais et le terrain même sur lequel la montagne étalait son sommet majestueux par-dessus les nuages. Il est évident que personne n'hésitera dans le choix à faire.

Qui est-ce qui brille dans le monde moral et intellectuel ? N'est-ce pas la vertu, la perfection en toutes choses. Quel rang lui donne-t-on ? Le premier, c'est celui de la souveraineté. Celle-ci entraîne donc avec elle, l'idée de l'intelligence la plus élevée, de la perfection la plus grande ; comme celle de l'autorité morale, ne peut se concevoir sans la vertu, sans la sagesse.

L'autorité, le pouvoir de la souveraineté, la force morale se composent de plusieurs choses essentiellement distinctes, mais qui ne peuvent se séparer l'une de l'autre, lorsqu'il s'agit de les constituer.

Ces choses, les voici. Il ne peut y avoir autorité morale possible, là où il n'y a pas respect d'abord à la chose qui sert à représenter le pouvoir. Si on la déconsidère, par un moyen quelconque, on tend évidemment par une voie indirecte, mais sûre, à frapper l'être, l'individu, à saper la chose morale investie du soin, du droit de faire reconnaître l'autorité et sentir le pouvoir. Il ne peut y en avoir non plus, lorsque la loi repose sur des bases que la raison et le bon sens doivent réprouver avec la justice. Elles le feront infailliblement, si le législateur n'est pas éminemment intègre, juste, éclairé, impartial, désintéressé : il faut donc, pour créer et conserver l'au-

torité, la force morale, le pouvoir de la souverainet
qu'il y ait intégrité, justice, connaissances, lumières,
impartialité, désintéresssement, chez tous ceux qui
doivent concourir à l'établir.

Si la nature de la souveraineté, de l'autorité, de la
puissance du pouvoir, est d'être toujours grande,
parce que la grandeur est son but, sa fin, le résultat
auquel on doit tendre ; qui donnera ces choses, si
l'on veut qu'elles soient fortes, durables, comme
tout ce qui doit être l'attribut de la souveraineté ?
Est-ce la source pure de la vertu, de la perfection,
de l'intelligence, ou bien celle où l'imperfection de
l'homme se déploie dans toute son énergie ?

Le peuple a-t-il les qualités du législateur, celles
dont je viens de parler ? Sera-t-il impartial lorsqu'il
s'agira de lui, et lorsqu'il devra faire la loi ? Un juge
qui doit faire respecter l'autorité du législateur,
et le législateur qui ne doit jamais faire de lois qui
puissent faire accuser le juge d'être injuste ou violent,
ont bien des risques à courir de faire déconsidérer
l'autorité, la souveraineté du législateur, puisque le
pouvoir et l'autorité dont ils sont investis, sont enta-
chés dès l'origine de tous les défauts qui produisent la
partialité, en donnant le jour à la violence et à l'injustice.

On doit s'étonner que le souverain commette une
mauvaise action, non pas parce que la qualité de
prince le met naturellement à l'abri et au-dessus de
l'imperfection humaine ; mais, parce qu'il n'est pas,
et ne doit pas être, dans la nature, dans les habitudes
morales de ce rang suprême de faire le mal. Personne au contraire n'est étonné de voir commettre

toutes sortes de crimes et d'excès à la populace
ameutée, soulevée par les passions, parce que c'est
là que résident ordinairement et toujours, les fer-
ments les plus violents du désordre et de l'anarchie.
Que voit-on, que reconnaît-on en effet dans le
monde révolutionnaire ? Quel est l'agent dans ces
moments où les passions déploient toutes leurs fureurs ? N'est-ce pas l'imperfection de l'homme, n'est-
ce pas le peuple, cette montagne qui s'écroule et
engloutit tout sous ses immenses débris ? Eh bien !
quel rang doit-on assigner aux passions brutales ?
Le dernier. Qui les possède ? Le peuple : prononcez
alors.

On veut cependant, non-seulement faire dériver la
puissance, l'autorité, la souveraineté de cette partie
de la population, mais encore lui conférer l'exercice
de tous les droits qui servent à l'établir, et surtout
la lui attribuer spécialement. La source de l'autorité,
de la puissance, de la souveraineté, doit toujours
être à l'abri de critique, car sans cela celles-ci subis-
sent nécessairement les conséquences qui se ratta-
chent à une origine plus ou moins pure.

N'est-il pas vrai que l'idée de souverain entraîne
avec soi, comme un attribut nécessaire à sa souveraineté, celle du respect, parce que l'autorité qu'il
exerce, et dont toutes les marques doivent l'envi-
ronner, répond à la hauteur de sa position parmi les
autres hommes, qu'il dépasse de toute la distance
qui existe entre celui qui a le pouvoir et doit commander, et qui est digne de le faire, et celui qui
doit obéir ; car nous avons toujours un maître, quelque soit son nom ; comme il y a toujours un serviteur, quel que soit aussi le sien.

Le souverain doit commander et faire obéir, parce que la souveraineté annonce dans celui qui la possède, la supériorité d'intelligence, de sagesse, d'expérience, d'habileté qui l'à rendu capable de l'exercer par lui, ou les ministres qu'il a su choisir; d'imprimer une bonne direction à tout ce qui l'environne, et donner une haute idée, une bonne opinion de lui-même, d'où dérivent sa force et sa puissance morale personnelle; comme son autorité s'accroît d'un autre côté de tous les moyens qu'il a de la faire connaître, de la faire sentir au besoin, à ceux qu'il est appelé à gouverner, et dont il peut avoir à réprimer les excès dans l'intérêt du repos public, s'ils étaient tentés de la méconnaître.

Le sentiment de respect qui doit s'attacher à la souveraineté, ne viendra pas seulement de ce que le souverain ne se montrera pas dans le public sans être entouré de tout ce qui peut servir à inspirer de la crainte aux méchants; mais aussi principalement, de l'idée du bien qu'il peut faire, du mal qu'il doit prévenir, empêcher; de la gloire qu'il acquiert par sa valeur personnelle dans le commandement des armées; de la prospérité de son pays, de l'influence et du rang qu'il peut lui donner parmi les autres nations.

Le respect au souverain, l'obéissance à l'autorité, la soumission à la puissance, ne dériveront jamais d'un échafaud dressé en permanence sur la place publique, ou d'un régime de gouvernement auquel on donnera le nom *Terreur*. Quelle belle page dans l'histoire, pour établir la souveraineté du peuple, que celle où le peuple souverain, très-souverain dans ce moment, croit pouvoir fonder un droit en versant des flots de sang, et en mettant la stupeur publique

et l'effroi à l'ordre général du jour , ou bien en dé-
vastant des contrées entières.

Le titre que prend un homme ou un parti, l'autorité, la puissance qu'il s'arroge, ne feront ni la grandeur de celui qui le porte, et ne lui donneront pas
les qualités nécessaires pour le bien soutenir. Celles-
ci ne peuvent être ni détruites, ni données par la
volonté des hommes ; elles ne peuvent être rempla-
cées par de fausses apparences : il faut toujours quelque chose de solide à tous ceux qui veulent entreprendre de commander , parce qu'il n'y a pas
d'autorité sans vertu, pas d'habileté sans intelligence
et sans expérience.

Si l'on doit du respect, de l'estime, de la vénération
à toutes les qualités qui peuvent distinguer un homme,
surtout lorsqu'il est souverain , lorsqu'il exerce la
puissance, l'autorité, le pouvoir ; je demanderai
maintenant ce que l'on accordera à ceux qui veulent
exercer la souveraineté, et qui, au lieu de posséder les
qualités requises , seront au contraire imprégnés des
plus grands vices, des plus grands défauts et des plus
violentes passions ; qui n'auront enfin aucune des
vertus que doit avoir un souverain.

S'il est dans la nature de l'homme, dans sa destinée d'avoir une fin immatérielle, une autre vie, qui
le place en raison de cela au-dessus des autres êtres
par son intelligence, n'y a-t-il pas des degrés parmi
les hommes eux-mêmes, en ce qui concerne les faits
de leur existence morale ici-bas ; et, n'est-il pas dans
la nature de certains hommes, de se trouver mêlés
à tout ce qui se passe de plus hideux dans la société ;
comme il est dans la nature de certains autres , de ne
vivre que pour la vertu et les grandes choses.

Je vous ai dit ce qu'était le peuple : comme je vous ai parlé de ce qui était nécessaire pour être souverain et faire usage de son droit, de sa souveraineté, que l'on prononce encore.

Dans ces derniers temps, en croyant faire de l'histoire avec de mauvais romans, on a jeté la boue au visage des souverainetés passées, ainsi qu'à tous les pouvoirs publics, en mettant en scène des fautes, des vices souvent contestés, depuis reconnus faux, calomnieux : ce sont des fictions, dira-t-on : elles sont détestables, car c'est avec elles qu'on a réussi à déconsidérer ces institutions beaucoup plus qu'on ne pense. Pourquoi voudrait-on aujourd'hui confier la souveraineté, la puissance, l'autorité à des mains au moins aussi faibles, aussi imparfaites et plus passionnées que celles que l'on a mises en scène?

Si l'on ne veut plus de rois, à cause de l'imperfection de certains hommes qui ont régné, faudra-t-il prendre pour souverain, ou confier l'exercice du droit de souveraineté à ceux qui se sont montrés imprégnés de vices, criminels jusqu'à la folie, jusqu'à la plus atroce cruauté; ceux qui ordinairement méprisent les lois, cette base indispensable de toute société?

Si le peuple est souverain, qui l'avertira de ses fautes, de ses défauts, de ses injustices? A qui fera-t-il du bien? à lui-même sans doute. Mais on est aveugle pour ce qui concerne ses propres intérêts. Si la vérité n'apparaît que bien rarement au sage; si elle est toujours enveloppée des nuages de l'amour-propre, de l'ambition qui ne cesse pas d'être avide, et de tout ce que les passions mettent entre elles et nous pour la cacher à nos regards, croit-on que le peuple;

même alors qu'il sera souverain , la connaîtra mieux qu'un autre, lui qui s'imagine être le plus digne de toutes les récompenses.

Donc, respect à la souveraineté, à la puissance, à l'autorité que doivent avoir la vertu, l'amour de la justice, l'expérience, la sagesse, puisque c'est la perfection ; et non pas respect à la souveraineté du peuple , parce que je ne lui trouve pas les qualités nécessaires pour mériter le premier rang. J'aurai plus de certitude de trouver dans l'éducation spéciale d'un prince , toutes les conditions nécessaires pour lui confier la puissance et l'exercer, parce qu'il saura mieux faire respecter son autorité morale, par l'exemple qu'il pourra donner de toutes les vertus nécessaires au gouvernement d'un État; et, parce que cette éducation sera pour moi une première garantie. Aussi, je le préfèrerai, sans hésiter, à tous ceux que l'on appelle le peuple, parce que le peuple ne reçoit pas l'éducation qui convient à celui qui est appelé à commander.

Les qualités que peut avoir un homme du peuple, et je suis le premier à dire qu'il ne lui manque souvent que l'éducation, pour être au moins l'égal de ce qu'il appelle un aristocrate; mais, ces qualités inhérentes à un individu que l'on citera dans la foule, ne seront pas un motif de penser que tout le peuple les possède au même degré, et qu'il soit propre à l'exercice de la souveraineté.

Que l'on choisisse donc alors le plus digne et le plus capable , et que celui-là seul ait le droit de l'exercer.

Si l'estime et la confiance que l'on montre à tout

homme dérivent de la supériorité de son intelligence, de ses vertus, de la bonté de son cœur et de l'élévation de son esprit, il est certain que le mépris provient à son tour, aussi en quelque sorte, des vices et des mauvais penchants de ceux qui écoutent leurs passions.

Si le prince est plus habituellement vertueux que ce que l'on appelle le peuple, je donnerai la préférence à l'un sur l'autre. Si le souverain oublie ses devoirs, il est certain, quel qu'il soit, que l'idée de mépris viendra se mêler ou remplacer le sentiment de respect que je dois avoir pour celui qui tient le premier rang, qui exerce l'autorité, qui a la puissance, ou qui prétend avoir le droit de la conserver. L'une et l'autre s'amoindrissent dans mon esprit, de toute la distance qu'il y a de la vertu au vice, de la modération, de la sagesse, de la justice, aux passions violentes et au manque de respect de la loi.

Si le souverain exerce brutalement son autorité, et de plus s'il est sans intelligence de ses devoirs, ce qui ne va guère l'un sans l'autre, je serai bien forcé de la subir; mais cela vaudra-t-il ma reconnaissance, mon amour et mon respect? La fidélité, le dévouement ne s'acquièrent qu'à ce prix. Le souverain alors, quel qu'il soit, n'aura donc personne qui le soutiendra par ces motifs; il tombera dans la tyrannie, qui est un désir de domination qui s'étend à tout, et qui, le plus souvent, s'empare de tous ceux qui se sentent de la force. On peut être à craindre parce l'on sera fort; mais cela ne sera pas, pour cette raison seule, un motif péremptoire pour être aimé, respecté, vénéré, comme si l'on était prudent,

sage, habile. Que l'on cesse donc de vouloir attribuer au peuple une puissance réelle, qu'il ne peut
acquérir ou conférer que par des moyens plus ré-
guliers et plus sûrs, celui d'une loi qui les lui aurait
donné d'abord, parce qu'il n'y a de véritable autorité
solide que celle qui a des bornes connues, prescrites
par les lois qui l'ont établie. Toute autorité, toute
puissance qui prétend à n'avoir pas de bornes, de
limites, et qui tend à se mettre au-dessus des lois,
cesse ou ne tarde pas à n'être plus une autorité,
parce qu'elle dégénère par ce seul fait en usurpation
de pouvoirs sur les droits véritables d'une nation;
qu'on n'oublie pas aussi qu'à cette autorité dérivant
de la loi, il faut absolument y joindre la pratique de
toutes les vertus qui sont les véritables attributs de
la souveraineté du pouvoir.

Que l'on ne fasse donc pas du peuple un être
moral, qui doive nécessairement avoir la qualité de
souverain, et en exercer les droits, puisqu'en lui-
même et pris en masse il n'a aucun principe de justice régulière et raisonnée; et, surtout, parce qu'il
tend essentiellement aujourd'hui, à tout concentrer
en lui-même, qu'il veut soumettre tout ce qui l'entoure, rapporter tout à lui. Je ne lui reconnais pas
ce droit, ce principe de souveraineté, parce que le
pouvoir de le faire ne provient ni d'une loi qui les ait
réglé, encore moins de la raison et de la justice, qui
sont les premiers législateurs de la nature dans la
société.

L'expérience de tous les jours et de tous les temps
a prouvé que le peuple devient tyran lorsqu'il a le
pouvoir; c'est qu'il n'a pas véritablement les qualités

nécessaires à tout souverain ; si je le méprise, je ne lui devrais ni affection, ni confiance, ni respect. On peut être forcé quelquefois de ne pas toucher à une idole, même de l'encenser; mais, si l'honnête homme passe devant elle en courbant la tête, il redresse du moins son cœur dépositaire secret du dégoût que l'idole lui inspire. Allez donc demander de l'attachement à cet homme pour ce souverain.

Lorsque le souverain, au contraire, fait usage de son autorité, de sa puissance avec la grandeur de vues qui doit accompagner toute administration; s'il est clément, juste, habile, il aura mon amour, ma confiance, mon respect, ma reconnaissance, cela vaut mieux que la crainte inspirée par l'échafaud ou par la prison : la meilleure garde d'un roi, c'est l'amour de la nation.

Vous ne pourrez jamais me contraindre à estimer un souverain lorsqu'il sera méprisable à mes yeux : vous ne pourrez jamais enchaîner mon respect et ma considération, comme vous ne pourrez jamais faire qu'un homme, qu'un être moral, le peuple, soit habile quand il ne l'est pas, parce que vous ne pourrez pas empêcher que l'on ne voie tous les jours, dans l'un des plateaux de la balance, la brutalité, la débauche, l'ignorance, les emportements de la passion, l'injustice, qui en est presque toujours la conséquence, la suite nécessaire, et dans l'autre des sentiments contraires. Quant à moi, je n'aime pas la souveraineté qui court les rues; qui, sans cesse, remplit les cabarets, et qui fournit le plus fort contingent des prisons et des bagnes; j'aime mieux celle qui habite les palais. Je choisirai mon souverain

plutôt chez l'un que chez l'autre, surtout si l'on me
donne des exemples de vertu. Je ne mépriserai jamais personne, par cela qu'il sera né dans la classe
du peuple, mais seulement en raison des vices qu'il
peut avoir. Si j'aime l'honneur et la vertu chez tous
ceux qui les possèdent, je ne veux en accorder les
bénéfices et les avantages qu'à ceux qui les méritent.

Le peuple trouve qu'il y a eu peu de bons rois.
Cela peut être vrai : l'art est si difficile, que j'incline-
rais à croire en effet que cette assertion peut être
fondée; aussi, c'est précisément à cause de cela
pour moi une raison de refuser l'exercice de la souveraineté au peuple, parce que je ne crois pas, je
ne puis croire qu'il puisse faire, sans instruction
spéciale, ce qu'il trouve si difficile à faire, ce qui est
si imparfaitement fait par un prince à qui on l'a
donnée. S'il est aussi sûr de ses grandes qualités,
qu'il choisisse donc alors parmi ses supériorités d'intelligence et de vertu, et qu'il me présente celui qui
sera digne de l'être à ses yeux, nous l'élèverons
ensemble sur le pavois. Le peuple, en agissant
ainsi, reconnaîtra lui-même que tout le monde n'est
pas digne de la souveraineté, n'est pas appelé à en
exercer les droits, parce que tout le monde n'est pas
capable d'en remplir les devoirs. Celui-là seul peut
le faire, qui pourra juger sainement des qualités requises et nécessaires à la souveraineté.

S'il en est ainsi, pourquoi voudrait-on que le
peuple soit souverain, s'il ne possède pas lui-même
toutes ces qualités?

Je veux bien accorder que le droit est une force
morale de domination qui donne le pouvoir de faire

une chose déterminée par la loi, qui n'est, elle, que l'organe, l'écho de la raison. Le pouvoir envisagé sous ce point de vue est une conséquence du droit, un attribut légal.

Mais il ne suffit pas de demander l'exercice d'un droit, il faut pouvoir et savoir l'exercer, il faut prouver qu'on en est digne. La loi le donnera dans ce cas seulement, ou devra le donner, lorsque vous serez reconnu capable, digne. Il y a, d'un autre côté, beaucoup de droits qui ont été modifiés ou qui sont très-restreints, limités. Ainsi, le droit naturel de la liberté de l'homme, qui lui donne celui de disposer de lui-même et de se choisir un chef, doit s'arrêter aussitôt que cet acte est accompli. Ce choix a été la source de la puissance, du pouvoir, de l'autorité du chef; mais, dans une société civilisée, tout cela ne peut être réglé que par la loi. Il faut donc de toute nécessité arriver à faire la loi, et fixer, régler par elle l'exercice du droit que l'on possède. Le choix du chef est un hommage rendu à sa supériorité. De même que tout le monde ne peut pas l'être, de même aussi tout le monde ne peut pas être apte à faire les lois. De tout temps ce sont les hommes les plus marquants par leur intelligence et leurs vertus, qui ont été seuls admis à les édicter.

En effet, qui discernera le mieux la vertu, ou de celui qui la pratique peu ou pas du tout, ou de celui qui par l'effet de son éducation et de sa moralité habituelle, connue, donnera des garanties sur son jugement ?

N'est-il pas vrai que la raison fait la guerre aux passions, et que celles-ci la font également à la rai-

A qui devrais-je donner la préférence si j'avais à choisir
entre ces deux hommes, lorsqu'il s'agira de nommer
le souverain, ou seulement désigner celui qui doit faire
la loi. Est-ce à celui dans lequel il y a le plus de passions
sans cesse surexcitées par tous les désirs qui surgissent
dans le cœur de l'homme, et qui n'a jamais écouté la
raison, parce qu'il sera toujours entouré de gens passionnés comme lui ; ou bien est-ce à cet autre, ayant
lui aussi des passions comme tous les autres hommes,
mais qui vit au milieu de gens habiles et vertueux,
qui lui mettent sous les yeux la nécessité d'éloigner
de lui les funestes effets des passions pour n'écouter
que la raison, qui les accuse toujours de bassesse et
d'injustice ; parce qu'elles troublent l'esprit et le
repos de ceux qui s'y abandonnent ; qui trouvera
dans son intérêt personnel, dans celui de sa gloire,
de sa renommée future, dans l'intérêt général, dans
la raison qui reste maîtresse chez lui, de puissants
motifs de les écarter de son esprit, pour ne s'appliquer qu'à bien gouverner ceux à la tête desquels il a
été placé, ou à faire de bonnes lois.

Les uns sont sans cesse excités par les désirs immodérés de tout ce qui les entoure ; les autres au
contraire font tous leurs efforts pour écarter les dan-
gers et les inconvénients des passions et de l'ignorance, parce qu'ils vivent toujours au milieu des
supériorités de tout genre. Cela devient une seconde
nature chez les uns et les autres, mais pour des
choses complétement opposées. Les uns et les autres
doivent-ils être indistinctement admis à participer,
à faire ce qui précisément annonce la supériorité
dans tous les genres ?

8

Dans ce cas, qui faut-il préférer; qui faut-il écarter?

Si c'est le peuple qui est souverain, sur quoi mesurera-t-on sa grandeur, sa moralité, son habileté? Est-ce sur les actions de tous ou d'un seul? Le courage, la valeur, l'intelligence, la supériorité de l'un ne fera pas que les autres soient dignes de la souveraineté, ni même de participer à son exercice.

Je juge d'un homme par ses propres mérites; d'un souverain par ses actes, ses propres actions. Sa vertu sera comparée à celle des plus vertueux; sa capacité, son intelligence, sa fermeté, son courage, sa persévérance, son habileté, sur les exemples les plus saillants de toutes ces qualités que je pourrai trouver dans l'histoire. A quoi comparer le peuple si ce n'est à lui-même? Que trouve-t-on chez lui? répondez-moi.

On vient de renvoyer un roi parce que le peuple, dans un moment d'aberration causé par les passions, a jugé comme on juge dans un moment de folie furieuse, qu'il n'était plus digne du pouvoir souverain : on adopte donc pour principe qu'il faut écarter ceux qui ne seront pas dignes, capables; pourquoi ce principe ne s'appliquerait-il pas à tous ceux parmi le peuple, qui veulent être souverains et en exercer les droits.

On a attribué du mal, des passions viles et basses à ce roi, et on l'a chassé. Sa mémoire est déjà lavée de toutes les calomnies et les fausses imputations qui lui ont été faites : que le peuple se lave à son tour de son infériorité dans tous les genres, surtout en ce qui touche la moralité et les connaissances, alors je changerai mon opinion sur son compte. Jusque-là, je l'écarte de mes

conseils. Pourquoi en agirai-je ainsi ? parce que je ne
saurai à qui attribuer le bien, le mal, la vertu, le
vice, l'ignorance, la capacité, l'intelligence. Le doute
et l'incertitude naissent dans l'esprit du juge : il ne
doit jamais y en avoir en ce qui concerne le souverain,
car le doute peut conduire à l'injustice pour le bien
comme pour le mal. A chacun en effet, dira-t-on, la
responsabilité de ses actions ; à chacun aussi la récompense de ses qualités, de ses sacrifices à la vertu. Je
vous traite selon votre mérite ; vous n'avez rien à
dire : n'est-ce pas la loi de la raison et de la justice ?

On aura beau me parler du grand nombre, cela
n'est pas l'habileté : cela veut dire seulement que,
dans un moment donné, le plus grand nombre sera
peut-être le plus fort ; la force n'est pas la raison,
l'intelligence. Le souverain ne règne pas pour exercer continuellement les muscles de son bras armé
d'une épée, c'est pour faire prévaloir l'habileté, la
sagesse. Laissez-moi donc donner, en tout et partout,
la préférence au plus habile et au plus sage pour
toutes choses.

Notre grand Charles V, qui jamais ne vêtit armure
ni aucun habillement de guerre, dont Édouard III
disait, *onc il n'y eut roi qui si peu s'armât et qui lui
donna tant d'affaires* : Charles, disait de son côté, en
répondant aux murmures qu'avaient excité l'honneur qu'il accordait en ce temps aux clercs : *on ne
peut trop honorer ceux qui ont la sapience, et tant que
sapience sera honorée en ce royaume, il continuera à
prospérité, mais quand déboulée y sera, il décherra.*
Cependant, jamais prince ne demanda plus de conseils
et se laissa moins gouverner : n'est-ce pas la preuve

la plus évidente de l'heureuse influence de la supériorité, de la sagesse et de l'intelligence, qui sont
toujours dignes de commander aux hommes? N'est-
ce pas elles, en effet, qui doivent servir à diriger les
affaires d'un royaume, car c'est avec elles que l'on
prépare la grandeur d'un pays; que l'on fait disparaître les traces de ses malheurs, comme Charles V
fit lui-même, et non pas avec les passions brutales
de la multitude, car ce sont elles qui les causent.

Le bon sens me dit bien que le plus grand nombre
fera disparaître plus facilement et plus promptement
la résistance d'une masse inerte, cette montagne
dont je parlais tout à l'heure; mais le dogma-
tisme le plus habile sera toujours impuissant à prouver que le plus grand nombre sera le plus sage,
parce que le bon sens et l'expérience démontrent le
contraire. Il y a là une idée de vérité qui est invincible, même pour ceux qui seraient le plus enclins à
trouver partout des motifs de douter.

L'abaissement, l'infériorité actuelle du peuple résultant d'un défaut d'instruction et de pratique des
choses morales, ne sera pas un motif pour établir,
en droit et comme un principe, qu'il est incapable à
tout jamais de faire le bien et de participer au pouvoir, à la souveraineté, et cela dans une certaine
limite; comme le pouvoir, la puissance, la souveraineté exercés aujourd'hui par d'autres, ne seront
pas aussi, pour ces derniers, un motif de dire qu'ils
seront toujours exempts du mal, et que le pouvoir,
la puissance, l'exercice du droit de souveraineté leur
seront garantis à tout jamais.

Le peuple peut recevoir l'instruction, acquérir la

sagesse, qui le conduira progressivement à l'exercice de la souveraineté, que l'on veut lui attribuer maintenant, j'entends toujours parler du droit d'élection : je la lui refuse aujourd'hui, parce que l'erreur étant trop à redouter à raison de l'état dans lequel il se trouve, je présume qu'elle pourra être commise parce qu'il n'est pas assez éclairé. Voilà pourquoi je dis que la souveraineté, à laquelle il prétend, ne peut avoir aucune chance de se maintenir, parce qu'elle n'a aucune base solide. Faudra-t-il la conserver par la force? Elle domine un jour, le lendemain vient le tour de la raison, qui finit toujours par la dompter.

Voyez l'avantage à ce que le peuple ne soit pas souverain. S'il ne l'est pas, il n'y aura qu'un seul homme qui le sera, et cet homme ne peut pas espérer toujours dominer la volonté, le droit de tous ceux qui l'ont élu.

Si le peuple est souverain, il y aura autant de gens qui prétendront à la souveraineté, à l'autorité incontestée, qu'il y aura de fractions servant à composer la souveraineté générale. Quel est celui qui ne se croira pas digne de prendre et garder l'anneau d'Alexandre? On le sait, ce qu'il y a de plus difficile pour un homme, c'est de se connaître et de savoir borner ses désirs. Dans le système de la souveraineté du peuple, tout ambitieux aura donc autant d'adversaires qu'il y aura d'individus qu'il croira capables de s'opposer à ce qu'il arrive à la domination générale. Qui l'en empêchera? la loi, répondrez-vous. Ce souverain, ou cette parcelle de la souveraineté la subit donc à son tour, non pas cette fois pour réprimer et punir un crime, mais pour détruire, anéantir, limiter tout au moins l'exercice que l'on aurait voulu faire de la souveraineté.

Ainsi, dans la prévision, fort sage du reste, du cas ou un homme du peuple voudrait s'emparer du pouvoir, vous voulez limiter la souveraineté, je ne dis pas de l'incapable, mais au contraire de celui qui est habile peut-être plus que tous les autres ensemble, et l'on ne voudrait pas la limiter, dans le cas où elle serait ou pourrait être exercée par des hommes passionnés et incapables : ce ne peut-être là une décision sans appel aux yeux de la raison.

Si l'on craint les excès, que l'on commence alors par ne pas confier l'exercice de la souveraineté à tous ceux qui le revendiquent aujourd'hui, et qui très-évidemment en sont incapables, malgré que le mot égalité, interprété selon leurs intérêts et leurs passions, semble leur offrir la possibilité, le droit d'aspirer au pouvoir, de pratiquer, ou tout au moins d'exercer le droit de souveraineté.

C'est cette idée de possibilité de participation, de droit attribué à tous, qui fait du pouvoir populaire le plus mauvais, le plus faible, le plus désordonné de tous, parce que c'est celui. où l'on trouve le moins de bons motifs pour justifier des prétentions, et que c'est celui où l'on trouve le plus de passions, le plus d'ambition résultant du droit de chacun : c'est ce qui, par conséquent, rendra toujours son pouvoir fort incertain et fort précaire, car la victoire que le peuple a remporté un jour n'a pas de lendemain raisonnable, possible, qui puisse se justifier, puisque la victoire ne l'a pas rendu plus capable qu'auparavant.

Si la masse générale de la nation a gagné quelque

chose à l'égalité devant la loi , il ne s'ensuit pas que
ce principe ait modifié l'homme, et doive nécessairement permettre l'usage , l'exercice du droit de souveraineté à tout le monde , et remplacer ainsi le droit
de la raison , celui que pouvaient avoir ceux qui gou-
vernaient. Non, le peuple a conquis une chose pré-
cieuse en loi, la liberté, l'égalité devant la loi ; qu'il
la garde, qu'il la conserve , qu'il la défende énergiquement, mais qu'il laisse à d'autres , pour le moment , l'exercice du droit de souveraineté, parce que
c'est la raison et les lumières de l'intelligence qui
doivent modifier le droit d'égalité sur ce point. Il
sera bien aise un jour de s'appuyer sur une base
aussi large pour assurer son repos et sa tranquillité ,
si jamais l'ambition et la turbulence de la démagogie
veulent les troubler.

QUE DOIT ÊTRE LE PEUPLE?

——◆◆◆——

Si je ne reconnais pas dans le peuple les qualités requises pour exercer la souveraineté, que sera-t-il donc? Il sera et restera le peuple.

On dit qu'il doit être tout : je ne dis pas qu'il ne doive être rien à tout jamais ; je dis que pour être quelque chose, il faut qu'il soit capable d'exercer sagement les droits que l'on veut lui conférer. Il faut qu'il connaisse et remplisse ses devoirs moraux, s'il veut avoir des droits politiques : il faut qu'il puisse comprendre, et surtout bien pratiquer le mot élection ; car, en définitive, aujourd'hui et tant que le peuple n'interviendra pas *directement* et d'une manière générale *dans le vote des lois, dans toutes les affaires du gouvernement*, sa souveraineté, toute sa souveraineté, consiste purement et simplement dans l'élection qu'il fait du chef de l'État et de ses mandataires pour discuter les intérêts du pays. Sa puissance actuelle, sa souveraineté ne va pas au-delà : il reste gouverné et ne devient pas gouvernant.

Il ne sera donc rien, jusqu'à ce que l'éducation, l'instruction, l'expérience des affaires; jusqu'à ce que la sagesse venant à être le caractère évident de la généralité de la masse du peuple, il soit certain qu'il n'y a plus d'inconvénients de lui laisser exercer les droits politiques que l'on réclame en son nom; et encore je ne parle ici que du droit d'élection et non de l'intervention directe dans toutes les affaires du gouvernement; car, à mes yeux, ce n'est purement et simplement qu'une absurdité. Il devra en être ainsi, parce qu'il me semble que lorsqu'il s'agit des intérêts si graves, si multipliés d'une population toute entière, qui sont chaque jour en contact avec tant d'autres intérêts contraires dans d'autres pays, on ne doit confier l'exercice du droit politique d'élection, et, à bien plus forte raison, la souveraineté directe, qu'à ceux qui seuls sont capables de le faire avec intelligence. Qui pourrait se plaindre de cette restriction? Personne ; car, évidemment, elle n'est pas dictée par la passion aveugle de parti, mais bien plutôt par le bon sens.

Qui songe à se plaindre de ce que la loi civile n'a pas laissé à un mineur les mêmes droits qu'au majeur? Personne, parce que tout le monde conçoit combien en cela elle est sage, prudente, raisonnable. Dans la vie civile, il y a aussi des incapables auxquels on ne confère pas, on ne laisse pas l'administration de leurs propres intérêts. Qui pense à trouver cette exception

étrange et vexatoire? Entend-on dire qu'il y a violation du principe de l'égalité devant la loi, qu'il n'y a
pas liberté pour tous? Non, il y a restriction, parce
qu'il y a *incapacité*. Et pourquoi n'y aurait-il pas aussi
incapacité dans la vie publique? La constitution de
1791, qui avait dit que tous les hommes étaient égaux
devant la loi, a bien décidé cependant qu'il y avait,
non pas seulement des incapables, mais des *indignes;*
et, à ce titre, elle a exclu des assemblées primaires,
tous les serviteurs à gages, les domestiques : elle a
même fait plusieurs catégories d'électeurs. N'étaient-ils
pas tous des hommes comme les autres ? La constitution de 1793 était si sage qu'elle n'a jamais été exécutée. Celle du 22 août 1795, avait également établi
des conditions de domicile, de fortune pour être considéré comme citoyen français et pouvoir exercer le
droit électoral. Pensait-on à dire que l'égalité était
violée en cela? Non, personne ne l'a fait. L'on trouverait extraordinaire aujourd'hui, injuste, outrageant
pour le peuple, que l'on ne veuille pas l'admettre indistinctement à l'exercice du droit de souveraineté,
qui doit avoir une si grande influence dans la société,
dans l'état actuel des choses, et le donner à des
hommes pleins de passions, d'ignorance, d'erreurs,
de préjugés, véritables causes d'incapacité politique,
lorsqu'il s'agit du bonheur et de la prospérité de la société, du gouvernement de la France. La passion est
évidemment du côté de ceux qui demandent ce droit,
et non pas de ceux qui le refusent.

Qui donc alors exercera le droit de la souveraineté ?

La nation. Oui, mais la nation composée de l'*universalité des individus les plus sages, les plus habiles,*

les plus expérimentés. La souveraineté consistera dans le droit imprescriptible, inaliénable, indestructible, parce quę la raison et le bon sens le disent ensemble, dans le *droit de se choisir un chef pour gouverner l'universalité de tous les individus composant la population ;* dans *le droit de choisir les mandataires appelés à faire la loi.*

Par qui seront désignés ces premiers mandataires? Par une loi fondée sur le bon sens commun qui sera en rapport avec le but que l'on se propose.

Qui fera cette première loi? Les mandataires des plus sages, des plus habiles, des plus expérimentés. Ils formeront le contrat en vertu duquel le pouvoir, la puissance, la souveraineté seront exercés, et la manière dont ils le seront. Le souverain une fois choisi sera inviolable de sa nature. Le contrat ne pourra jamais être changé, modifié, si ce n'est de la même manière qu'il aura été formé. Celui qui deviendra souverain, ayant le pouvoir exécutif, restera l'unique souverain dans cette branche du pouvoir, parce qu'il en aura été investi comme en ayant été reconnu le plus digne ; comme le plus sage, le plus habile, le plus expérimenté dans les affaires. Ce souverain, non pas absolu, contribuera à la formation de la loi avec les autres pouvoirs institués à cet effet, pour protéger les intérêts et les droits de tous.

Vous voulez donc une classe privilégiée qui exercera seule le droit dont vous parlez?

Je ne veux de privilége ni pour la naissance, ni pour la fortune, ni pour les dignités : je ne veux point d'*aristocratie légale* comme signe de prééminence, d'autorité, de préférence d'une classe d'hommes sur une autre , qui lui donnerait des droits spéciaux qu'un autre n'aurait pas ; et , cependant , je demande un concours spécial à la naissance , à la fortune, aux dignités , à l'instruction, à l'éducation , à la moralité; parce qu'elles font présumer la sagesse, l'expérience, la vertu, le moyen d'exercer convenablement le droit dont je viens de parler ; exercice que je n'accorde pas actuellement au peuple , parce que , selon moi, il n'est pas encore capable de le faire convenable-ment.

En fait d'aristocratie , je veux celle de la raison , de la vertu, de l'expérience , et non celle de la passion, du vice et des préjugés. Les unes seront et doivent être préférées aux autres, partout et toujours.

Si la démocratie est le gouvernement du peuple par le peuple, je veux donner ce nom à ceux-là seuls qui se-ront dignes et capables d'en être , comme étant les meilleurs, et non pas à ceux qui seront les plus violents, les plus immoraux. Alors, mais seulement alors, la démocratie pourra être à mes yeux le meilleur gou-vernement ; celui que l'on devra rechercher , parce que ce sera celui de la sagesse , de la vertu , de la raison, du bon sens ; ce sera celui des plus dignes, des meilleurs.

Ce principe ne peut être combattu par la démo-cratie, puisque la base de toute la rénovation sociale que l'on veut opérer est précisément fondée sur la né-cessité de toujours donner la préférence au plus habile, au plus vertueux dans chaque partie. Dans le système de la vie phalanstérienne, le mot égalité n'est pas entendu autrement que je ne le fais moi-même , puis-que tous n'ont pas droit aux mêmes récompenses, aux mêmes résultats dans le travail ; ce qui signifie , sans aucun doute , que l'on est forcé de respecter les inégalités de la nature. Aux yeux des novateurs eux-mêmes, il y a aussi la classe des incapables, des indignes , celle qui est passionnée ; celle du peuple enfin, puisque les individus inférieurs par leur nature et leur intelligence sont relégués aux derniers rangs de cette société , employés aux travaux les plus rebutants, à raison précisément de leur extrême infériorité d'intelligence , de leur insoumission à la règle commune, ceux enfin que les écrivains de l'école appellent *les mauvais garnements*. Faudra-t-il que ceux-là exercent le droit de souveraineté en vertu du principe de l'égalité devant la loi?

Il n'y aura plus d'égalité si l'on admet les uns et si l'on repousse les autres.

Ce n'est pas le droit d'*égalité qui est aboli, méconnu ;* ce principe est sage, il stimule vers les bonnes actions en nous faisant entrevoir une récompense civique dans l'exercice du droit de souveraineté ; il n'est pas refusé aux uns, accordé aux autres ; c'est l'EXERCICE DU DROIT *qui est restreint envers ceux que la raison et la loi présument être incapables.* Que ces derniers le deviennent, soient dignes, il n'y aura pas besoin d'une loi pour rétablir le droit en leur faveur , parce qu'il n'aura pas cessé d'exister. Ce sont les incapables qui auront eux-mêmes franchi la barrière qui les arrêtait.

Le mot égalité est donc aussi mal interprété que celui de peuple. Le bon sens et la raison veulent que tous soient égaux devant la loi. C'est la justice qui le veut aussi : mais ils se réunissent pour vouloir qu'il y ait entre les hommes une différence dans la

possibilité d'agir politiquement, comme il y en a
dans la loi civile, en certains cas déterminés; et,
cela, parce qu'il y a des différences entre eux, sous
les rapports de la capacité morale et intellectuelle.

Qui peut être assez déraisonnable pour désapprou-
ver qu'un homme, quel qu'il soit, à quelque classe
qu'il appartienne, exerce un droit lorsqu'il est capable de le faire : mais qui ne sera pas blessé, au
contraire, dans son sens intime, de voir ce même
droit exercé par quelqu'un qui n'en comprend pas
l'importance et toute la portée. Celui qui est parvenu
à la noblesse, aux honneurs, à la richesse, n'en aura
pas moins de dignité personnelle, de fortune, de noblesse, parce qu'il exerce son droit au même moment, dans le même lieu qu'un autre individu qui ne
serait pas dans l'une ou l'autre de ces positions. Il
n'y a rien en cela qui puisse offenser personne parmi
les nobles, les riches, ceux qui ont des dignités,
parce que tous, sans exception, ont commencé par
être de la foule, du peuple. Le premier qui est devenu noble, est celui qui le premier a montré le plus
de courage, s'est illustré par de plus grandes vertus,
par des exploits qui lui ont mérité une distinction sociale qu'il a pu transmettre à sa famille comme un
grand héritage. Le premier qui est devenu riche,
c'est aussi parce qu'il est sorti de la foule des travailleurs en se distinguant par sa capacité, son intelligence, la grande et bonne direction de ses affaires,
par l'excellence de son travail. Le cultivateur qui s'en-
richit par une exploitation largement conçue ; l'arti-
san qui s'élève par quelque grande idée dans sa
partie, ne seront jamais indignes à mes yeux de

l'exercice du droit de souveraineté, parce qu'ils seront cultivateurs, artisans, pourvu que les uns et les
autres remplissent des conditions prises dans l'instruction et la moralité. Personne ne refuse à l'ouvrier
le droit de devenir manufacturier; à l'un de nous,
de devenir autre chose que ce que nous sommes,
d'exercer des droits, tant que nous serons dignes et
capables de remplir les devoirs qui nous seraient imposés par la position sociale dans laquelle nous voulons entrer.

Si je voulais établir une prépondérance politique
pour une classe de la société, je la demanderais peut-
être en faveur de la bourgeoisie; non par cette raison
qu'elle me paraisse la plus nombreuse aujourd'hui
parmi ceux qui ont des lumières et de l'éducation;
mais, parce qu'étant au moins aussi éclairée que les
autres; que les bonnes mœurs y étant habituellement
pratiquées, non pas exclusivement à toute autre,
elle se trouve par son état moyen, aussi loin de l'orgueil méprisant que manifestent quelquefois la noblesse et la richesse, que de l'envie qui naît du besoin;
ce qui me ferait presque admettre, comme un fait
naturel à sa position, que la modération en toutes
choses peut être plus facilement pratiquée par elle;
c'est la classe qui prend le plus d'extension; qui en a
pris le plus, car les deux extrémités tendent à se
fondre en elle. Le pauvre n'en est pas assez loin pour
désespérer d'y parvenir; elle est naturellement assez
élevée par son éducation et sa moralité, sa richesse,
pour que l'amour propre d'un noble ou d'un riche
même opulent, puisse craindre d'en faire partie. Je
désire que son influence s'étende, sans vouloir de

privilége pour elle, parce que chez elle se trouve davantage, selon moi, l'amour du devoir et de la modération ; qu'elle n'a rien à regretter, et qu'elle est assez heureusement dotée pour n'avoir rien à désirer. Elle est assez riche pour ne pas désirer la richesse ; elle l'est trop pour craindre le besoin. Il faut avouer une chose, c'est que la richesse, la grande opulence font trop souvent naître dans l'esprit de certains hommes, un désir d'indépendance qui les pousse à résister à la loi, que trop souvent ils croient pouvoir braver impunément ; c'est aussi, parce que la hauteur de position de la noblesse, inspire quelquefois ces mêmes sentiments à des personnes, qui en cela comprennent très-mal leurs devoirs ; et, que d'un autre côté, le besoin rend toujours le pauvre incapable de commander, surtout à ses passions, et n'en fait jamais qu'un despote aveugle, s'il n'est pas cruel.

Je voudrais pouvoir concilier les prétentions qui préoccupent ceux qui ont le pouvoir, la richesse, les honneurs, avec la convoitise des pauvres. La chose est vivement à désirer, parce qu'il y aura toujours des nobles, des riches, des honneurs à distribuer, et des hommes qui n'auront ni noblesse, ni richesse, ni dignités, en raison de ce que n'est pas noble qui le veut ; ne devient pas riche celui qui le désire ; n'obtiennent pas des dignités tous ceux qui les envient ; parce qu'il n'y a pas des honneurs pour tous, et que l'égalité en nature, cette chimère du jour, n'existe réellement pas.

Le seul moyen raisonnable d'arriver à concilier les prétentions et les désirs de tous, c'est de donner

à tous le droit de devenir noble, riche, dignitaire
dans l'Etat par l'égalité de tous devant la loi, par
l'admissibilité de tous aux divers emplois publics.
C'est celui qui existe, mais en élevant avec la raison
une barrière qui, sans détruire le droit, fasse cesser
l'antagonisme d'où naissent trop souvent les séditions.
La liberté partout, mais la liberté raisonnable, raisonnée ; celle d'un peuple civilisé, vivant en société,
et non celle d'un sauvage; liberté ayant la loi, la
raison pour piédestal, et non pas l'épée du plus fort,
encore moins l'utopie extravagante.

Que le premier rang soit donc à la raison. Que la
raison domine partout et toujours ; qu'elle distribue
l'exercice des droits aux plus capables, aux plus
vertueux, ce sera justice pour tous. Le pauvre peut
y prétendre aujourd'hui. Personne, aucune classe ne
peut avoir le droit d'en exclure une autre à tout
jamais, les uns parce qu'ils viendraient à convoiter
ce qu'ils n'ont pas; les autres parce qu'ils voudraient
éloigner ceux qu'ils craignent. Que chacun avant tout
cherche donc à se rendre digne de l'exercice du droit
conféré à tous. Pas d'exclusion en droit, mais en fait
seulement, *à cause de l'incapacité.* Que le droit d'exercer le pouvoir, la souveraineté, n'appartienne en droit
à aucune classe spéciale de la société, car s'il s'agit
d'appliquer des peines, cela peut devenir une arme
terrible contre ceux qui voudraient peut-être s'opposer à une domination injuste, qui peut devenir
tyrannie ; car, s'il s'agit au contraire de décerner
des honneurs et des récompenses, cela peut être un
autre moyen de domination par la corruption.

J'avoue que je redoute le plus grand nombre de ce

que l'on appelle le peuple, parce que c'est une four-
naise ardente où toutes les passions ont le plus de
cours ; parce qu'il me paraît contre l'ordre naturel,
contre le bon sens, contre la logique et la raison,
qu'il puisse participer à l'exercice des droits politiques, et surtout directement au gouvernement de la
chose publique, de la manière qu'il doit être pratiqué;
parce qu'il est contre la vérité actuelle, qu'il y ait
chez lui instruction, expérience, moralité, sagesse
suffisantes pour le faire. Je ne refuse pas l'intelligence
à *l'individu isolé ;* je le vois doué de raison et de jugement comme un autre homme ; mais je ne l'accorde
pas à la masse, et que l'on veuille ne pas oublier que
j'entends toujours parler d'elle, parce que, dis-je,
elle est trop passionnée pour être convenablement
intelligente, prudente dans l'exercice du droit, lorsque c'est la raison, la sagesse, la modération qui doivent dominer, qui doivent diriger l'homme dans l'exercice de ce droit.

Il n'est aucun de ceux qui veulent donner la souveraineté au peuple, et le faire intervenir directement dans les affaires du gouvernement; il n'en est
aucun parmi ceux qui veulent l'admettre au droit
d'élection, qui consentît à prendre un homme du
peuple pour lui demander et en recevoir des conseils
sur ses propres affaires; à l'accepter pour juge de ses
différents; à le prendre pour arbitre, directeur de sa
conduite particulière. Bien plus, il n'y a pas un seul,
oui, un seul de tous ceux à qui l'on veut conférer
ce droit de souveraineté, comme celui d'élection,
qui tous les jours, pour ses affaires et ses intérêts personnels les plus minimes, ne vienne consul-

ter à chaque instant l'homme qui passe à leurs yeux
pour être instruit, habile, sage. Et, l'on voudrait que
ces mêmes hommes, qui ne savent ni ne peuvent diriger leurs propres affaires, fussent admis à participer directement à celle d'un Etat, d'une population
toute entière ; seraient même admis à choisir des
mandataires capables, eux qui ne savent pas ce qui
doit être discuté, ordonné; qui, par conséquent, sont
dans l'impossibilité de faire un choix raisonné, raisonnable : et l'on voudrait que ces individus réunis,
qui forment peut-être la majorité de cette classe que
l'on appelle le peuple, exerçassent le droit de souveraineté !

Je le déclare, parce que j'en ai une intime conviction, ceux qui demandent une pareille chose ne peuvent pas être de bonne foi.

Si mon maître doit être un tyran, j'aime mieux la
tyrannie d'un seul que celle de plusieurs ambitieux,
ou de la foule ignorante et passionnée. Si un seul
maître peut devenir un tyran dans un gouvernement
despotique, j'aurai l'espoir que ses passions et ses
caprices seront tenus en respect par l'opinion publique, aujourd'hui si puissante; par l'influence de la
raison du plus grand nombre, qui le jugera plus ou
moins sévèrement, selon ses œuvres; par son intérêt
personnel à passer pour juste, et à se faire dans le
cœur de ses sujets une base inébranlable d'amour,
de respect et de reconnaissance. La tyrannie est du
reste impossible avec un gouvernement constitutionnel. Tandis que si c'est le plus grand nombre qui soit
souverain, qui ait le pouvoir; l'opinion publique, qui
est formée par le souverain lui-même, n'a plus à mes

yeux le mérite de l'impartialité, et perd par conséquent toute influence morale. Qui pourra, du reste,
arrêter le plus grand nombre sur la pente de la tyrannie. Un torrent n'élève pas lui-même une digue au
cours de ses eaux. Sa violence, son impétuosité sont
des choses naturelles, parce qu'elles dépendent en
quelque sorte de la déclivité du terrain sur lequel il
roule : il croit avoir fécondé ses bords, lorsqu'il les a
ravagés. Ainsi des passions de la multitude, en ce qui
touche les intérêts de la société.

On veut confier tous les droits au peuple, tous les
pouvoirs. On veut en faire littéralement un monarque
absolu, un roi démocratique en plusieurs millions de
parcelles. Pourquoi en serait-il ainsi? Sa fortune et
son bonheur seront-ils plus certainement assurés,
parce que des droits politiques seront remis entre les
mains d'une multitude ignorante et passionnée, que
de l'être dans celles d'un seul homme qui se fera un
devoir et un honneur de passer pour juste?

Les mandataires du peuple auront l'honneur des
bonnes actions : qui supportera le blâme des mauvaises? Qu'on en soit bien sûr, dans un gouvernement populaire, il se trouvera toujours des hommes
qui prouveront facilement qu'ils ont été obligés de
céder aux impulsions de la multitude, à qui il importe
fort peu d'être comprise dans une réprobation collective, chacun pouvant dire, en fait, ce n'est pas moi
qui ait fait ceci, qui ait ordonné cela; et qui pourront ajouter, en droit, j'avais donné un conseil contraire.

Cependant le mal sera fait, et le bien deviendra
souvent impossible, quand cela ne serait que par

l'effet de la basse jalousie de ceux qui ne pourront
en avoir l'honneur dans l'opinion publique, ou le
profit particulier que rapporte souvent telle ou telle
action; résultat qui est toujours compté, supputé,
pesé longtemps à l'avance: que l'on se garde bien d'en
douter.

Chose extraordinaire, on dit cependant encore aujourd'hui: le peuple souverain doit gouverner, parce
que c'est dans l'universalité des citoyens que réside
le droit. Le droit réside dans chaque personne, il
est individuel, tandis que la loi *oblige l'universalité*,
par l'effet de l'égalité devant la loi; mais, autre chose
est *l'exercice d'un droit.*

Il y a là, selon moi, une immense erreur à dire
que le droit doit être exercé par l'universalité parce
qu'il réside en elle. Si le droit réside dans la personne
matérielle, son exercice provient de la raison, de
la sagesse, auquel il est attribué; de la justice, de
l'utilité publique de faire une chose plutôt qu'une
autre, dans un but, dans un intérêt déterminé qui
est le bien de tous. C'est contre celui-là seul qu'il n'y
a pas de droit. Le droit réside dans *l'homme moral* et
non pas dans l'homme physique. Sans cela *le droit
serait la force*, ce qui ne peut pas être. Le droit est
un fait moral, une puissance morale qui implique un
autre fait moral, la possibilité d'agir convenablement en conformité du principe de raison, de sagesse, de justice, d'utilité, d'intérêt général. Je le
sais, il y a des droits qui se modifient, parce que l'expérience tend sans cesse à apporter des changements
à certaines choses; mais, la modification a lieu précisément en vertu du droit de la raison, de l'expé-

rience , et lorsque l'utilité de la chose est prouvée. Pour me faire approuver l'exercice général du droit de souveraineté attribué au peuple , que l'on commence par établir les motifs solides de la préférence qu'il peut mériter; jusque-là je ne l'accorderai pas : que l'on prouve surtout qu'il en est digne, qu'il est capable.

La confusion d'idées sur ce point vient , selon moi, d'une autre confusion dans la valeur et l'étendue des deux mots *liberté, égalité.*

De la liberté telle qu'elle est établie dans une société, on veut faire dériver, pour tous en général , *le droit naturel de tout faire* , et l'on tombe dans l'anarchie des idées et des volontés , qui, chacune de leur côté , tendent sinon toujours, du moins trop souvent, à dépasser les bornes du possible , du raisonnable et du juste.

De l'égalité de tous devant la loi , qui *réprime et protége* tout le monde , on veut faire dériver le droit d'*égalité d'action* , afin de participer à tous les actes gouvernementaux ; à la confection de toutes les lois , qui , non-seulement règlent le droit de répression et de protection , mais encore à toutes celles que j'appellerai de création , d'organisation de gouvernement , ainsi qu'à tous les actes d'administration qui sont la conséquence de ces lois. On veut détruire l'inégalité naturelle , qui est un rocher sur lequel la fureur populaire viendra toujours se briser , pour ne faire qu'une seule et même famille d'intelligence au même degré ; de vertus , de capacités pouvant toutes faire individuellement et indistinctement ce que font les autres, c'est-à-dire , on veut avoir l'*égalité du droit d'action* et surtout l'égalité dans son exercice.

La liberté, mais la véritable liberté, peut très-bien se concilier avec les lois d'une société civilisée, car ce n'est pas sans doute la liberté naturelle d'un sauvage que l'on veut établir au milieu de la nôtre.

L'égalité, mais la véritable égalité devant la loi qui protége et réprime d'une manière uniforme, se concilie parfaitement bien avec l'inégalité naturelle, parce que la protection et la répression légales s'appliquent aux délits et aux crimes indistinctement, quelques soient les personnes qui les aient commis ; parce que cette protection et cette répression laissent à chacun son libre arbitre ; que chacun en use selon l'étendue de ses facultés et de son intelligence ; et que, l'inégalité devant la loi ne peut pas donner, à ceux qui ne l'ont pas, l'intelligence nécessaire pour exercer un droit politique comme il doit l'être.

Il faut donc éloigner cette confusion de mots, d'idées et de principes, qui ne peut servir qu'à développer des prétentions exagérées, afin que d'un principe *de liberté*, on ne fasse pas découler le droit *de licence*, *celui de tout dire et tout faire impunément ;* afin que d'un principe d'*égalité de répression et de protection par la loi*, on ne fasse pas découler un principe d'*égalité de droit d'action*, car les conditions morales pour avoir le droit d'agir ne reposent pas sur la même base, la même pensée gouvernementale, sur le même principe que celui de protection ; puisque l'un place le citoyen dans la société comme *soumis à la loi*, *protégé par elle*, *sujet à la répression selon les circonstances ;* et l'autre comme *agent*, pouvant faire les lois qui servent à protéger, punir et gouverner l'universalité.

Il faut aussi éloigner cette autre confusion d'idées
et de mots concernant le mot *peuple*, afin qu'étant
pris dans son véritable sens, celui qu'il a aujourd'hui
dans la bouche même de tous ceux qui le prononcent,
c'est-à-dire, la partie de l'universalité de la population
qui est la moins éclairée, la plus passionnée, on ne
fasse pas dériver à son profit l'exercice du droit
direct de souveraineté, de l'idée juste de ce droit
attribué à ce que j'appelle *la nation*, encore la nation n'agit-elle que par des mandataires auprès d'un
pouvoir souverain; car, le droit à l'exercice de la
souveraineté, c'est l'attribut de l'homme moral, dont
l'intelligence est supérieure; dont la modération et
la sagesse l'emportent sur celles du peuple; parce que
la souveraineté ne peut appartenir ni au nombre ni
à la force matérielle. Nous ne sommes pas des sauvages; nous n'habitons pas une forêt vierge. La société est formée chez nous.

Le peuple peut bien vouloir s'attribuer un droit,
mais ce n'est pas un motif suffisant de faire croire à
la convenance de le lui conserver. Il n'y a de droit
solide que celui de la raison, établi dans une loi, non
imposée, librement débattue entre les parties inté-
ressées; droit accordé, selon les circonstances, à celui
qui en réclame l'usage et l'exercice.

En droit, le peuple politique ne doit pas plus se
composer exclusivement des plus avides et des plus
ambitieux, qu'il ne doit l'être de l'aristocratie de la
naissance, des richesses, des dignités; ni de la classe
moyenne de la naissance, de la fortune et des emplois
publics; ni de la classe de ce que l'on appelle le travailleur. En droit de bon sens, ce sera toujours pour

moi celle de la raison et de l'expérience : qu'on la prenne partout où on la voudra, partout où elle se trouvera. Voilà mon droit politique de liberté, d'égalité, celui que je voudrais voir dominer ; je veux l'accorder au peuple, mais à ce peuple de la raison ; à ce que j'appelle la nation, sage et éclairée, parce que j'en obtiendrai plus de bien général que de toute autre partie de la population.

Si l'on pose en principe que l'universalité doit avoir l'exercice du droit de souveraineté, que l'on ne tende donc pas, comme on le fait tous les jours, à donner un démenti évident à ce principe, en voulant conférer à cette partie de la population, le peuple dont il est toujours question, qui est la moins sage, la moins éclairée, la plus passionnée, le droit de gouverner, sinon l'universalité, du moins la partie de la société dans laquelle évidemment réside tout au moins les lumières et l'expérience, si ce n'est encore la modération et la sagesse, partie au-dessus de laquelle on veut mettre le peuple.

C'est toute cette confusion de mots, d'idées, de droits, qui met la société actuelle sur le bord d'un abîme : elle doit y périr, si ceux qui la composent n'ont pas assez d'énergie pour combattre et détruire l'erreur ; si l'on s'endort dans une fausse sécurité ; à moins que tout ce que l'on appelle l'aristocratie, comme les illustrations dans tous les genres, ne veuillent consentir ensemble à devenir la proie, et à servir de marche-pied à toute la populace enivrée du succès d'un jour.

La liberté sage vivifie tout ce qu'elle touche ; je parle de celle qui est raisonnée. Elle transforme tout ce qui la pratique modérément ; comme elle abâtardit, par une fausse et trompeuse espérance, tout ce qui ne l'emploie que pour la changer en excès. Semblable aux liqueurs fortes, elle enivre comme elles : c'est l'abus qui les rend mortelles comme les poisons les plus actifs. L'ivresse de la liberté, c'est la licence de la démagogie empoisonnant l'esprit public, le peuple, au moyen des mauvais journaux, des mauvais livres ; le paroxisme de cette ivresse, c'est le socialisme, qui est à lui seul l'aveuglement et la perversité réunis, produisant la torpeur de la société par ces liqueurs corrosives de l'erreur, des faux principes et des espérances chimériques, et surtout par cette sotte et stupide idée de régénérer la nature même de l'homme, et d'harmoniser les passions, même les plus brutales.

Il ne faut jamais tromper personne, et l'on trompe le peuple en parlant ainsi. Tromper, ce n'est pas éclairer, c'est séduire, pervertir. On ne le fait pas, on ne peut le faire impunément ; d'abord, parce que l'erreur est détruite tôt ou tard, et que le peuple finit toujours par mépriser ceux qui l'ont sciemment trompé, si même il ne leur fait pas chèrement expier ses propres erreurs et ses crimes ; ensuite, parce que l'homme trompé devient défiant par cela même, et ne croit plus à rien, même à la vérité. Que l'on ne me parle pas de l'imposture politique et sociale de notre temps, de sa solidité ; autant vaudrait que l'on vint me citer sous ce rapport un édifice bâti sur le sable, ou que l'on voudrait construire sur quelques nuages. L'imposture devient toujours un arme terrible contre ceux qui l'ont employée. Je pense que ceux qui s'en servent aujourd'hui , auront un jour cruellement à s'en repentir.

Si le peuple , celui dont je veux parler , est tout le monde selon la démocratie, pourquoi donc sans cesse ne parler que de lui et de son sort malheureux au milieu de la société? Ce n'est donc pas tout le monde, puisque l'on parle de l'égoïsme et de la dureté des riches. Pourquoi réclame-t-on toujours des droits en son nom et en sa faveur , puisque l'on tient tant au sens du mot égalité , tel qu'on l'interprète , pour en faire la base de tout le droit *public d'action*. Si l'on veut maintenir le sens absolu de ce mot, il faut créer auparavant une race spéciale d'hommes qui en rendra l'application possible ; sans cela, on tombera dans l'impuissance et le ridicule.

Si le peuple n'est pas tout le monde, si c'est le peuple passionné et brutal, pourquoi lui confier une partie de l'autorité et de la souveraineté.

Qui doit donc l'emporter en définitive, ou la passion de la multitude, qui est partout et toujours la même ; ou bien le calme , la raison et l'expérience. Un paysan d'Athènes étant las d'entendre donner le nom de juste à Aristide, vota pour qu'il fût condamné à l'ostracisme. C'est ce que fait le peuple pour de plus grandes choses : il se lasse de la liberté sage , pour goûter d'une liqueur plus enivrante. Dans son intérêt personnel , je souhaite ardemment qu'il n'approche pas la coupe de ses lèvres.

Il demande l'égalité et la justice. Qui place-t-on à la tête d'une armée ? Est-ce le riche , le noble ou le plus habile général ? A qui donne-t-on le commandement d'une flotte ? N'est-ce pas au marin dont le

savoir, le courage et l'expérience nautique sont depuis longtemps éprouvés ? Dans toutes les fonctions,
qui prend-on pour diriger les affaires ? Toujours les
plus dignes, les plus capables, et non pas encore une
fois le noble, le riche, le titré, parce qu'ils ont ces
avantages, ces qualités, ces titres N'a-t-on pas vu
des hommes du peuple parvenir à toutes ces fonctions? Les autres généraux, les autres marins, les
autres employés du gouvernement, se plaignent-ils
qu'on a violé en cela le principe de l'égalité, parce
que l'on aura fait un choix semblable? Non, ils ap-
plaudissent, parce que tout le monde a le droit de
devenir maréchal de France, amiral, ambassadeur,
préfet, ou magistrat.

Que chacun soit digne de sa place; la raison et le bon
sens ne repoussent pas la préférence donnée au mérite : bien du contraire, l'une et l'autre se réunissent
à la loi pour l'approuver. Cela est si vrai que l'un des
grands griefs de la démocratie contre tous les gouvernements, c'est de ne l'avoir pas fait, à ce qu'elle dit
du moins. Nous l'avons vu à l'œuvre, et l'on peut
comparer : on la verra peut-être encore un jour; je
ne pense pas qu'elle puisse être plus habile que par
le passé. Dieu nous garde cependant d'une pareille
expérience faite par son intermédiaire.

Il n'est pas possible qu'elle repousse ce principe,
puisqu'elle l'a invoqué, appliqué dans la loi du
jury (1).

N'a-t-elle pas en effet choisi les plus dignes, les
plus capables pour décider dans les affaires criminelles ? N'a-t-elle pas exclu l'ignorance ? N'a-t-elle

(1) *Voir* les art. 1, 2, 3 du décret du 7 août 1848, sur la composition du jury.

pas déclaré qu'il y avait des *indignes*, en disant que
les domestiques et serviteurs à gages ne *peuvent être
jurés* (art. 2). Pourquoi les a-t-on exclus ? Y a-t-il
chez eux méchanceté innée, naturelle ; incapacité,
indignité ? Demain, celui que vous avez déclaré indigne d'être juré, cessant d'être serviteur à gages,
aura recouvré tous ses droits à rendre la justice,
s'il sait lire et écrire en français. Pourquoi a-t-on
admis en principe que tous les ans la liste sera rectifiée, en retranchant les individus qui ne pourraient
être jurés, ceux qui seraient devenus incapables; et,
en ajoutant les citoyens qui auraient acquis les conditions exigées? Pourquoi dans un département qui
peut fournir plus de 1,500 jurés, n'en admet-on cependant que ce nombre, quelque soit d'ailleurs celui
des personnes qui pourraient être admises? On choisit
donc dans la généralité pour prendre les personnes
les plus honnêtes, les plus instruites, les plus morales,
les plus habiles : pourquoi ne choisirait-on pas ailleurs,
et pour d'autres choses en politique? Si l'on choisit
parmi la généralité pour rendre la justice, ceux qui
seront dans certaines catégories, n'est-ce pas parce
que la justice est le premier besoin de toute société,
surtout d'une société civilisée? La loi n'a-t-elle pas pré-
sumé que ces augustes fonctions devaient être remplies
par les plus probes, les plus honnêtes, les plus intelligents, ceux dont la vie et les mœurs sont les plus
exemplaires, puisqu'elle a exclu ignominieusement
ceux qui étaient flétris par la justice, ou par une conduite immorale.

Que loue-t-on dans le magistrat? n'est-ce pas le
savoir, l'intégrité, la modération, le calme raisonné

en toutes choses? N'est-il pas évident que l'on a eu la même idée en ce qui concerne les jurés? Quoi! la justice criminelle n'est qu'une branche dans l'administration et la distribution générale de la justice et de l'application des lois; et l'on choisit, pour y participer, ceux qui sont réputés les plus dignes; on écarte ceux qui, sans être indignes, sont seulement incapables, et l'on voudrait que pour le gouvernement de toute une nation, de toute une population, on appelât indistinctement tout le monde; que tous fussent chargés directement de l'administration des affaires d'un pays, comme la France, par exemple; qu'ils fussent tous admis à l'élection!

Je le répète, ceux qui veulent de pareilles choses, sont entraînés hors des voies de la raison et du bon sens commun le plus ordinaire, par la passion la plus aveugle. Aussi je demanderai de nouveau qui devra-t-on choisir pour le gouvernement de la nation? Qu'ils répondent en mettant la main sur leur conscience, et en ne repoussant pas surtout le principe contenu dans le décret dont je viens de parler. A moins de la plus singulière aberration, ou de la plus mauvaise foi, on ne pourra donner la préférence à la force brutale des passions, sur ceux qui sont réputés sages, modérés, éclairés, habiles.

L'égalité dans *le droit de parvenir*, ne constitue pas l'égalité dans la *possibilité de parvenir*. L'inégalité existe dans le moyen, la faculté morale, individuelle, d'accomplir un devoir, une obligation imposée par la charge à laquelle nous aspirons. L'égalité devant *la loi répressive*, ne peut pas être l'égalité dans *le droit d'exercice et d'action de la souveraineté*. La loi doit pro-

téger et punir d'une manière égale. La loi pénale est
la puissance morale, le pouvoir, l'autorité qui frappe
un coupable : le droit de parvenir est nécessairement
soumis à une condition qui dépend de celui-là même
qui veut se faire jour ; c'est la capacité, l'intelligence.
L'égalité dans le droit d'exercice et d'action de la souveraineté, doit donc aussi dépendre, comme tous
les autres, de celui-là même qui est appelé à l'exercer
lorsqu'il en sera digne et capable. D'un côté, on punit
également les coupables ; d'un autre, on récompense, que dis-je, on choisit les plus capables pour
exercer un droit, tout comme on choisit le bon grain
parmi l'ivraie. Pourquoi ne voudrait on pas que ces
conditions si sages ne soient pas conservées, maintenues, quand il s'agit de la base même de l'ordre
public, des destinées de l'Etat, de la nation, de la
société elle-même, essentiellement intéressée à sa
tranquillité, à son bonheur, à sa prospérité.

Il ne s'attache pas à l'exercice de ce droit, une distinction sociale qui donne à tout jamais celui d'être
maintenu dans cette prééminence. En aucune manière : aujourd'hui on est digne, demain on peut
cesser de l'être ; voilà tout. D'autres ne remplissaient
pas les conditions voulues, ils les remplissent aujour-
d'hui, ils sont admis à l'exercice du droit, voilà tout
encore ; c'est le principe adopté dans le décret dont
je viens de parler.

Ce n'est pas *la loi* qui a créé *la nature* de ceux qui
exercent un droit, ou de ceux qui ne peuvent le faire.
Ce n'est pas elle qui engendre la capacité ici, ou l'incapacité ailleurs. C'est le législateur qui, voyant ce
qui doit être fait de mieux, décide en principe, que

celui-ci remplissant certaines conditions pour exercer le droit de souveraineté, est déclaré apte à le faire ; comme il dit que cet autre ne les remplissant pas, parce que ce droit ne devant appartenir qu'à l'intelligence, à la moralité, à l'instruction, est déclaré incapable, indigne. Ceci a été décidé par lui, sans acception de classes et de personnes.

On dira peut-être, si c'est l'instruction qui donne en partie ce droit, ou du moins qui en procure l'exercice, vous devez instruire le peuple. Je réponds : qu'il reçoive celle que l'on veut lui donner, et dont tous les éléments lui sont prodigués ; il est libre de le faire ou de ne pas le faire. Je suis pauvre, répondra-t-il ; qu'il travaille à s'enrichir honnêtement : aide-toi, le ciel t'aidera, comme il a aidé des milliers d'entre le peuple qui sont parvenus où tous veulent arriver aujourd'hui. Le premier homme n'est pas né riche et instruit : il était faible et pauvre. C'est le travail qui lui a tout donné, richesses, instruction, honneurs, rang social. Que chacun travaille à son tour, et que vingt fois il remette la main à la tâche. Elle est rude, pénible ! — C'est vrai, mais celui qui prétend à la souveraineté ne doit pas se laisser décourager, il en serait indigne. S'il éprouve un pareil sentiment, ou la basse jalousie, qu'il se retire alors, et qu'il ne s'en prenne qu'à lui-même s'il reste dans les derniers rangs de la fortune, de la société. Le droit est pour tous : la loi protège et punit tous également. Allons, la carrière est ouverte ; honneur à ceux qui mériteront les récompenses. Ne pourrait-on pas citer, pour exemples, les noms d'une foule de parvenus : imitez-les, sans les envier. Honneur ! honneur à eux tous ! leur intelligence, leur travail les a tirés d'entre la multitude, faites-en autant.

Lorsque le peuple sera instruit, mais seulement alors, il entrera tout naturellement dans cette catégorie de capables, que la loi elle-même a tracée d'une manière générale, j'oserai dire selon le vœu de la nature et du bon sens. Ce sera le principe, la base, la source naturelle qui alimentera cette classe de capacité, non pas limitée par la loi, mais bien par le fait même de la supériorité naturelle de l'intelligence, de l'instruction, de la moralité, qui donnent la fortune, et placent un homme dans les premiers rangs de la société.

Vos ancêtres à vous y sont entrés, c'est à vous de vous y maintenir ; vous voulez y parvenir, faites ce que d'autres ont fait avant vous. A qui faudra-t-il s'en prendre, si l'un de ceux qui s'y trouvent admis, retombe au rang d'où lui et ceux qui l'ont précédé sont eux-mêmes partis. Cela se voit tous les jours. Ce n'est pas à la loi qui permet à tous d'arriver ; mais à celui-là seul qui ne pourra parvenir à l'échelon qu'il voit au-dessus de lui, ou qui a tout fait pour ne pas s'y maintenir. Il ne faut pas oublier aussi que la montagne ne peut être franchie d'un seul bond.

Liberté donc, égalité aussi pour tout le monde ; mais liberté, égalité sagement comprises, comme je crois le faire. Point d'esclaves, point d'ilotes comme à Sparte : point de leudes, point de vassaux, point de serfs. point de patronage pris dans le sens de la loi romaine, car les clients étaient comme dans une quasi-servitude, et se devaient tout entiers, corps et volonté, à leurs patrons ; mais aussi, point de retraite

sur le Mont Sacré ; point de tribuns du peuple, point
de plébiscites émanant d'une sédition ; point de
Gracchus et de Marius, encore moins de Tibères ou
de Nérons. Des hommes libres partout ; mais aussi
partout et par-dessus tout, avant tout, la raison, le
bon sens, la modération, la loi, la justice qui donnent
et assurent la véritable égalité ; qui la font comprendre ; car sans toutes ces choses, point de sécurité, point de salut. Point d'anarchie, car après elle
vient infailliblement le despotisme ; dans de pareilles
circonstances, il est presque toujours nécessaire, utile
pour rétablir l'ordre. Je ne veux ni de celui de la
richesse, ni de celui des grands noms : j'en laisse les
honneurs et les avantages à ceux qui les possèdent.
Je les trouve heureux d'avoir su acquérir les unes,
puisque cela leur permet de faire le bien, et d'avoir
su mériter les autres. J'honore la noblesse, non pas
celle qui consiste dans un nom pris au hasard ; je
l'honore, dis-je, parce que je la regarde comme la récompense du courage, de la vertu, des grandes actions, mais je ne veux point de priviléges pour elle,
car trop souvent j'y trouve trop de vanité et d'orgueil, sans plus de justice qu'ailleurs. Noblesse oblige
celui qui porte un nom à en être digne et à ne pas
déroger. Les gouvernements républicains modernes
ont cherché à l'abolir, ils ne pourront jamais y parvenir, pas plus que la loi ne pourra donner l'égalité
d'intelligence, de courage ; on ne décrète point que
tel homme fera telle action d'éclat, aura telles ou
telles vertus. L'abolition des titres de noblesse me
paraît d'ailleurs la plus étrange et la plus absurde
des contradictions, en ce que le principe de ces

gouvernements est toujours d'accorder une prééminence sociale à ceux qui font de grandes actions, à ceux qui ont montré de grandes vertus. Un titre donné à un homme ne l'affranchit pas de l'égalité devant la loi, c'est purement et simplement le privilége nominal et honorifique de la vertu, du courage ; c'est la récompense d'un mérite éclatant ; cela relève au contraire ce grand et salutaire principe de l'égalité, en montre toute l'importance.

Je ne veux point du despotisme de l'épée, car il est toujours dur et absolu ; souvent le plus inique de tous ! C'est peut-être parce que venant après l'anarchie, il a des excès à réprimer et l'ordre à rétablir ; mais enfin il procède toujours ainsi.

Hoc volo, sic jubeo ; sit pro ratione voluntas.

Je veux bien moins encore du despotisme de ce que j'appelle le peuple et la pauvreté, parce que la passion les rend aveugles, lorsque l'envie ne les rend pas furieux : parce que le peuple immole tout indistinctement, bons, justes, méchants, petits et grands, riches et pauvres ; qu'il renverse tout, institutions, bonnes et mauvaises, pour procéder trop souvent comme fait le despotisme de l'épée ; mais lui c'est avec la hache du bourreau. L'histoire est là avec son cortége de tous les funèbres souvenirs.

QUI FERA LA LOI, ET COMMENT SERA-T-ELLE FAITE?

Rien n'est plus élémentaire que cet axiome, il faut à chaque nation des institutions qui conviennent à son climat, à ses mœurs, à ses habitudes, à ses goûts. C'est le bon sens commun qui l'a dit avant tous les législateurs.

Il faut aussi à chaque âge, l'instruction, les leçons, les armes, les vêtements qui lui conviennent.

Il faut encore bien plus à chaque classe de la généralité de la population, classification de fait qui est le résultat de la nature même de l'homme, et de l'immense inégalité naturelle qui existe entre tous, l'usage, l'exercice de droits politiques proportionnés au degré d'instruction, de moralité de chacun de ceux qui doivent les exercer. C'est le seul moyen d'arriver, avec la raison, à un usage intelligent de ce droit. Il faut qu'il soit exercé de manière que tous aient la possibilité légale de faire connaître leurs besoins, leurs intérêts, et qu'ils soient ensuite débattus devant des mandataires qui seront choisis par les plus capables. Alors, chacun fera usage de l'exercice de son droit sans inconvénient ; discutera ou fera discuter ses intérêts d'une manière convenable, puisqu'il y aura certitude pour tous d'un examen sérieux et non passionné.

Avant de donner des droits à un individu ; avant de tolérer que quelqu'un s'empare d'un droit quelconque, avant de permettre l'exercice d'un droit, il faut que cette personne soit instruite des devoirs qu'elle aura un jour à remplir. Il faut qu'on lui apprenne à connaître la souveraineté, s'il veut être souverain : ce que l'une est, comment l'autre doit l'exercer ; quels sont les droits et les devoirs de tous ceux qui peuvent y prétendre. Il faut lui apprendre à respecter l'autorité souveraine de la loi et de la justice ; à concourir sagement, honnêtement, à tout ce qui peut servir à édifier le bien public, à le consolider ; et tout ce qui peut assurer la prospérité de tous, par le concours de toutes les volontés éclairées. On aura alors enseigné à tout individu à être véritablement citoyen. S'il se trouve dans la catégorie de ceux à qui la loi fondamentale le permet à raison de sa capacité, de son intelligence, de sa moralité, ce citoyen participera à l'exercice du droit de souveraineté.

Il n'y a pas de loi qui puisse ordonner l'amour et le respect de la loi ; on l'enseigne : ceux qui la font

doivent donner l'exemple de son respect, s'ils veulent
la rendre utile, efficace. Cette première loi, celle de
l'obéissance au pouvoir, à la loi, sans laquelle toutes
les autres ne seront jamais rien, doit, avant tout, être
écrite dans le cœur de tous les citoyens.

Lors donc que les devoirs seront connus, lorsque
cette longue et pénible éducation de toute une population sera faite, on pourra parler à tous de droits à
exercer, mais seulement alors. Agir autrement, ce
serait folie, absurdité, car je ne sache pas que l'on
commence la construction d'un édifice quelconque
ailleurs que par les fondements. Si l'on néglige cette
précaution si vulgaire, l'édifice ne peut avoir aucune
solidité, aucune durée par conséquent.

Aussi, me paraît-il étrange que l'on veuille accorder
l'exercice des droits de souveraineté au peuple, lorsqu'il ne comprend pas ce que c'est que la souveraineté. On ne donne pas à un enfant une arme, quelle
qu'elle soit, sans être certain qu'il ne pourra se blesser, ou d'autres personnes. En matière politique, le
peuple n'est-il pas un enfant dont l'éducation est à
faire. Bien plus, remet-on des armes à tous les
adultes, et ne choisit-on pas ceux à qui l'on veut les
donner, les confier. Pourquoi ne proportionnerait-on
pas aussi l'accession à certains droits, au degré d'intelligence, de moralité, d'instruction de ceux qui
doivent les exercer? Pourquoi ne donnerait-on pas
aussi à une population des institutions conformes à
ses mœurs, à ses goûts, à l'éducation qu'elle a toujours reçue, à laquelle elle s'est attachée? Si on ne le
fait pas, les institutions que l'on voudra établir n'auront aucun appui dans l'esprit et le cœur de la na-

tion, et devront nécessairement s'évanouir comme les rêves d'un malade en délire.

Qu'on ne laisse donc pas l'exercice de droits à ce que l'on appelle le peuple, à celui dont je parle ici. C'est une dérision, s'il n'est pas capable d'en faire usage convenablement ; je dis plus, c'est un danger toujours imminent qui peut renverser, détruire les meilleures institutions, abaisser même une nation en la conduisant à l'anarchie. Ces droits seront inutiles s'il ne les comprend pas, s'il ne conçoit pas leur but, ne connaît pas les devoirs qu'ils lui imposent ; si, par conséquent, il ne peut exercer ceux qu'on lui aura donnés.

Pourquoi des choses inutiles dans un gouvernement, quel qu'il soit ? Pourquoi exposer à la risée du monde entier, un prétendu souverain qui est véritablement incapable d'agir et de participer au gouvernement ? qui ne conçoit pas l'étendue du droit qu'on lui a conféré ; qui peut en faire un si mauvais usage , parce que sa raison peu éclairée encore , le fera hésiter devant les devoirs qu'il doit remplir , et la manière dont il doit le faire ; si sa conscience elle-même , n'est pas pervertie par de mauvais conseils.

N'est-ce pas créer un danger que de confier la souveraineté au peuple, et le faire intervenir directement dans l'administration des affaires de l'État, puisque le droit de la souveraineté directe que l'on aura voulu établir en faveur du peuple , ne résidera pas en réalité en lui , malgré qu'il paraisse l'avoir en apparence ? N'est-il pas très-certain que le véritable souverain de fait est, et sera toujours celui qui gouverne ; et , que le gouverné peut être considéré seu-

lement comme un principe de pouvoir, d'autorité, de
puissance, de souveraineté, donné par celui qui la
possède, mais qui ne peut ou ne sait en faire usage?
Croit-on que l'intervention du peuple produira le bien
que l'on est en droit d'attendre et de demander à tous
ceux qui prétendent à celui de gouverner les autres,
puisque ce droit direct de souveraineté ouvre la porte
à toutes les ambitions qui cherchent à régner au nom
de ce roi démocratique, que l'on réduira, qui se
réduira lui-même, le plus promptement qu'il lui sera
possible, au rôle de roi fainéant. N'est-ce pas ouvrir
une arène dans laquelle on précipite à l'aventure une
partie importante de toute une population, sans savoir auparavant le rôle que le peuple doit et peut y
remplir? N'est-ce pas abaisser tous les obstacles, et lui
préparer l'usurpation des droits les plus légitimes,
que d'employer ce peuple à servir des intérêts personnels, qui peuvent amener l'oppression du reste
de la nation, si même elle peut résister à l'anarchie?

Les mœurs d'un peuple ne se décrètent pas en un
jour, ni dans une séance tumultueuse, où la populace fait triompher l'insurrection, quelquefois même
sans que celle-ci y songe. Les mœurs ne sont que des
habitudes morales ou politiques, particulières ou publiques. Elles font éclore les institutions; celles-ci
servent à régler définitivement dans la société et
entre les hommes, certaines choses qui ne s'étaient
encore présentées que comme des usages. Les lois
et les institutions sont donc l'œuvre du temps. Le
temps, à son tour, modifie tout, même ce qui avait
été considéré comme bon, comme présentant les
plus grands et les plus solides avantages. C'est la loi

inévitable du progrès; mais, de ce progrès sage,
parce qu'il est lent, à un bouleversement subit, il y a
toute la distance de la sagesse et de l'expérience à la
folie. Aussi, lorsque l'on brusque l'établissement
d'une institution, on court grand risque de la rendre
impossible à l'avenir.

. Que l'on me permette un apologue.

Voici un enfant dont l'éducation politique parle-
mentaire était à peine commencée par ses parents,
qui tenaient depuis longtemps à l'aristocratie par la
vie toute entière de leurs ancêtres, leur naissance,
leurs goûts, leurs convictions. Surpris par une tempête, ils viennent d'y périr, ou sont dans l'exil. L'enfant, par suite de cet événement, est tombé dans une
stupeur honteuse, incroyable, pour quiconque con-
naissait son caractère généreux, loyal et courageux.
Un précepteur démocrate surprend cet enfant, lui
signifie qu'il veut l'élever dans ses principes, pour en
faire un républicain et un soldat aguerri. Afin de
calmer ses craintes sur son avenir, il lui promet de
le consulter dans quelque temps : plus tard il lui
signifie que la discussion n'est plus permise, et qu'il
ne faut pas songer à se soustraire à l'autorité de son
nouveau maître, qui lui promet un bonheur et une
prospérité sans bornes.

Dès le premier jour, il le couvre d'un vêtement qui
lui paraît étrange, tant il lui paraît disproportionné
à sa taille ; il lui donne en même temps une armure
complète de nos plus robustes guerriers. Il dit à cet
enfant : tu grandiras avec ce costume, et malgré qu'il
ne soit pas fait pour toi, tu prendras peu à peu l'habitude de le porter. Je t'enseignerai ce que tu dois

faire pour cela, il est certain pour moi que tu finiras
par comprendre combien il est avantageux pour ta
sûreté personnelle. Pour l'encourager, il ajoute et
lui dit : tu es souverain.

Ces mots et ces choses paraissent étranges à une
aussi jeune intelligence, comme l'armure paraît au
jeune guerrier, hors de proportion avec ses membres
débiles.

Dès le premier moment et dès le premier pas, le
jeune soldat, citoyen souverain, embarrassé par ses
vêtements et par son armure, tombe épuisé autant par
la fatigue que par la gêne extrême que lui occasionne
tout ce qui sert à le vêtir, à l'armer. Tout est déjà
sali, mis en lambeaux par suite des quelques pas
qu'on l'a contraint à faire. Le souverain maudit plus
ou moins énergiquement les goûts et les idées de son
précepteur, qui n'a pas eu le bon sens d'attendre
pour le revêtir de ses armes, que ses membres fussent complétement développés, et que son intelligence
fût arrivée à sa maturité pour lui faire exercer sa
souveraineté. Que pourra-t-on faire de cet enfant qui
s'est résigné pendant quelque temps au rôle que l'on
a voulu lui donner à remplir ? Faudra-t-il le contraindre à marcher, s'il ne peut ou veut le faire; mais il
ne le peut pas, et déclare, en outre, qu'il veut quitter
son équipement qui est le plus grave de tous les embarras pour lui.

Le précepteur se montre indigné de l'usage qu'il
prétend faire de sa souveraineté, persiste à vouloir
le contraindre à exercer des droits qu'il conçoit à
peine ; il semble ne pas comprendre à son tour l'observation que lui fait cet enfant qui lui dit : la con-

trainte n'a jamais rien produit de bon ; celui qui la subit la regarde toujours comme une violence, une injustice dont il doit avoir le droit de se débarrasser le plus promptement possible ; ce n'est pas un véritable droit, que celui qui est remis en des mains inhabiles, et à une intelligence qui n'en comprend pas la portée.

Comme cet enfant est le premier juge de ses sentiments et de tout ce qu'il éprouve ; que la raison a repris le dessus après l'impression qu'il a éprouvée au moment où son précepteur s'est violemment emparé de lui ; que lui seul en définitive, en vertu de son libre arbitre, et même du droit de souveraineté qu'on lui a reconnu, sait mieux que qui ce soit ce qui convient le plus à ses goûts ; son premier soin, dis-je, si l'occasion favorable s'en présente, ne sera-t-il pas de se débarrasser de la robe de Déjanire qu'on lui a jeté sur les épaules, et d'éloigner de lui tout ce qui ne lui a donné que des ennuis, et ne lui laisse que des souvenirs pénibles de douleur et de contrariété, lui qui, en définitive, se croit être moins libre qu'il ne l'était auparavant.

On aura beau lui parler de tous les avantages des droits qu'on a voulu lui reconnaître ; de la bonté et de la fine trempe de l'armure dont il a été chargé ; il répond à cela en racontant tout ce qu'il a souffert, et le peu de cas qu'il fait d'un droit de souveraineté qu'il ne comprend pas, et qu'il ne peut concilier avec l'idée qu'il doit se faire de son état d'incapacité, puisqu'on a voulu lui donner un maître, à lui souverain.

Il doit en être ainsi, parce qu'à ses yeux les meilleures choses sont devenues mauvaises ; parce qu'elles

ne seront pas entrées dans son intelligence par la voie
lente, mais bien plus sûre du temps, de la raison et
de l'expérience, résultat d'une éducation-conforme à
ses mœurs, son âge et à ses forces.

S'il veut quitter son armure, s'il ne veut pas faire
usage du droit de souveraineté qu'on lui aura conféré,
malgré les injonctions et les menaces de son précepteur, l'accusera-t-on d'être un ingrat et un révolté,
lui, souverain ?

Quel est le plus absurde et le plus stupide, ou de
celui qui voudra franchir d'un seul bond un immense·
fleuve, large et rapide, dont les bords sont escarpés
et dangereux ; ou de celui qui attend prudemment,
surtout lorsqu'il n'est pas pressé de le faire, qu'il ait
assez de forces physiques pour le traverser à la nage ;
ou assez d'intelligence pour construire une nacelle, et
d'expérience pour la guider dans l'endroit le plus convenable.

Que l'on ne fasse pas de beaux discours à cet enfant pour lui persuader que le droit qu'on lui a reconnu est au-dessus de toute discussion, et qu'il sera
sauvé de cette manière, car il vous dira, lui, la fable de
notre immortel La Fontaine :

> Dans ce récit je prétends faire voir
> D'un certain sot la remontrance vaine.
>
> Un jeune enfant dans l'eau se laissa choir
> En badinant sur les bords de la Seine.
> Le ciel permit qu'un saule se trouva
> Dont le branchage, après Dieu, le sauva.
> S'étant pris, dis-je, aux branches de ce saule,
> Par cet endroit passa un maître d'école ;
> L'enfant lui crie : au secours ! je péris !

Le magister, se tournant à ces cris,
D'un ton fort grave à contre-temps s'avise
De le tancer...............

Le précepteur démocrate ne ressemble-t-il pas à celui de la fable ; n'est-il pas cent fois pire même, car l'un sauve le babouin et l'autre veut le laisser périr en continuant son sermon touchant l'éducation qu'il veut donner à son élève.

Cependant, il faut un gouvernement et des lois à cet élève : quel sera l'un, qui fera les autres?

En droit, je n'admets pas plusieurs *classes de citoyens* dans l'État. Je n'en veux qu'une seule pour établir un gouvernement et faire la loi : celle où je trouverai la raison, l'intelligence, la moralité, l'expérience des affaires; la nation, en un mot, celle dont j'ai parlé.

Elle sera pour moi, partout où je trouverai de la fierté sans jactance, de la hardiesse sans témérité, de la suite dans les principes, de la constance dans l'application des maximes du gouvernement, une profonde connaissance des intérêts du pays et des meilleurs moyens à employer pour les favoriser; partout où il y aura le plus de prévoyance, le plus de travail, de persévérance à attendre le moment favorable, j'y présumerai la plus grande capacité pour faire la loi, car c'est avec de pareils moyens que l'on obtient partout le plus de succès dans tout ce qui concerne les intérêts généraux du pays. Je le ferai ainsi, parce que l'histoire peut dire, qu'un État a toujours dû sa grandeur et sa prospérité à ceux qui peuvent mûrement délibérer, sans avoir intérêt à envahir : l'expérience dit aussi, que la moralité est là, où l'on a intérêt à se

faire gardien des bonnes mœurs, des lois et des tra-
ditions politiques d'un gouvernement, qui doivent se
modifier selon les temps, lorsque les temps et les
mœurs venant à changer font sentir la nécessité de
les modifier : tandis que toutes ces choses sont incon-
nues au peuple, qui, au lieu de la persuasion et de
l'autorité morale de la sagesse et du savoir, veut apporter dans les affaires le poids de l'épée que Brennus
mit dans la balance en traitant de la rançon de
Rome.

Comme aussi, partout où je trouverai la passion irréfléchie, toujours aveugle ; l'intérêt du moment ; des
principes succédant sans cesse à d'autres principes ;
de la témérité, de la présomption, de l'emportement,
de l'ignorance des choses les plus élémentaires de
tout ce qui est gouvernement, l'incapacité même de
remplir le plus beau de tous les droits, celui de
choisir ; droit que l'on ne peut pratiquer sagement, si
le mot lui-même n'est pas compris dans toute son acception, qui implique bien des devoirs avec lui ;
comme aussi partout où je trouverai l'incertitude dans
le présent qui prépare la décadence dans l'avenir ;
l'incapacité, l'inhabileté démontrée, prouvée par les
faits, partout alors on devra dire que ceux-là ne peuvent être ni souverains, ni législateurs.

La nation seule dont j'ai parlé sera souveraine.
Elle seule aussi fera l'élection.

La voici en présence de l'œuvre à faire. Sa souveraineté consistera dans le droit imprescriptible, inaliénable, indestructible, parce que la raison et le bon
sens le proclament ensemble, de se choisir un chef
pour gouverner l'universalité de tous les individus

composant la population du pays. La souveraineté de ce chef procédera de celle de la nation, elle lui sera soumise. Celui à qui sera déféré le pouvoir suprême, sera à toujours et à jamais, lui et ses descendants, l'élu, le chef de l'universalité. Il exercera son pouvoir, sa puissance, sa souveraineté, selon la loi du contrat qui aura été formé entre lui et la nation.

Comme il est évident en fait, qu'il y a aujourd'hui dans notre société plusieurs classes d'individus qui ont des intérêts spéciaux à discuter; qu'il y a aussi deux grands principes en présence l'un de l'autre, représentés par deux mots, l'aristocratie, la démocratie, qui tous deux prétendent plus ou moins ouvertement au pouvoir, à la puissance, à l'autorité; il s'ensuit qu'il doit y avoir garantie pour tous, puisque ni l'un ni l'autre ne peuvent dominer exclusivement; c'est-à-dire, qu'avec le chef de la nation, il y aura deux branches de pouvoir égales en force, en autorité, en puissance, mais issues d'une source différente, qui concourreront également à discuter et à protéger les intérêts de tous en général, tout en cherchant à prendre et à conserver dans l'un et l'autre principe ce qu'il peut y avoir de bien.

Je dirai à la nation, choisis exclusivement les mandataires de la démocratie pour en faire une branche du pouvoir législatif, chargée de veiller spécialement aux intérêts de celle-ci, de les protéger en tout et partout. J'entends ici par intérêts de la démocratie, ceux de l'universalité de la population; par mandataires, les élus pour la démocratie, ceux qui seront capables de discuter sainement : La nation.

Comme dans cette universalité de la société, il y a

en fait différentes classes ; que la fortune, le sort de l'universalité, comme de chacune des classes, ne peuvent être confiés à un seul pouvoir, parce que ceux qui n'ont pas de contrôle tendent toujours au despotisme, il existera, auprès de cette première branche législative, une autre ayant la même autorité, la même puissance, qui sera destinée à lui servir de contrepoids. Elle sera chargée de veiller à ce que le principe aristocratique ne soit pas envahi, effacé, détruit par l'autre. Sans cela, le premier pourrait tomber dans l'arbitraire, puis conduire à l'anarchie.

Le chef de l'État, et les plus sages, les plus habiles, les plus expérimentés parmi la nation concourreront également à sa formation. Le premier par une nomination directe, à son choix, de la moitié de ses membres : ceux que je viens de désigner parmi les membres de la nation, nommeront l'autre moitié par voie d'élection. Tous les membres de cette branche du pouvoir législatif sont nommés, élus pour leur vie. Le nombre en est invariablement limité.

Alors, il y a pour les deux principes une garantie suffisante, parce que les deux branches du pouvoir législatif marchent de front avec une autorité égale ; la démocratie y trouve ses intérêts représentés, puisqu'elle participe exclusivement, au moyen de l'élection, à la formation de l'une des branches ; l'aristocratie aussi, puisque l'autre branche est nommée, moitié par le chef de l'État, moitié par les élus de la nation. Celle-ci est composée dans l'intérêt du principe aristocratique. L'une et l'autre ne peuvent rien séparément. Chacune doit trouver dans la manière dont le pouvoir législatif est composé, dans la durée de l'un, dans l'instabilité de l'autre, des garanties suffisantes pour faire espérer que la prudence et la sagesse finiront par dominer, puisque de nouvelles élections peuvent redresser une faute commise.

Le chef de l'État a le pouvoir exécutif. Il en est chargé spécialement, il le tient de sa qualité seule. Il a le droit de sanctionner, ou de ne pas le faire, les lois votées. Une certaine mesure met des bornes à ce droit, qui pourrait devenir trop absolu, et par cela seul tendre à l'arbitraire. Le chef de l'État veille à ce qu'une classe n'empiète pas sur une autre ; un pouvoir sur celui qui a une origine différente et qui lui sert de contrepoids. Il a le droit et l'autorité suffisante pour mettre un frein à la turbulence et à l'ambition des partis. Les autres branches du pouvoir législatif auront seules celui de réprimer le mépris de la loi, de la part du chef de l'État, si l'on ne peut l'empêcher par l'influence de la raison.

Ces trois branches de pouvoir forment ensemble le pouvoir législatif; elles discutent les intérêts généraux du pays. Le devoir de tous est de concilier tous les intérêts et d'en composer un qui soit général, universel. Noblesse, richesse, bourgeoisie, démocratie, prolétariat, tout doit être représenté pour prendre part à ce grand débat.

Tel serait le système que j'oserais proposer comme loi fondamentale.

Si la fortune du peuple, si le sort d'une nation ne sont pas toujours assurés, ne présentent rien de solide, alors même qu'ils sont confiés à une main sage; croit-on que l'une et l'autre seront plus certaines, lorsque l'on aura dit au peuple, tu es souverain ; fais tes lois toi-même, alors qu'il conserve toujours des passions , sans avoir plus d'habileté.

Si un seul homme se trompe, malgré son intérêt évident d'honorer son règne par de bonnes lois, des institutions sages, de grands travaux utiles au pays ; lois, institutions, travaux dont lui personnellement ne profite pas , ce qui le rend plus apte à voir le mauvais côté des choses, même dans celles qui paraissent' les meilleures au peuple ; qui pourra retenir sur la pente aveugle de l'injustice et du despotisme, ceux qui feront des lois dans leurs propres intérêts ; ceux à qui l'on enseigne aujourd'hui pour premier précepte cette morale indigne d'un souverain , *satisfaction des passions ; obéissance à tous les aiguillons de la chair ;* et, qui peuvent , selon les circonstances, et au nom de ce qu'ils appellent les droits du peuple , provoquer toutes les impulsions révolutionnaires de la multitude intéressée au succès d'une pareille morale.

A-t-on bien sérieusement songé à ce que l'on désirait obtenir, en voulant faire exercer indistinctement le droit politique d'élection par le peuple. Encore mieux , lorsque l'on a voulu lui confier la souveraineté directe , c'est-à-dire l'intervention dans toutes les affaires du gouvernement.

Je ne le pense pas , parce que l'imagination la plus hardie recule devant la possibilité de l'exécution de cette intervention directe du peuple. Cela peut se concevoir pour une petite communauté d'habitants ; encore faudrait-il qu'ils fussent peu nombreux. Mais, dans un grand Etat comme la France, on devrait admettre qu'il y aura autant de forums qu'il y a de

localités importantes ; autant d'orateurs du gouvernement, c'est-à-dire du peuple, qu'il y aura de fo -
rums disséminés sur tout le territoire ; autant de discussions, de votes partiels, de vérifications partielles
pour aboutir à une vérification générale. Comment
ferait-on pour concilier ce qu'ils peuvent avoir d'incertain, d'opposé même quelquefois. Pendant ce
temps, qui exigera des déplacements continuels de
la part du peuple, qui pourra cultiver les champs,
faire le commerce, rendre la justice ; qui sera chargé
de l'administration et de tous les embarras qu'elle présente ? Est-ce le peuple ? Mais, comme il n'y a plus d'esclaves pour cultiver la terre ; plus de patrons comme à
Rome pour nourrir les clients, le peuple, participant
directement aux affaires, perdrait évidemment tout
le temps qu'il emploie à travailler ; et, il en résulterait en définitive, qu'il n'aurait pas de quoi vivre,
mourrait de faim et de misère en s'occupant de la
chose publique. Cela est absurde. Voudra-t-on décider alors que le forum de Paris sera le seul, et que
le reste de la France, du peuple français devra être
obligé d'obéir à tous les ordres émanant de ce foyer
central. Alors, ce n'est plus l'intervention générale,
directe de l'universalité du peuple, mais seulement
celle émanant d'un seul lieu, d'une certaine partie
de la population qui dirigerait tout. Dans ce cas, l'universalité est gouvernée comme auparavant : elle
n'est plus souveraine. Rien n'est changé. Voudra-t-
on confier un mandat à des représentants ou s'en
rapporter à leurs lumières ; les charger d'intervenir
directement dans les affaires du gouvernement de
l'Etat ? Cela n'est pas possible, et le peuple lui-

même le sent si bien qu'il délègue le pouvoir exécutif ;
ou bien, si les représentants du peuple ne doivent que
discuter les lois, le chef de l'Etat administrer comme
par le passé, il faut laisser purement et simplement
les choses comme elles sont aujourd'hui ; et, le peuple, au lieu d'exercer directement une souveraineté
impossible, sera gouverné comme auparavant. On
aura alors moins d'ambitieux à craindre et à satisfaire.

Le peuple, en effet, a la prétention d'être gouvernant
et de vouloir gouverner, et cependant il est certain que
dans ce moment, comme toujours, il est gouverné,
parce qu'il fait partie de la société générale. Toute
société, ou fraction de société, doit être gouvernée
pour être maintenue dans une ligne nécessaire d'o-
béissance. Supposons le peuple souverain, le voilà
faisant des lois propres à maintenir une autorité convenable à celui qui gouverne, tout en protégeant les
droits de ceux qui sont gouvernés.

Comment pourrait-il donc se faire alors, que le
peuple qui est la société, ou fragment de société,
qui serait tout à la fois gouvernant et gouverné,
par conséquent intéressé à maintenir son pouvoir
d'un côté comme gouvernant, puisse cependant se
donner des libertés convenables comme gouverné,
et maintenir l'équilibre entre ces deux personnes
morales. Quand je parle d'équilibre, c'est à tort, il
ne peut y en avoir entre elles, parce que le gouvernant a, ou doit avoir, le droit de faire obéir le gouverné, sans cela il ne peut y avoir subordination.
Mais alors, je ne conçois pas que l'obéissance puisse
être imposée par la souveraineté gouvernante, à elle-

même souveraineté qui est gouvernée. Je comprends
bien la nécessité de l'équilibre entre deux pouvoirs
opposés l'un à l'autre, le législatif et l'exécutif, lorsqu'ils sont séparés et· procèdent d'une origine différente : mais, chez nous, dans ce moment, ces
deux pouvoirs sont confondus dans une même main,
qui est souveraine : ils ont la même origine, et par
conséquent, il ne peut y avoir d'équilibre à établir,
parce que le pouvoir souverain qui a délégué l'un
en conservant l'autre, doit pouvoir forcer le premier
à obéir. C'est une conséquence logique, rigoureuse,
applicable au pouvoir exécutif nommé par le souverain.

 ˙ Dans notre système actuel de gouvernement, la
démocratie est pleinement souveraine, parce qu'elle
a le droit *de faire la loi* par l'intermédiaire de ses représentants ; *parce qu'elle a le pouvoir exécutif en
main, qu'elle délègue ; qu'elle institue les juges et les
différents fonctionnaires de l'État ;* parce que le pouvoir
exécutif *nomme en son nom* les magistrats et les fonctionnaires qu'elle vient d'instituer par la loi qui émane
d'elle, et qu'enfin *elle fait rendre la justice en son nom.*

Il me semble qu'il y a là un grave danger pour tout
le monde ; pour les institutions elles-mêmes, parce
que dans une pareille hypothèse, et en présence des
résultats possibles d'une pareille théorie, on ne peut
guère espérer trouver la sagesse nécessaire, l'impartialité pour que le gouverné n'ait pas à se plaindre
du gouvernant, ce qui ne devrait pas être cependant,
puisque dans le système de la participation directe
du peuple, celui-ci est tout à la fois gouvernant et
gouverné. Mais n'est-il pas à craindre que le gouver-

nant en faisant la loi , lorsqu'il a en même temps la
puissance nécessaire pour la faire exécuter, ne fasse un
abus dangereux des deux pouvoirs réunis en sa main ,
qui selon moi devraient être séparés l'un de l'autre par
leur origine ; et , qu'il ne fasse une loi qui soit ou
trop dure ou trop faible , alors qu'il s'agit de lui ou
d'une partie de lui , selon les circonstances.

Si la loi est faite contre une partie de la généralité
seulement , ce qui peut arriver , ou qu'elle soit pour
l'universalité , n'y a-t-il pas à craindre que les magistrats *nommés par le pouvoir exécutif*, en vertu du
droit qui lui a été délégué , ne paraissent aussi tyran-
niques que le souverain lui-même de qui émane la
loi, et qu'ils ne s'entendent avec le pouvoir exécutif
pour arrêter le cours des iniquités et de l'excessive rigueur de la loi elle-même. La chose est possible : mais
avant, on a vu le peuple souverain, gouvernant, législateur et pouvoir exécutif tout en même temps,
qui se punit, ou une portion de lui-même ; qui se
tyrannise, en faisant appliquer une répression trop
dure, à un fait qu'il a commis : alors, il n'y a ni
sagesse, ni justice.

Si la loi est faible, c'est la même chose, mais en
sens inverse. Le souverain prend alors trop de liberté pour la généralité, ou pour une portion ; il
tombe dans la licence ou la faiblesse, ses magistrats
sont déconsidérés, et sa propre loi le laisse sans force
et sans autorité. Il est alors exposé à la perte de son
pouvoir, de sa souveraineté ; parce que lorsqu'elle
n'est pas appuyée sur la sagesse et la modération, on
est infailliblement entraîné dans l'arbitraire, qui
perd tout le monde , sans sauver personne.

Mais si, dans un moment donné, une partie de la souveraineté, révoltée du despotisme ou de la faiblesse de la loi, ou bien si le pouvoir exécutif, par exemple, s'empare définitivement de l'autorité, il n'y a plus alors souveraineté dans ce tout que l'on appelait encore tout à l'heure le peuple souverain. Il y a empiétement de l'autorité, du pouvoir, de la puissance appartenant à tous : il y a désorganisation de la loi fondamentale. A qui le souverain s'en prendra-t-il de cette usurpation? Est-ce à lui-même, parce qu'il a été ou despotique ou faible, et qu'il n'a pas su conserver sa souveraineté? Est-ce aux magistrats qu'il a institués? ou à la loi nouvelle, en vertu de laquelle le pouvoir législatif, ou l'exécutif, vient de lui être ôté? Qui invoquera-t-il pour lui venir en aide? Qui punira-t-il, si personne ne l'écoute?

Le souverain aura beau dire qu'il y a usurpation de pouvoirs, bouleversement du principe constitutif, que c'est une révolution ; celui qui dans un moment de danger, évident peut-être, se sera emparé du pouvoir pourra lui dire : il est vrai, je n'avais en main que le pouvoir exécutif qui m'avait été confié, délégué ; mais, comme j'étais personnellement, et comme individu, une partie de la souveraineté; que j'ai rattaché à mon opinion la plus grande partie de ceux qui composaient la souveraineté; que j'ai consulté le peuple, je suis devenu souverain à mon tour, en vertu même du droit de chacun, et je vais faire une loi pour arrêter et punir toute espèce de résistance. Le peuple alors se souviendra, mais beaucoup trop tard, de ce conseil de la sagesse et de la prudence, quand on ne sait pas être juste, ou quand on ne veut pas l'être envers tous. on s'expose à être frappé par les armes dont on s'est servi soi-même; qu'aura-t-il à dire à l'application de cette loi du talion.

Cette nouvelle souveraineté devient forcément absolue, parce que tout pouvoir qui parvient en renversant une loi fondamentale, a besoin du despotisme pour se maintenir et pour conserver ce qu'il vient de conquérir. S'il y a résistance contre le nouveau pouvoir, il y a anarchie, il y a donc danger; à moins que le nouveau souverain n'ait la main assez ferme pour contenir et réprimer toutes les oppositions qui pourraient se manifester.

Si l'on n'avait pas réuni dans une seule main les deux sources d'autorité de tout gouvernement, celle qui *fait la loi*, celle qui *la fait exécuter*; si l'on *n'avait pas établi en principe la souveraineté de celui qui fait la loi, et qui cependant, malgré cela, doit obéir à la loi*; si l'on avait eu *deux pouvoirs distincts, l'un et l'autre également indispensables pour la faire, ayant chacun une origine spéciale, pour constituer chacun une autorité différente concourant au même but*, l'un et l'autre auraient veillé chacun de leur côté à opposer une *digue légale* à l'empiétement commis par l'un des pouvoirs, et n'auraient pas à craindre de voir abaisser la souveraineté au point de la laisser sans danger fouler aux pieds, même dans un moment où la société serait évidemment menacée d'un grand péril.

Il faudrait donc que le pouvoir exécutif, comme le pouvoir législatif, eussent chacun une origine spéciale, indépendante l'une de l'autre, constituant un pouvoir spécial, remis entre des mains différentes. Ainsi, il me semble qu'il devrait y avoir :

Le pouvoir législatif, composé de deux fractions, qui émanerait de la nation et du chef de l'Etat, formées l'une et l'autre de la manière que j'ai dit ;

Le pouvoir exécutif, attribué de plein droit au chef élu et à ses descendants. Il serait chargé à ce titre, par conséquent, de faire rendre la justice et d'administrer.

Puis, comme moyen d'action, viendraient les fonctionnaires et les magistrats dans tous les rangs : *institués* par le pouvoir législatif, *nommés* par le pouvoir exécutif. Ils auraient une origine *que la loi* ne peut attaquer, puisque c'est elle qui les a créés, institués ; que le *pouvoir exécutif* ne peut détruire, renverser, parce qu'ils lui seront nécessaires, et qu'il ne sera pas en sa puissance de *faire seul la loi*, qu'il n'en à pas le droit ; magistrats qu'il ne peut renier, puisque c'est lui qui les *a nommés*.

Ainsi, tout est indépendant, mais forme un tout indivisible. Le législateur du pouvoir exécutif, celui-ci du pouvoir législatif. L'action est *instituée* par la loi, *organisée* dans la personne des magistrats, des fonctionnaires, par le pouvoir exécutif ; elle reste indépendante comme les magistrats eux-mêmes, par la nature de leur origine, ainsi que par les devoirs qu'ils ont à remplir dans la société au profit de la loi, qu'ils doivent servir à faire respecter ; au profit du pouvoir exécutif, dont ils doivent chercher à consolider le pouvoir, l'autorité, la puissance, dans l'intérêt de l'ordre général, de la société elle-même.

Je conçois alors l'autorité souveraine de la nation, et la conservation de ce principe, précisément parce qu'elle a su tracer à chacun le rôle qu'il doit remplir

dans l'exercice de la part d'autorité qui doit être attribuée à chacun des pouvoirs, qui n'ont aucun intérêt à empiéter l'un sur l'autre, parce que la nation
apporte tout aussitôt le poids de son autorité souveraine pour rétablir la loi, réprimer l'usurpation, si
elle vient à paraître, ce qui n'est guère vraisem-
blable, puisque les pouvoirs trouvent la sécurité dans
la différence même de leur origine, et dans le contrepoids qu'ils se font l'un à l'autre.

Si le souverain, quel qu'il soit, est tout à la fois
législateur, pouvoir exécutif et pouvoir judiciaire, il
y a exubérance de pouvoir, la tyrannie devient possible. Si le législateur *institue* et *nomme* les juges, et *s'il
fait rendre la justice*, il peut y avoir encore tyrannie.
Si c'est le *pouvoir exécutif* qui ait le droit *d'instituer*
et de *nommer* les juges, et qui *rende* la justice, il peut
y avoir rébellion contre le *législateur*, *contre la souveraineté générale*. Il y aurait tout au moins conflit,
en ce que les juges institués et nommés par le pouvoir
exécutif, dépendant de ce pouvoir, peuvent spécialement favoriser le pouvoir qui les a institués, nommés,
dont ils dépendent.

Ce sont toutes ces choses qu'il faut savoir et pouvoir concilier : elles le seraient en adoptant le système proposé plus haut, système du reste fort connu,
sauf quelques modifications que l'esprit du temps
peut servir à faire admettre ; telles que l'élection par
le chef de l'État, d'une part, et la nation de l'autre,
des membres composant la branche du pouvoir législatif spécialement préposée à la conservation du
principe aristocratique.

QUI SERA SOUVERAIN?

Je l'ai dit, la nation, celle dont j'ai parlé : la nation composée de l'universalité des individus les plus sages, les plus habiles, les plus expérimentés.

Le seul mot de souveraineté énonce l'idée d'une chose si belle, si majestueuse, qu'elle doit éblouir tout ceux qui en rêvent la puissance ; tous ceux qui la contemplent dans la sphère élevée où elle doit toujours être. Quant à moi j'en ai conçu une opinion si grande, que sans réclamer pour elle le droit de tout faire impunément, je l'ai cependant placée dans mon esprit presqu'au-dessus de l'obéissance, et surtout au-dessus de la justice ordinaire du pays ; parce que l'autorité, la puissance de la souveraineté portent

avec elle un caractère de supériorité tellement évidente, suprême, qu'elle doit être, par cela seul, au-
dessus de la flétrissure des lois pénales ordinaires, et
qu'elle ne peut pas être appelée à comparaître devant les juges qu'elle a institués et nommés ; et, qu'il
me semble, que celui qui ordonne au nom de la loi ;
qui a le pouvoir de la faire exécuter après l'avoir
sanctionnée par son approbation, doit être mis par
ce motif au-dessus de cette loi, puisqu'elle émane en
partie de lui-même. Le souverain, cet être réel et moral
supérieur tout à la fois, n'est pas pour moi un simple
citoyen : c'est à mes yeux la personnification de tout
ce qu'il y a de plus grand, de plus élevé dans toute ·
la nation, parce que cela représente la puissance de
chaque individu déposée entre les mains du chef de
l'État ; c'est la vertu avec toute la supériorité et l'influence qu'elle doit avoir, tout le respect qu'elle mérite ; c'est l'expérience, l'habileté concentrées en un
seul homme, un seul être, une seule chose ; c'est le
pouvoir moral dû à l'autorité ; c'est la puissance au-
dessus de laquelle il ne peut y en avoir qu'une seule,
celle de la société ; un seul juge, hors de ce monde,
qui est Dieu ; c'est le rang suprême en un mot, parce
qu'il a été donné aussi par ce qu'il y avait de plus pur,
de plus moral, de plus élevé, de plus grand, parmi
tous ceux qui composent l'universalité qui doit être
régie par ce pouvoir suprême : je ne puis trop relever dans l'opinion de tous, ce que les plus sages, les
plus habiles, les plus expérimentés, auront contribué
à établir, et qui ne doit rencontrer pour juge dans le
monde social, que ceux-là même qui lui ont déféré
le pouvoir, en vertu du droit qu'ils en avaient, et pour

le cas où le souverain aurait manqué à son devoir en dépassant son droit.

Cependant la loi est et doit être la règle qui domine toutes les volontés, toutes les personnes quelconques, et qui les force tous à l'obéissance dans la vie privée d'homme, afin d'atteindre les faits quelconques qui seraient contraires à cette loi. L'obéissance à la loi est nécessaire, et les souverains doivent en donner l'exemple, en observant religieusement celles qui ont été édictées pour le gouvernement général de la société, ou pour la répression des crimes et des délits.

Il me paraît incontestable, et c'est ici un sentiment moral purement et simplement, qu'il ne faut pas que celui qui fait la loi soit jugé, parce qu'il y a danger en ce que son pouvoir moral doit disparaître tout aussitôt, en raison de ce qu'il perd le prestige de la perfection qui doit être l'attribut de toute puissance, de toute autorité, de toute souveraineté. Que dire, si ce législateur jugé vient à être condamné, puni. Cela est pis que le soliveau souverain de la fable; car, pour l'un, le défaut d'autorité venait d'un excès de familiarité de ses sujets; tandis qu'ici, il y aurait mépris. Tout ce qui est mépris entraîne la déconsidération : avec celle-ci, il n'y a plus de pouvoir, d'autorité morale, de puissance, de souveraineté possible; parce que l'opinion du public est tout aussitôt saisie par cette pensée, savoir si l'on doit continuer l'obéissance à une autorité avilie, car jamais elle ne tarde à être méconnue, détruite, renversée.

Ceux qui n'ont pu faire comparaître les pouvoirs passés, les souverainetés déchues devant les tribunaux ordinaires répressifs, ont cherché par mille moyens divers, à les déconsidérer dans l'opinion publique, afin d'attaquer ainsi leur autorité, leur influence morale, pour parvenir à rayer du code de la nation, une souveraineté qu'ils voulaient s'arroger à eux-mêmes en la faisant prendre par le peuple.

Le mépris est encore pire que la calomnie : celle-ci peut s'effacer devant la vertu, devant la vérité reconnues. Le crime reste toujours, ainsi que le souvenir de la faiblesse de celui qui l'a commis, et la flétrissure imprimée.

Aujourd'hui, le peuple qui veut être souverain, est en même temps, comme je l'ai dit plus haut, le législateur et le pouvoir exécutif : il institue les magistrats, les nomme, rend la justice. Il est donc tout à la fois, le pouvoir chargé de faire exécuter la loi qu'il vient d'édicter, et qu'il a pu établir selon ses vues particulières; il est aussi le magistrat qui juge, et le criminel qui est jugé.

Si le peuple est la société elle-même, si c'est le souverain, le législateur, le juge tout à la fois, pourquoi veut-on lui laisser le soin de décider sur les offenses commises contre sa personne et son autorité? Est-il juste, je le demande, que ce soit la personne offensée, celle intéressée à la répression, qui prononce sur la gravité de l'offense, et sur le degré de culpabilité de celui qu'il accuse lui-même? Que dire d'un souverain faisant la loi, nommant les magistrats, qualifiant le crime, édictant la pénalité, jugeant le criminel, prononçant ensuite la peine lui-même par l'organe de ses magistrats et dans son intérêt personnel.

Que penserait-on d'un simple individu qui aurait la prétention d'en faire autant pour ses intérêts particuliers? Ne dirait-on pas que l'exercice du pouvoir souverain, pratiqué de cette manière, est une source intarissable d'injustices, d'abus, d'iniquités scandaleuses ; que c'est le despotisme le plus sauvage, le plus brutal.

Qui pourra songer, en matière politique ou toute autre, à opposer la loi à un souverain, qui a le droit, à l'instant même où l'on veut élever une barrière devant lui, de la détruire, en un seul jour, si la chose lui paraît urgente ? De briser demain la loi qu'il aura faite aujourd'hui ; la législation de plusieurs siècles même ; et qui, peut-être, voudra encore la modifier plus tard selon ses caprices et les circonstances qui peuvent favoriser ses intérêts.

Quelle sera le contrepoids à une autorité aussi extraordinairement étendue que celle dont je viens de parler ? Quelle étonnante et immense sagesse ne lui faudrait-il pas, pour exercer sa souveraineté dans toute la plénitude de son étendue ; car les mots droit et souveraineté impliquent toujours avec eux-mêmes l'obligation, la nécessité d'en faire usage avec intelligence et modération, c'est-à-dire, dans le but de concourir à procurer un bien véritable, même à ceux qui doivent l'exercer.

Mais, se fait-on une juste idée d'un pouvoir souverain, d'une autorité, tout à la fois réelle et morale, qui, n'ayant pas usé de son droit avec intelligence et avec toute la modération et la convenance nécessaires, est tombé dans l'arbitraire, l'injustice, la violence envers un de ses semblables ; comparaissant devant les juges qu'il a institués et nommés, et qui vont lui appliquer la loi qu'il a faite ; punir, réprimer le crime, le délit, la contravention qu'il vient de commettre, s'exposant ainsi à toute la gêne et la honte, que doit éprouver le subordonné, devant celui qui lui est supérieur en autorité.

Voyez un peu par quelles singulières et étonnantes péripéties va passer ce souverain lorsqu'il vient de commettre un crime. On l'arrête et on le met quelquefois au secret le plus rigoureux. L'affaire est instruite, il va être jugé. Avant même d'être reconnu coupable, il a été forcé de déposer sa puissance; que dis-je, on ne s'en est pas même préoccupé. Il comparaît devant les magistrats, qui, dans ce moment, lui rendent une apparence de liberté au milieu de la force armée qui l'accompagne. Ceux qui vont prononcer sur les faits qui lui sont imputés sont souverains comme lui : il en est de même de l'auditoire qui l'entoure et l'écoute. Les témoins, eux-mêmes, le sont aussi. Enfin le débat est terminé. La décision va être rendue par les pairs en souveraineté, et en présence aussi du public souverain. L'accusé, encore souverain, est déclaré coupable du crime dont on l'accusait. Le voilà atteint par sa propre loi, frappé par ses magistrats.

Croit-on d'abord qu'il y ait là véritablement, dans la composition d'un pareil tribunal, dont chacune des fractions est souveraine, toutes les conditions d'impartialité convenables pour que la justice soit bien rendue, surtout et principalement de la part de ceux qui décident sur le fait : j'avoue que pour mon compte, je ne crois nullement à toute l'impartialité que devrait avoir ce juge du fait en pareille circonstance.

Quoiqu'il en soit, il y a tous les ans environ QUATRE CENT SOIXANTE ET UN MILLE CENT SEIZE ACCUSÉS et QUATRE CENT SIX MILLE CINQ CENT VINGT-DEUX SOUVERAINS qui sont ainsi condamnés, soit à mort, au bagne, à la réclusion, à la prison ou à d'autres peines plus ou moins fortes, en descendant depuis celles qui sont afflictives et infamantes, jusqu'à l'amende, par suite de crimes, délits, contraventions (1).

(1) **EXTRAIT**
DES COMPTES OFFICIELS DE LA JUSTICE CRIMINELLE EN FRANCE,
Rendus pendant les années 1847, 1848 et 1849,
PAR LE GARDE DES SCEAUX, MINISTRE DE LA JUSTICE.
ANNÉE 1847.

	NOMBRE des ACCUSÉS.	NOMBRE des CONDAMNÉS.	NATURE des PEINES APPLIQUÉES
Cours d'assises. — Accusés.	8,704	5,842	Peines afflictives
— — Contumax.	462	462	et infamantes.
Tribunaux correctionnels.—Prévenus.	239,921	211,673	Amendes
Tribunaux de simple police.—Prévenus.	303,679	275,343	et prison.
Totaux.	552,766	493,320	
Procès-verbaux impoursuivis.	117,847		
ANNÉE 1848.			
Cours d'assises. — Accusés.	7,852	4,304	Peines afflictives
— — Contumax.	349	349	et infamantes.
Tribunaux correctionnels.—Prévenus.	216,819	189,674	Amendes
Tribunaux de simple police.—Prévenus.	147,452	129,368	et prison.
Totaux.	372,472	323,695	
Procès-verbaux impoursuivis.	103,990		
ANNÉE 1849.			
Cours d'assises. — Accusés.	6,983	4,200	Peines afflictives
— — Contumax.	633	633	et infamantes.
Tribunaux correctionnels.—Prévenus.	216,744	189,722	Amendes
Tribunaux de simple police.—Prévenus.	233,751	207,988	et prison.
Totaux.	458,111	402,552	
Procès-verbaux impoursuivis.	92,818		
Récapitulation.—Accusés et prévenus.			
1847.	552,766	493,320	
1848.	372,472	323,695	
1849.	458,111	402,552	
Totaux.	1,383,349	1,219,567	
Moyenne.	461,116	406,522	

Dans les deux totaux, déjà si effrayants par leur chiffre, qui pourrait paraître exagéré s'il ne résultait pas de documents *authentiques* et *officiels*, il

12

Quelle haute et magnifique idée d'autorité, de
puissance morale, ne doit pas laisser ce souverain

n'est nullement question des poursuites dirigées contre les citoyens qui font
partie de l'armée, et des condamnations prononcées ; nous n'en connaissons
pas la quantité, nous n'avons pu en parler.

Il ne faut pas compter non plus dans ce total de 1,383,349 affaires poursui-
vies, dans lesquelles il y a eu mise en accusation, renvoi en police correc-
tionnelle, ou assignation directe devant le tribunal compétent, 314,655
procès-verbaux qui ont été dressés pendant les trois années 1847, 1848 et
1849, qui sont restés impoursuivis par les motifs suivants :

Ces procès-verbaux concernent des assassinats, des meurtres, des incen-
dies, des empoisonnements, des infanticides, des viols, des attentats à la
pudeur, des vols qualifiés et non qualifiés, et autres délits correctionnels ou
même de simples contraventions.

Ces crimes, délits et contraventions n'ont pas été poursuivis, soit en raison
de ce que les auteurs n'ont pu être connus ; ou parce qu'il n'y avait pas
charge suffisante contre ceux qui ont pu en être soupçonnés dans le premier
moment ; ou encore, parce que les faits considérés comme délits ou contraventions par le procès-verbal, n'avaient pas suffisamment ce caractère, et que les
circonstances constitutives n'en ont pas été établies, ou ne peuvent pas l'être.
Cependant les faits de crime, de délits, de contraventions, ayant ce caractère, ont véritablement existé, et les auteurs restés inconnus, quels qu'ils
soient, sont encore dans la société, sauvegardés, soit parce que le soupçon ne
les atteint pas encore, ou parce que leur innocence est présumée quant à pré-
présent à défaut de charges suffisantes, et la culpabilité non établie. Néanmoins, les auteurs de tous ces crimes et délits, conservent leur droit de souveraineté, et ils l'exerceront pendant tout le temps que ce droit sera conservé
au peuple ; cependant les véritables criminels restés inconnus, agissent comme
s'ils étaient vertueux.

Si l'on doit être effrayé, malheureusement à trop juste raison, du chiffre des
condamnations prononcées dans le court espace de trois années, combien
donc y en aurait-il, si le peuple suivait la morale qui lui est enseignée par
le socialisme. Si ce n'est pas à celui-ci que l'on doit imputer l'état actuel de
la société, manifesté par des chiffres trop authentiques, je ferai cette simple
question : N'est-ce pas l'absence de tout principe religieux qui occasionne un
si effroyable résultat, que l'on est porté à douter de sa réalité ? N'est-ce pas
aussi l'encouragement donné par l'impunité, trop fréquente avec l'institution
du jury, qui a dévié de la mission qui lui avait été donnée dans le principe
de prononcer uniquement sur le fait, et qui trop souvent appelé à voir discuter
et à juger des questions de droit que l'on plaide devant lui, acquitte de véritables coupables, parce que ceux qui composent le jury n'ont ni les connaissances suffisantes pour décider une question de droit, ni la fermeté et l'expérience nécessaires pour se prémunir contre les captations oratoires de l'avocat ;
ce sont ces acquittements qui compromettent la société beaucoup plus qu'on
ne pense, qui reste ainsi désarmée devant le crime et les criminels.

que ses pairs en souveraineté, envoient à l'échafaud, au bagne, dans une maison centrale de déten-
tion, où on lui impose maintenant le silence et le
travail, afin de le corriger, s'il est possible ; ou qu'il
exposait en public au carcan, pendant une heure,
avec un écriteau au-dessus de sa tête, portant en
gros caractères, ses nom et prénoms, et la cause de
sa condamnation ; ou qui sera flétri d'une manière
moins sévère, sans l'intervention de ses collègues
en souveraineté, par les juges qu'il aura institués et
nommés ; que l'on rencontrera peut-être le soir et le
matin, au coin d'une borne, cuvant le vin de la
veille, ou celui du jour.

Ce souverain, ainsi condamné, obéira-t-il à la loi?
il doit le faire ; d'abord parce que la loi le veut , que
c'est la loi : il doit la croire bonne puisque c'est lui
qui l'a faite, et que la loi doit tout dominer, faire
tout fléchir devant elle. Résistera-t-il à son autorité ?
Quoi ! le souverain se révolter contre son œuvre elle-
même ! La trouve-t-il injuste, tyrannique ? Il ne fallait pas la faire. Obéira-t-il ? Un souverain qui a le
pouvoir, l'autorité, la puissance, pleine et entière,

Lorsqu'un gouvernement veut faire une loi, il appelle à son aide des juris-
consultes, et ceux qui, dans la matière à réglementer, sont reconnus pour
avoir le plus d'expérience. Je dirai avec le bon sens le plus commun, lorsque
l'on veut construire un édifice quelconque, on s'adresse à un architecte ou à
des ouvriers qui ont des connaissances spéciales de la chose qui est à faire.
Pour rendre la justice et faire qu'elle soit bien rendue, il faut aussi des
hommes qui aient des connaissances spéciales et l'habitude des affaires judiciaires, civiles et criminelles. Mais en France, avec l'institution actuelle du
jury, on fait décider des questions de droit, et statuer sur des affaires criminelles par des cultivateurs, des artisans, même des gens qui ont reçu de
l'instruction, les uns pour guérir un malade, les autres pour diriger une
entreprise industrielle, etc., etc. Quand prendra-t-on des hommes spéciaux
pour un travail de cette nature et d'une si haute importance ! Il est selon moi
grandement à désirer qu'on le fasse le plus promptement possible.

celle de faire la loi, réduit à obéir ! Mais ce n'est plus
la majesté de la souveraineté ; ou bien, elle se présente
à mes yeux non-seulement souillée, flétrie par le
crime, et par une condamnation, dont la marque
brûlante existe peut-être encore sur son épaule ; mais
elle est encore dégradée par l'obligation dans laquelle
ce souverain se trouve d'être traité comme quelqu'un
indigne de la souveraineté ; dénaturée par la nécessité d'obéir à la loi qu'il a faite pour punir des coupables et prévenir des crimes. Dans tous les cas, je
ne vois point les conditions que doit avoir l'autorité
morale de celui qui commande, qui est législateur,
appelé à gouverner la société, lui que je veux choisir
comme le plus vertueux.

On a pu voir des rois dont les grandes et éminentes
qualités ont été méconnues ; dont les vertus, l'habileté incontestée, ont été dénigrées ; dont le courage,
la prudence, la générosité, le désintéressement ont
été odieusement noircis par les calomnies, défigurés
par l'esprit de parti. On a pu voir la couronne arra-
chée de leur front ; leur trône renversé, brisé. Ils
peuvent être condamnés à vivre et à mourir dans
l'exil, comme d'autres l'ont été, ou le sont encore ;
mais, ni les uns ni les autres n'ont été dégradés par un
crime ; rabaissés jusqu'au-dessous du dernier rang des
hommes par la flétrissure d'une condamnation ignomi-
nieuse : il y en a qui ont porté leur tête sur un échafaud ;
mais, il n'a jamais été infamant pour eux ; il leur a
plutôt servi de piédestal pour monter au ciel. Mais,
le souvenir de la gloire de leurs ancêtres, celle
qu'ils ont acquise eux-mêmes, celle de leurs enfants ;
mais, le souvenir du bien qu'ils ont fait, de la pros-

périté qu'ils ont donnée à leur pays, laisse intacts
dans mon esprit, dans mon cœur, tous les attributs
du pouvoir, de la puissance, de la souveraineté, du
rang suprême ; ils ont été frappés par les hommes,
et non souillés par eux-mêmes, par le vice, par le
crime. Mais, les augustes victimes qui ont suivi ces
martyrs sur cette route de l'immortalité, n'ont rien
perdu de leur grandeur, de leur vertu : elles se sont
retirées des tribunaux des hommes, emportant avec
elles l'admiration, l'attendrissement des spectateurs
pour de si hautes infortunes ; la postérité les venge
noblement de toutes les insultes, de tous les outrages
qu'on leur a prodigués, qu'on leur a fait subir. Ils ont
été tous grands, nobles, généreux, jusque sur l'échafaud, en pardonnant à ceux-là même qui les avaient
condamnés ; ils le sont encore jusque dans l'exil ;
tandis que votre souverain à vous, puni justement,
pour un crime et une culpabilité dont il a été impossible de nier les preuves évidentes ; déclarées telles
par des pairs en souveraineté, souvent intéressés à
diminuer la culpabilité de celui qu'ils ont à juger ; ou
peut-être même à l'augmenter, selon les temps et les
circonstances ; qui, sur une place publique, au milieu
d'une multitude de souverains comme lui, porte sa
tête sur un échafaud, ou qui subissait l'infamie du
carcan, en insultant la multitude de souverains qui
l'entourent, celui-là conservera-t-il à tous ceux-là
même qui sont présents, le prestige qui doit accompagner l'autorité, la puissance souveraine, dont toutes
les parties doivent être en quelque sorte moralement
solidaires les unes des autres ; et, persisterez vous alors
à parler de la majesté du peuple, comme si vous aviez

à citer une assemblée des dieux de l'Olympe, ou un sénat de rois.

Parlez, je vous écoute.

Je suppose que les pairs du souverain qui l'ont jugé, et que les magistrats qu'il a institués et nommés, aient commis une erreur dans la forme, il faut la redresser, parce qu'en matière criminelle, la forme emporte souvent le fond; la loi, la justice, le veulent ainsi : qui le fera avec impartialité ? D'après la loi que le souverain a faite, c'est encore le souverain lui-même (1). L'erreur est rectifiée, je le suppose, et la condamnation est définitive. Eh bien! il arrivera, ou du moins cela peut arriver, et cela se voit tous les jours, que le souverain s'étant réservé, comme pouvoir exécutif, le droit d'anéantir tous les arrêts de la justice, si cela lui convient, même envers les criminels les plus endurcis; il peut arriver, dis-je, qu'il détruira en effet, tous les résultats de la justice rendue en son nom, et le souverain criminel pourra rentrer dans le plein exercice de son droit. Que l'on ne dise pas que cela soit de l'arbitraire, il n'y en a pas ; seulement la loi est ainsi faite aujourd'hui ; il n'y en a pas de la part de celui qui est chargé de la faire exécuter. Non, ce n'est point arbitraire, parce que c'est la loi existante qui le permet. Il est vrai que c'est le souverain lui-même qui s'est réservé, attribué ce pouvoir exorbitant par sa propre loi; et cela, dans une prévoyance facile à concevoir dans certains temps, voulant ainsi pouvoir anéantir tous les effets de la justice rendue. Que l'on dise que cela conduit au désordre,

(1) Décisions des Cours d'Assises déférées à la Cour de cassation, et renvoyées pour le fond à une autre Cour d'Assises, jugeant avec des jurés.

à des choses iniques, au despotisme ; que le souverain, avec une telle loi , un tel pouvoir , peut être assez oublieux de l'intérêt général, jusqu'au point de ruiner l'autorité morale de la loi ; de la justice, de la raison qui veulent que tous les crimes ne restent pas sans répression ; et , qu'ils ne soient effacés que par une juste punition , un grand repentir longtemps éprouvé, manifesté, reconnu comme sincère. Mais, si tout cela conduit au despotisme , par le plus mauvais de tous les moyens, celui du mépris du pouvoir , de l'autorité, de la justice , des magistrats qui en sont les interprètes, les organes ; justice qui est le premier et le plus grand besoin de toute société civilisée , je ne reconnaîtrais plus là les véritables attributs de la souveraineté , parce qu'elle ne doit jamais agir dans un intérêt de parti. Si on le craint, il faut dire alors qu'il y a quelque chose à réviser dans une telle attribution, celle d'annuler des arrêts rendus , et de faire toutes ces choses par l'intervention du même pouvoir.

Quoi ! selon certaines circonstances possibles , la loi sera refaite par celui-là seul qui l'a édictée, parce que demain il pourra en être frappé comme criminel, ou parce qu'il voudra éviter qu'un grand criminel soit frappé par celle qui existe ! Le souverain pourra briser, à son gré, ce qui le gêne aujourd'hui ! Il pourra modifier, anéantir les effets de la justice, qu'il aura contribué à rendre ! Il pourra faire la loi plus dure, plus injuste, plus vexatoire ou plus douce, et tout cela dans son intérêt personnel ! Est-ce juste, raisonnable ?

Les lois devraient avoir un tel caractère de perfection, de sagesse et d'impartialité, qu'il ne de-

vrait pas être possible de les présenter à la société autrement qu'avec le cachet impérissable de la perfection, de la stabilité, en raison même de leur excellence, qui doit être à l'abri, même du soupçon;
tandis que l'on me fait voir aujourd'hui, au contraire, la plus grande infériorité dans tout ce qui
constitue la souveraineté du peuple sur ce point,
telle qu'elle est instituée aujourd'hui; la plus grande
mobilité, dans tout ce qui sert au souverain à manifester sa volonté, sa puissance; dans tout ce qui
constitue essentiellement la base des gouvernements,
c'est-à-dire la loi, la justice, pour ne me laisser voir
que la passion et tous ses écarts possibles.

Comprend-on toute cette anomalie, toute cette
contradiction, tout ce qui résulte de ces faits comme
devant attaquer, ruiner même l'autorité morale de
ce souverain? On aura beau lui ôter le droit d'agir
comme tel, lorsqu'il aura été condamné, flétri par
la justice, mais sa souveraineté aura d'abord été
souillée par le crime; la flétrissure d'une condamnation n'atteint qu'un souverain déjà déchu moralement : tout cela doit détruire, aux yeux de tout homme
raisonnable, ce prestige qui doit s'attacher à l'autorité
souveraine. Quelle haute opinion ne laissent-ils pas,
en effet, de leur moralité, tous ces souverains dont
j'ai parlé, que l'on rencontre souvent dans un état
d'ivresse honteux! Comme il est profondément,
éminemment respectable aux yeux de tous, ce bon
prince que l'on traîne à l'échafaud; que l'on met
quelquefois à une double chaîne dans un bagne, à
cause de l'atrocité évidente et bien reconnue de son
caractère, et la dangereuse imperfection de sa nature;

que l'on plonge dans un cachot, ou qui parfois sort
de l'hôpital pour aller exercer son droit de souveraineté, peut-être après avoir reçu un juste et préalable
salaire; ou même, lorsqu'il n'a pas de pain, se sou-
vient qu'il a du fer, et va attendre au coin d'un bois,
le passant qui devra fournir à ses besoins, en vertu
d'une injonction menaçante, trop souvent mise à
exécution.

Tout cela n'est pas fait selon moi pour donner une
grande idée de l'élévation de son cœur, de son caractère, de son esprit, de sa vertu, de sa moralité,
de sa modération, de sa justice, de son amour du
bien public, de la supériorité d'un souverain.

Si c'est là le souverain auquel on veut confier le
sort de toute une population, vous surtout, démocrates, qui ne lui demanderiez pas le moindre conseil pour vos affaires personnelles, vous êtes libres.
Quant à moi, si je dois subir une pareille souveraineté,
et les effets qu'elle doit nécessairement produire, qu'il
me soit permis de la mettre au rang des chimères les
plus dangereuses que l'on puisse offrir aux hommes et
à une société civilisée ; elle ne convient que pour satisfaire l'ambition de quelques tribuns.

Ceux-ci diront peut-être, si l'on refuse l'exercice
de ce droit à la généralité, à l'universalité, au peuple
surtout, il se révoltera pour saisir ce qui lui aura été
injustement retenu. La révolte ne viendra pas de la
partie de la population qui s'insurgera, mais de ceux
qui auront changé l'ordre de la nature, en voulant
que le plus grand nombre fût soumis à un seul, ou
à quelques-uns seulement. Je réponds à cette assertion, que si l'on vient à limiter la souveraineté du

peuple, c'est parce que voulant vivre en société, la raison et le bon sens en font un devoir impérieux; que l'expérience dit aussi, que ceux à qui l'on veut reconnaître l'exercice de la souveraineté pleine et entière, sont les premiers à la déposer entre des mains habiles, et travaillent souvent avec la même ardeur à apaiser et faire disparaître les suites d'une révolution, qu'ils en ont mis à la faire, paraissant comprendre instinctivement que dans de pareils moments le despotisme d'un grand homme a souvent fait plus de bien que de mal à une nation.

Ce sont des ingrats, diront les démocrates : non, ce sont des hommes de sens et de jugement, qui finissent par voir la vérité et rejeter les utopies. Mais enfin, je suppose que séduit par vos discours, le peuple souverain vienne à se révolter. Contre qui le fera-t-il? Quelle est la portion de la souveraineté, qui aura droit de le faire? Ce sera-t-il le pouvoir exécutif? Il est seul, et dépend de ce souverain; le pouvoir émane de celui-ci. Le peuple souverain ayant la liberté, le droit incontestable de faire la loi, de transmettre le pouvoir exécutif à une autre personne, ou de le confirmer dans les mêmes mains, prend à son gré l'un ou l'autre parti, qui a le droit de s'en plaindre si la majorité a prononcé. Il peut arriver aussi que dans un moment donné, ceux qui veulent s'insurger, croyant leur souveraineté menacée, en danger selon eux, décrètent d'urgence la suspension du pouvoir exécutif, et délèguent ce droit à un autre individu. Dans l'un ou l'autre cas, la révolte est peu à craindre si c'est la majorité, l'universalité qui a prononcé. Le souverain conserve son droit, en dé-

truisant son œuvre première, en suspendant un pouvoir rival émanant de lui; voilà tout pour le moment.

Si ce n'est qu'une portion du peuple souverain,
même de ce que j'appelle la nation souveraine qui se
révolte, contre qui agira-t-elle? contre elle-même;
contre les magistrats institués, nommés par le pouvoir
exécutif, qui le représente dans ce cas, et qui était
chargé spécialement de le faire en son nom. Mais
cette portion insurgée méconnaît son propre pouvoir;
en destituant, changeant ceux qui se seront renfermés
dans leur devoir, en faisant respecter la loi; c'était
leur droit, c'est leur habitude. Un souverain punir un
magistrat dans ce cas ! c'est le plus dangereux et le
plus mauvais de tous les exemples, car on doit toujours récompenser le courage, la vertu, ceux qui
au péril de leur vie quelquefois, font ce qu'ils doivent faire, disent ce qu'ils doivent dire, parce que
c'est leur devoir.

Si l'on veut attribuer le droit de révolte à une
partie du peuple, je réponds avec la loi actuelle en
disant que le peuple souverain se compose de l'universalité des citoyens français; que sa souveraineté
est indivisible; qu'aucune partie du peuple ne peut
exercer la puissance du peuple entier. Prétendra-on,
comme autrefois, qu'il y a oppression contre le corps
social entier, lorsqu'un seul de ses membres se dira
opprimé; et, s'en suivra-t il que l'on soit obligé de se
révolter, même si la majorité est contente de ce qui
a été fait; dira-t-on aussi, que la résistance à l'oppression est la conséquence des droits de l'homme, et que
lorsque les droits du peuple sont violés par le gouvernement, l'insurrection est pour le peuple, et pour

chaque portion du peuple, le plus sacré des droits,
et le plus indispensables des devoirs.

Je ne comprends pas d'abord que la souveraineté
du peuple, se composant, d'après les démocrates, de
l'universalité des citoyens français ; étant indivisible,
à ce point qu'aucune portion du peuple ne peut exercer la puissance du peuple entier, l'on puisse cependant proclamer que, lorsqu'un seul membre de ce
peuple se croira opprimé, il paraisse y avoir nécessairement oppression pour le corps social entier ; et,
que l'insurrection soit pour le peuple, ou ce corps social, et pour chaque portion, le plus saint, le plus sacré des devoirs.

Cela ne peut pas être, par ce motif que le peuple
souverain qui se gouverne directement, ou qui gouverne par ses mandataires ; qui administre la chose
publique en vertu de sa souveraineté, ne doit pas, ne
peut pas avoir le droit sacré de se révolter contre lui-
même. L'hypothèse de la révolte, dans ce cas, est
chose impossible en ce sens, que le souverain atta-
querait et suiciderait son autorité ; tournerait sa puissance, ses armes contre lui-même ; serait son premier, son plus dangereux ennemi, puisqu'il aurait
le droit de se frapper : le peuple souverain, gouvernant et gouverné tout à la fois, se chargerait ainsi de
corriger, par l'insurrection, les fautes qu'il aurait pu
commettre dans l'administration de son propre gouvernement : ou bien mieux encore, son pouvoir, sa
souveraineté étant indivisibles, une partie du peuple,
plus ou moins justement mécontente, aura néanmoins le droit de s'insurger contre le reste de
la population satisfaite du gouvernement, ou con-

tre un homme qui aura sauvé la société menacée.

Mais c'est une aberration monstrueuse ! Le principe de l'insurrection, si détestable en lui-même, ne peut se concevoir qu'autant qu'il y a pour gouverner l'État, la nation, un prince ou un pouvoir quelconque, dont les intérêts spéciaux sont en opposition avec ceux des gouvernés ; et, lorsqu'il fait abus de la force, des lois, de sa puissance, de son autorité, de son droit, contrairement à ses devoirs ; lorsqu'il n'observe pas les règles de la justice et de l'équité contre les uns au profit des autres ; ou, lorsqu'enfin il met la chose publique en péril évident. Dans ce cas, au moins, l'insurrection aurait quelque chose de logique, parce qu'en résultat, il est plus ou moins certain que le monarque a fait abus du pouvoir qui lui avait été confié ; qu'il s'est montré le premier contempteur des lois ; qu'il a étouffé sous un despotisme plus ou moins dur, les plaintes, peut-être fort légitimes, de tous ceux qu'il était appelé à gouverner, et qui invoquaient la justice et les lois du pays

Mais, lorsque le peuple est souverain lui-même, on voudra admettre en principe qu'il pourra s'insurger contre lui, contre sa propre souveraineté, contre ses propres œuvres, contre l'expression de sa propre volonté, contre une partie, ou peut-être contre la majorité immense de la souveraineté, surtout contre ce que j'ai appelé la nation, cette partie de la population qui est la plus saine, la plus intelligente, la moins sujette aux violentes passions. Qui pourra se figurer un homme, un être moral, le peuple, occupé d'une main à remplir le plus sacré des devoirs en s'insurgeant contre lui seul, et par

des motifs qu'il a suscités lui-même dans son cœur ;
puis, pansant de l'autre les blessures qu'il vient de se
faire, et cela parce qu'une partie de son corps trouvera que l'autre a mal fonctionné ; et, que sa pensée,
pouvant se diviser, accusera une portion de cette
pensée, de cette volonté, de l'opprimer, de mal administrer la chose publique.

Mais en fait, en morale, en politique, en bon sens,
cela me paraît une absurdité, une folie. Si l'on admet
toujours le droit à l'insurrection, la souveraineté du
peuple n'est plus indivisible, ou bien elle est complétement dénaturée. C'est la loi du plus violent, du plus
passionné, du plus fort, qui est invoquée et non pas
celle de la raison, au nom du salut de l'État et du
plus grand bien de tous. C'est là, c'est pour cela qu'est
le droit sacré ; c'est là qu'est le devoir le plus saint,
le plus indispensable. Quoi! un souverain qui constitue
le pouvoir gouvernemental ; qui est tout à la fois l'origine, le principe de toute autorité, de toute puissance;
qui commence en tout et partout à se les attribuer; le
peuple enfin, s'insurger contre lui-même, et cela
parce qu'un seul individu se dira opprimé, il faudra
alors que tout le reste de la souveraineté se croie opprimée, ne le fut-elle pas ; qu'elle suive dans la voie
de l'insurrection, celui-là seul qui sera mécontent :
il faudra que l'on fasse un changement, une révolution,
pour un seul individu, puisque ce serait pour tous le
plus sacré des droits, le plus indispensable des devoirs !
Mais si la majorité ne le veut pas, ou si l'universalité vient
à consentir à cette insurrection, contre qui donc alors
s'accomplira ce grand acte, si tout le monde remplit
ce devoir sacré ; qui justifiera cette insurrection ? Le

peuple souverain, que l'on dit si sage, si grand, si majestueux, si recommandable par ses lumières, son expérience, sa justice, sa modération, son amour du bien public, a donc donné lui-même contre lui-même, ou contre une partie de lui-même, des motifs suffisants à une portion de la généralité, souveraine comme lui, de se plaindre de son administration et de chercher à la renverser.

Je prends acte de ce prétendu droit à l'insurrection, parce que c'est le plus terrible et le meilleur argument que l'on puisse présenter contre la souveraineté du peuple, puisque dans le cas d'un gouvernement, même populaire, on inscrit le droit à l'insurrection comme le plus saint et le plus sacré des droits et des devoirs. Si le peuple était sûr de sa sagesse et de son habileté gouvernementale, il se donnerait bien de garde de proclamer un pareil principe, puisqu'il aurait pour résultat de détruire tout l'effet moral qui pourrait s'attacher d'abord à une capacité incontestée, puis à une bonne administration. Ce droit semble au contraire attester l'aveu de l'incapacité du peuple, en ce qui touche l'art de gouverner, aveu d'autant plus précieux qu'il émane de lui-même ; aussi, celui-ci parle-t-il plus haut et plus fort que ne pourraient le faire toutes les raisons et les preuves que l'on peut si facilement en fournir. Ou bien, si l'on veut éviter cette dernière conséquence, pour ne réserver au peuple le droit d'insurrection qu'il revendique, que pour le cas seul où il sera gouverné par un homme ayant le titre de roi, ou tout autre, je le prends en flagrant délit de partialité révoltante, puisque l'on voudrait que l'autorité des méchants ne fut jamais attaquée dans un gouvernement populaire, ou lorsque ce sera lui qui dominera dans les comices, pour ne le proclamer que contre la royauté que l'on veut détruire à tout prix.

Mais enfin, je suppose que l'insurrection se manifeste, qu'elle soit victorieuse, où est la partie vaincue, si tous ont agi? Il ne peut pas y avoir d'insurrection dans ce cas, puisque c'est un mouvement général, universel. Si tous n'ont pas agi, qu'adviendra-t-il de la portion souveraine qui est vaincue, qui à son tour se croira opprimée? Dans ce cas, quelle sera la partie de la population que l'on pourra appeler le peuple? S'insurgera-t-elle? Elle en a le droit incontestable, toujours selon la démocratie. Cessera-t-elle d'être souveraine parce qu'elle vient d'être vaincue? Devra-t-elle rester soumise à celle qui est victorieuse? Sera-t-elle comme prisonnière et privée de la vie civile et politique? Non, sans aucun doute; comme elle fait partie de la totalité du peuple souverain, elle en conserve tous les droits, spécialement celui d'insurrection, et à son tour, à l'instant même où la partie du peuple victorieuse proclame son triomphe, l'insurrection devient pour celle qui se croit opprimée, qui l'est peut-être trop réellement, un devoir sacré, le plus saint et le plus indispensable des devoirs.

L'insurrection le plus saint, le plus indispensable des devoirs! Mais, quels seront ceux parmi les souverains qui viendront préciser le moment où ce devoir devra s'accomplir; jusqu'où il pourra aller; quel sera son but; contre qui l'on devra le remplir; qui dira ce qu'il faut faire; quand il faudra se calmer, s'arrêter; qui pourra, qui aura droit de le faire? Un incendie cède aux

efforts multipliés d'une population qui appelle à son secours tous les moyens en usage pour y parvenir ; mais
lorsqu'il ne trouve personne pour combattre sa violence,
il ne s'arrête que lorsqu'il a tout dévoré : qui donc
apaisera l'insurrection ? Qui sera juge de la légitimité
de ses motifs ? Ce sera donc toujours le souverain lui-
même : mais, si l'autre partie de la souveraineté pense
le contraire et veut résister à ceux-là mêmes qui dési-
reraient s'arrêter, qu'adviendra-t-il entre ces deux
fractions de souveraineté ? Le combat sera-t-il éternel ?
N'y aura-t-il dans ce moment que de l'iniquité sur la
terre et dans toutes les choses d'administration ? Cette
insurrection augmentera-t-elle la souveraineté des
vainqueurs au préjudice des vaincus ? Dans ce cas alors
il s'ensuivra un acharnement incroyable , dont le but
sera d'arriver à la domination. Ce sera donc la force
qui sera souveraine ; c'est alors le despotisme brutal
de la force ou la terreur de l'échafaud; c'est tout au
moins un état d'hostilité déclaré. Est-ce là le résultat
que promet la souveraineté du peuple , et surtout le
détestable principe du droit d'insurrection ?

La raison interviendra et terminera le différent. Je
dis que l'empire de la raison disparaît complétement
dans de pareils moments, et qu'il n'y a que la lassitude des partis qui puisse calmer leur effervescence ;
à moins que le despotisme n'intervienne pour contraindre les volontés les plus rebelles, à courber la
tête devant un glaive nu , toujours prêt à frapper sans
miséricorde , puisqu'il est impossible à la raison de
ramener la vertu dans le cœur des citoyens. Alors, le
peuple souverain obéit à son tour : alors, l'intelligence et tout ce qui constitue la véritable souverai-

13

neté, s'abaisse devant la force, tandis que la force devrait toujours s'abaisser devant l'intelligence. Grande leçon, qui peut apprendre au peuple qui se croit souverain, parce que quelquefois il est le plus fort, qu'il ne l'est pas toujours ; faisant ainsi la triste expérience que ce n'est pas la force qui donne et confère le véritable droit, celui que ne désavouent pas la raison, la sagesse et la vertu.

Le peuple traduit aussi mal le mot de souveraineté, que ceux de liberté et d'égalité. Si la souveraineté a l'origine que nous lui avons donnée dans l'ordre naturel, il y a eu modification du droit pour l'homme lui-même ; du moment qu'il a consenti à vivre en société, et que ses actions ont dû avoir pour but ce que prescrivait la raison pour le plus grand bien de tous. Voilà pourquoi l'*exercice du droit de souveraineté ne doit être confié dans l'état social qu'à ceux qui sont capables de le remplir.* Pour les démocrates, la souveraineté du peuple consiste purement et simplement dans le droit de tout faire, de participer à tout ; pour la société, pour la raison, la souveraineté ne doit et ne peut consister que dans la possibilité de bien faire quelque chose.

Ce droit a été exercé dans un gouvernement étranger, la Pologne ; c'était même un des principes fondamentaux, lorsqu'il s'agissait de l'élection du prince. Elle l'a mis souvent en usage, non pas par l'intervention de ce que j'appelle le peuple, mais par les personnes les plus considérables du pays. La Pologne est aujourd'hui rayée de la carte des nations. Ce serait une grande erreur de croire que la souveraineté qui a été reconnue, déférée aux rois qui ont

régné sur notre pays, l'ait été dans l'origine, et
spécialement sous les deux premières races, par ceux
qui prétendent aujourd'hui à l'exercice de cette souveraineté; elle l'était toujours par la partie la plus
importante, la plus éclairée de la nation, comme sous
les Germains; et encore il y avait comme correctif,
l'obligation de choisir le chef, le roi, parmi les enfants de celui qui venait de mourir ; cela consacrait
une espèce d'hérédité. Malheureusement, lorsqu'il
s'agit de l'usage du droit, de l'exercice de la souveraineté, le peuple ne peut pas répondre comme le fit
Pompée au Censeur qui lui demandait sous quel chef
il avait appris l'art de la guerre : *me duce*, répondit
le fier romain. Je dis au peuple, avant d'exercer la
souveraineté, sois un Pompée, et surtout rends-toi
digne et capable de te commander à toi-même, tu
possèderas alors le plus bel empire du monde. Que
l'on me dise où le peuple a pu apprendre l'art du
gouvernement, alors je lui confierai l'exercice de la
souveraineté, qui consiste pour lui dans le droit de
l'insurrection lorsqu'il ne se croit pas bien gouverné,
tandis que ce droit ne peut être que celui de faire
bien une chose déterminée, puisque la perfection est
l'attribut principal de la souveraineté.

On ne se contente plus de nos jours de proclamer la
souveraineté du peuple; de lui dire que l'insurrection
est un devoir sacré, un article de foi politique fondamental; on veut encore qu'en exerçant le pouvoir suprême,
non plus seulement pour choisir un chef, comme les
plus nobles et les plus illustres parmi les guerriers le
faisaient autrefois chez les Francs; il s'attribue une
extension de droits consistant dans le gouvernement

direct de l'universalité, c'est-à-dire de sa personne
morale, de ses intérêts politiques, lui qui pour ses
moindres intérêts particuliers va tous les jours consulter un plus sage, un plus habile que lui. On lui dit
de plus, que chaque individu du peuple a droit au
fusil; que celui qui a du fer a du pain; que la destruction de ses ennemis doit être accomplie par le feu et
le plomb : on les lui désigne, ainsi que les moyens à
employer pour réussir. .

Il y a donc alors bien véritablement dans la masse
de la population une partie quelconque qui, elle-même,
toute seule, se sépare du reste pour se désigner ses
ennemis; qui, sans aucun doute, ne sont pas compris
dans cette expression *le peuple*; puisqu'on l'excite,
et qu'on le pousse à régner, mais le poignard à
la main, tout en menaçant de l'insurrection si on ne
lui donne pas ce qu'il demande.

Et l'on trouverait extraordinaire après cela, que
les mots liberté, égalité, souveraineté soient aussi
mal interprétés; que l'autorité des lois, de la justice,
des magistrats soit à chaque instant mise en question,
méconnue; lorsqu'on apprend au peuple que la force
est tout, quand il faut se procurer ce dont il peut
avoir besoin, alors que le courage, le travail devraient le fournir en ce qui touche les choses matérielles de la vie ; alors que l'intelligence, la raison,
l'habileté devraient aussi seules l'aider à conquérir
tout ce qui peut lui rendre facile, l'exercice d'un
droit; et, de peur que le peuple n'oublie son droit à
l'insurrection, et toutes les leçons qu'on lui donne,
on les perpétue dans sa mémoire et son cœur, en
élevant des monuments consacrés à la liberté, celle

de l'insurrection sans doute, ainsi qu'au souvenir des révolutions, sur le lieu même où elles ont pris naissance, tandis que je ne vois pas de monuments qui puissent perpétuer dans son cœur et dans son esprit tout ce qui servirait à établir la prééminence de la vertu, de la sagesse, de la modération, de l'habileté dans les affaires.

Un pareil acte est la sanction de cette abominable maxime qui tend à justifier le principe et le droit de l'insurrection qui n'est en définitive que la force qui fait explosion. Mais ce n'est plus là l'empire de la raison, celui de la véritable souveraineté ; c'est dire que le succès rend tout légitime, et que la honte est à celui-là seul qui succombe ; le droit au tribun ambitieux qui triomphe ; l'injustice, la violation de la loi à celui qui est vaincu ; il faut alors s'efforcer d'être, non pas les plus habiles et les plus sages, mais compter ceux qui seront les plus nombreux, les plus forts, ceux qui pourront nous venir en aide : allons, démocrates, soufflez la révolte dans leur cœur et leur esprit, tout ce que vous ferez sera légitime si vous avez le succès pour vous ; n'a-t-on pas consacré vos principes par des monuments.

Insensés! imprudents! folie, déraison, contradiction incroyable, si l'on se plaint jamais de voir l'autorité méconnue, les trônes renversés, les couronnes brisées, les lois foulées aux pieds ! Tout cela importe fort peu à la démocratie, je le sais. Aberration complète de vouloir la paix et la tranquillité avec de pareils préceptes chez un peuple qui se croit souverain ; qui s'est imbu trop rapidement des maximes d'insurrection qu'il sait si bien pratiquer, car il y trouve

le moyen de satisfaire ses passions, sans songer cependant que c'est contre lui-même, contre ses égaux
en souveraineté qu'il va prendre les armes. Qui lui a
donné le droit de le faire? Ce ne sont pas ceux contre
qui il va combattre : s'il y a du mal dans le gouvernement, qu'il s'adresse à celui-ci, mais non pas à la
société. Mais comment choisir, lorsque le peuple est
gouvernant et gouverné tout à la fois? Et l'on est
étonné que l'on dise aujourd'hui que tout le monde a
droit au fusil, que celui qui a du fer a du pain; il me
paraîtrait au contraire bien plus surprenant que cela
ne fût pas.

Sommes-nous donc au milieu d'une horde sauvage? La loi, la justice, la raison, le travail, la propriété, ont-elles toutes cessé d'avoir des droits? La
société, la famille, qui en est le premier anneau,
doivent-elles être englouties à tout jamais? N'y a-t-il
plus rien de sacré dans ces mots et dans ces choses?
Ne sait-on pas combien il faut de temps, de patience, d'habileté à tout gouvernement pour s'é-
tablir au milieu des intérêts froissés de ceux qui ont
succombé; en présence aussi des souvenirs et des
obligations qu'imposent des services à la reconnaissance. Le gouvernement populaire, qui sort le plus
souvent d'une sédition, au lieu d'exciter les passions,
ne devrait-il pas, au contraire, plus que tout autre,
chercher à faire oublier son origine, puisque c'est
celui dans lequel il se commet le plus de fautes;
parce qu'il est celui où il y a le plus de passions, et
par conséquent moins de tranquillité, déjà si difficile
à obtenir dans des temps où le gouvernement a une
origine plus régulière.

Malheureusement, l'insurrection semble avoir pris spécialement racine chez nous, et la France devient la terre classique de ce principe. On y proclame la souveraineté de la force et non celle de la raison. Le tort est deux fois grand. On l'a encore, mais d'une autre manière, parce que l'histoire pourra faire à ce principe d'insurrection, qui n'est que celui de la force, le même reproche que l'on a fait à la féodalité. Ouvrez l'histoire, celle où l'on a été puiser tant de haine contre le régime féodal, que très-certainement je ne veux pas sauver du blâme qu'il peut mériter sous beaucoup de rapports.

Qu'a-t-on dit de ceux qui, lors de l'invasion germaine, ont conquis avec leur épée et celle de leurs compagnons d'armes, ces immenses domaines sur lesquels ils se sont établis? C'est cependant au prix de leur sang et dans mille combats qu'ils l'ont fait : leur vaillance et leur courage n'étaient-ils pas ensuite employés à conserver les terres conquises, sur lesquelles ils voulaient vivre avec ceux qui les avaient aidés dans la conquête, en cultivant et faisant cultiver la terre sur laquelle ils ont établi le système féodal, qui n'était que la continuation des mœurs germaines. Pourquoi tant de cris de vengeance et de fureur se sont-ils élevés contre ce régime social d'administration? C'est parce que d'abord il n'était en lui-même qu'une spoliation, résultat de la force brutale; et, que jamais la justice sévère d'une société bien organisée n'avait présidé à l'administration du domaine conquis; des vassaux qui le cultivaient, et de la petite société qui composait chacune des unités dans le vaste ensemble qui, cependant, était sans lien général.

Ces domaines conquis faisaient à leur tour l'objet
de la convoitise ardente de ceux qui venaient ensuite
avec leur épée et celle de leurs compagnons, arracher violemment ce qui déjà avait été pris à d'autres ravisseurs, qui, de part et d'autre, combattaient avec la même ardeur, les uns pour conserver, les autres pour acquérir.

Dans ce temps, ceux qui avaient une épée, du
courage et des compagnons d'armes, avaient droit à
une propriété : on les traiterait de brigands aujour-
d'hui. Les conquérants disaient cependant qu'ils
avaient un droit : tous pratiquaient ce même droit,
qu'ils croyaient avoir ; la justice, le droit acquis par le
travail, la raison, le besoin de la civilisation qui se fait
toujours sentir, n'étaient rien pour eux ; la force
brutale était tout : on a vécu ainsi dans la barbarie
la plus honteuse. Veut-on recommencer aujourd'hui
en politique et en droit public social, un bouleversement qui a duré plus de cinq siècles ? Si on reproche
cet état à la féodalité, pourquoi ne craindrait-on pas
de mériter dans l'histoire, une place plus large au
blâme que celle qui est donnée à l'époque dont je
rappelle le souvenir ? L'une, du moins, peut avoir
pour elle l'excuse d'un temps où les lumières et la
civilisation avaient fait bien peu de progrès dans la
généralité des habitants, tandis que l'autre au contraire a, pour fuir de pareils excès, tout ce que la civilisation peut offrir de plus parfait : on le dit du moins.

Si l'on veut conserver à chacun le droit au fer et
au fusil ; si celui qui a du fer a du pain, que l'on ne
se plaigne donc pas des vols et des assassinats commis sur les grandes routes, ainsi que de toutes les

déprédations contre lesquelles la loi pénale est presqu'insuffisante.

Si l'on veut conserver le droit à l'insurrection, le
consacrer de nouveau, que l'on excite une autre Jac-
querie, et l'on n'y fait pas faute ; qu'Etienne Marcel,
ce prévôt des marchands de Paris (toujours Paris !),
soit pris pour modèle d'un bon citoyen ; que l'on
préconise, que l'on exalte sa révolte contre le prince
gouvernant l'Etat pendant la captivité de son père ;
que l'assassinat de Robert de Clermont et celui de
Jean de Conflans, commis par lui en présence et
dans la chambre même du dauphin, soit considéré non-seulement comme une chose légitime,
mais encore comme devant faire honneur à toutes
les rébellions ; que son chaperon rouge, couleur
de celui de tous les factieux, soit mis sur la tête des
princes comme une sauvegarde pour tous ceux qui
auront à craindre un pareil sort ; qu'on livre Paris à
un nouveau roi de Navarre ; que l'on vante le courage et le civisme de cet Etienne Marcel, ce grand
citoyen qui, pour éviter la punition de ses crimes,
voulait livrer la ville aux Anglais, et que l'on se donne
bien de garde d'appeler Jean Maillard un fidèle et
courageux Français, tout en maudissant le coup de
hache dont il a frappé un traître.

Si la rébellion, lasse de mugir, tend à s'apaiser
par la sagesse du prince, ne peut-on pas encore
exciter les mutineries des Maillotins. Si ce n'est pas
assez, soyez Bourguignon, et parlez en termes pom-
peux de l'assassinat du duc d'Orléans, commis dans
la rue Barbette, le 23 novembre 1407. Riez, et
tournez en ridicule la douleur de Valentine de Milan,

sa veuve , qui ne put obtenir justice du meurtrier.
Obtenir justice dans un temps de rébellion ! Tout le
monde n'a-t-il pas droit à l'épée et au poignard ?
Obtenir justice dans un pareil temps ! Dérision... On
recevait la justification de l'assassin faite publique-
ment par un docteur en Sorbonne, sans doute parce
qu'il doit être consacré à tout jamais dans notre malheureux pays , qu'il y aura toujours des doctrines
pour excuser les crimes les plus horribles , les actions les plus infâmes , et des hommes sans aucune
espèce de foi , prêts à laver, avec de beaux discours ,
le sang que d'autres auront odieusement répandu.
Lorsque l'assassin se sera justifié , que l'on enivre
encore d'une nouvelle fureur ceux-là que l'on devrait sagement instruire par l'exemple de la soumission au prince et aux lois du pays, les mêmes qui
veulent aujourd'hui faire respecter leur souveraineté;
mais aussi qu'on ne manque pas de leur dire : Vos
maximes porteront infailliblement un jour contre
vous-mêmes , les fruits qu'elles doivent produire partout où elles seront énoncées ; si vous voulez dominer
par le fer, le feu et l'échafaud , vous serez réduits de
la même manière.

Exaltez aussi les violences des Cabochiens ; l'assassinat commis sur le pont de Montereau , car un
crime doit enfanter un autre crime ; le sang doit
appeler du sang , parce qu'une doctrine subversive
produit toujours ces résultats et doit attirer contre
et sur ceux qui la mettent en pratique, le poids
d'une épée ou le glaive de la justice. La justice, dans
un temps de rébellion ! Dérision encore. Que les
bons Français, dans de pareilles orgies politiques, se

gardent bien de rougir de honte et d'indignation,
s'ils apprennent que dans les temps où le peuple
exerce librement sa souveraineté il y a toujours des
massacres ; qu'à cette époque il y en eut d'horribles
dans les prisons de Paris, hélas, trop bien imités
depuis ! Qu'ils se gardent bien de déplorer l'absence
de tout gouvernement ; qu'ils ne courbent pas le
front dans la poussière au souvenir du trop fameux
traité de Troyes du 21 mai 1420, par lequel une
étrangère, placée sur le trône de France auprès d'un
prince, depuis égaré par la démence, avait l'infâme
impudeur de vendre ses faveurs royales ; de promettre la main de sa fille à l'ennemi presque complétement vainqueur du pays qui l'avait reçue, ennemi auquel elle donnait, en outre, la couronne
de son fils Charles, qu'elle laissait qualifier *de soi-
disant dauphin*; qui faisait établir sur les lettres de la
chancellerie, alors qu'elle avait pour *Monsieur le
Roi, encore vivant*, l'occupation du gouvernement et
administration du royaume, ces mots qui seront une
tache éternelle à sa mémoire de reine : *Par le roi,
à la relation du roi d'Angleterre, héritier et régent en
France ;* lui, roi d'Angleterre, que l'on appelait aussi
le très-amé héritier et régent du royaume.

Toutes ces choses se faisaient dans un temps où il
se trouvait des ambitieux qui s'appuyaient alors non pas
sur le principe de la souveraineté du peuple, mais
sur sa force, dont ils pouvaient disposer en flattant
ses passions comme on le fait aujourd'hui.

Que ceux qui regardent la souveraineté du peuple
comme une excellente chose ; qui préconisent le droit
d'insurrection comme étant le plus saint des devoirs,

exaltent aussi la journée du 12 mai 1588, dite des Barricades, dans laquelle les troupes du roi furent forcées par les factieux ; journée dans laquelle, selon la courageuse expression d'un magistrat répondant au valet lui-même, le maître fut chassé par le valet qui s'était emparé de la capitale ; valet que le peuple appelait le roi de Paris. Que l'on justifie, que l'on exalte aussi, tout ce que nous pourrions citer d'exemples de révolte, hélas ! beaucoup trop nombreux, depuis ces temps jusqu'à nos jours. Comment pourrait-il en être autrement, lorsque la Sorbonne rendait cet étrange arrêté par lequel il était dit que : *l'on peut ôter le gouvernement aux princes que l'on ne trouve pas tels qu'ils doivent être, comme l'administration au tuteur qu'on a pour suspect.*

Mais aussi, lorsque le droit à l'insurrection est proclamé comme le plus saint des devoirs ; lorsque l'on dit que celui qui a du fer a du pain ; lorsque l'on avance que tout le monde a droit au fusil ; que l'on se donne bien de garde de blâmer l'assassinat du duc de Guise, ce valet dont je parlais tout à l'heure, devenu trop puissant pour qu'on pût lui donner des juges ; que l'on se donne bien de garde de parler des verroux de la Bastille et de toutes les précautions que le pouvoir légalement établi, prend et doit prendre ; car, celui qui, en vertu même d'un acte de la souveraineté du peuple, duquel il aura reçu le pouvoir, l'autorité, la puissance, la souveraineté, remises en ses mains comme en dépôt si l'on veut, mais qui, à ce titre, est chargé d'assurer la tranquilité publique, de protéger les intérêts généraux du pays ; de se faire le gardien des lois et de la justice, placé en face de quel-

ques factieux ou de quelques ambitieux mécontents ;
celui-là, dis-je, doit avoir pour lui le droit d'employer
les moyens convenables pour arriver au but qu'il
doit se proposer, celui de remplir le mandat qui lui a
a été donné, sauver la chose publique, la société. Il me
paraît évident que pour conserver la paix , il doit
avoir le droit d'user des mêmes moyens que l'on emploie contre lui pour le troubler. A ceux-là qui me
diront que le prince est obligé de respecter les lois ,
je réponds que l'on doit commencer par s'y soumettre, et ne pas s'insurger sans cesse contre elles ; et si
on accuse le prince d'être un tyran, je répondrai qu'il
peut avoir à faire à des traîtres. Les principes qui
tendent à légitimer la révolte, à la faire considérer
comme le plus saint des droits , le plus sacré des devoirs, seront toujours pour moi la plus abominable
des maximes , parce qu'elle doit avoir pour conséquence, puisque la révolte est basée sur la force matérielle, de la faire invoquer toujours afin qu'elle puisse
prévaloir dans un pareil système; mais alors elle doit
donner au pouvoir institué par le peuple lui-même,
consacré depuis des siècles par l'hérédité, le droit de
répression par la force, de résistance à l'insurrection;
comme aussi son résultat sera de légitimer cette résistance , quelque sévère qu'elle puisse être.

Borner, réduire la répression à l'emploi de la seule
force morale de la loi, dans un moment de rébellion,
lorsque la loi est toujours méprisée, impuissante;
alors que d'autres ont recours à la violence et à la
force matérielle : mais il n'y a pas d'égalité dans ce
partage, de parité dans les moyens. Si le peuple souverain a son épée, son fusil, ses pavés, du fer et du

feu pour appuyer ses plaintes, le droit établi, reconnu, ne peut pas, ne doit pas rester exposé sans
défense à tous les coups furieux qu'on voudra lui
porter. Si l'on prétend avoir le droit et la liberté d'attaquer le pouvoir, la société; si l'on proclame que
l'insurrection est un droit pour le peuple, il n'est
pas possible, il ne peut pas être possible qu'il n'y
ait pas droit et liberté de défense pour ceux que l'on
attaque. Egalité pour tous. Un principe ne peut être
légitime pour les uns, et mauvais pour les autres. Si
l'illégalité et la violence sont invoquées, doivent être
justifiées pour les uns, il faut qu'elles soient plausibles
pour tous, lorsque l'attaque aura fait un droit naturel
de la défense, parce qu'en outre il y a dans ce cas une
loi suprême qui domine toutes les autres, *salus socie-
tatis suprema lex esto*. Le peuple qui s'insurge contre le
pouvoir du chef qu'il a élu, en invoquant sa souveraineté, s'insurge contre ce qui est la preuve de cette
souveraineté; il devrait la respecter alors plus qu'il
ne le fait, au lieu de l'avilir.

S'il n'y a pas égalité de droits; si l'insurrection
prétend légitimer toutes ses violences, qu'elle cesse
alors de blâmer les vexations de la féodalité, car les
chefs des bandes armées, souveraines par le droit de
la force, n'ayant devant elles aucune loi fondamentale,
aucune société, point d'Etat, de Nation, de souverain
établi, généralement reconnu par la nation, avaient en
vertu de leur épée, le droit à la conquête du territoire,
et celui de maintenir leur conquête par tous moyens:
alors, en vertu du droit au fer et au feu, on pourra
tout justifier : mais aussi, l'insurrection des communes au moyen âge, prend un tout autre caractère;

mais aussi , s'efface l'horreur du massacre des
Armagnacs renfermés dans les prisons de Paris, commis par les Bourguignons vainqueurs ; alors, on
pourra marcher sans épouvante dans des cours remplies de sang jusqu'à la hauteur de la cheville ; on
pourra entendre avec calme et tranquilité les effroyables paroles d'encouragement données aux assassins,
auxquels on disait : *allons courage, mes enfants, vous
faites bien ;* on pourra dire sans honte pour l'histoire de notre pays, que quatre jours ont à peine suffi
à des milliers d'assassins, pour égorger toutes les
victimes, auxquelles les chefs des révoltés avaient
l'air de promettre les décisions de la justice ordinaire,
afin de contenir la fureur impatiente du peuple, dans
le but d'obtenir une plus forte rançon de leurs prison-
niers ; voulant ainsi faire marchandise de leurs cap-
tifs, qui devaient avoir à leurs yeux le tort immense
et impardonnable, comme à ceux du peuple souverain d'alors, toujours jaloux de son autorité lorsqu'il
s'agit de révolte et de pillage, d'être fidèle à leur
prince, à leur pays ; de préférer le drapeau qui réunissait les soldats du roi à celui d'un prince factieux,
révolté contre le chef de la nation , son plus proche
parent, formant alliance avec l'ennemi du pays.

Que l'on ne blâme pas toutes ces choses, car ce sont
les tristes et lamentables résultats du droit à l'insurrection ; car elles se sont renouvelées du temps de nos
pères, avec des épisodes pathétiques, des dévouements sublimes, tels que celui de cette jeune fille qui
fut martyrisée par un verre de sang ; et cette autre ,
par la souillure des bourreaux de son père. Nous

sommes peut-être destinés à les voir encore un jour,
accompagnées d'atrocités plus détestables s'il est possible. Aujourd'hui ces choses sont à peines blâmées ;
que dis-je, elles sont exaltées, préconisées par tous
ceux qui veulent légitimer le droit à l'insurrection.
Les auteurs qui ont commandé toutes ces abominables
horreurs sont même devenus des héros, des exemples
pour l'humanité, effrayée à bon droit de leur scélé-
ratesse et bien plus encore des causes d'une renommée
peu désirable pour un cœur honnête, et d'une si triste
célébrité. De plus, elles présentent même, dans leur
aspect actuel, tous les symptômes fâcheux d'un progrès moral qui les rend obligatoires comme modèles
pour les uns, indispensables à subir pour les autres : c'est une justice qu'on leur doit et qu'il faut
leur rendre. Ces doctrines, si on n'y met promptement bon ordre ; si un bras de fer ne les efface pas
avec une épée, doivent un jour engloutir dans une
tempête horrible, ou ceux qui les préconisent, ou
ceux qui ont la stupide folie d'en laisser discuter pu-
bliquement, ouvertement et chaque jour, la légalité
et la convenance : peut-être même : les uns et les
autres doivent-ils succomber tous ensemble.

Maintenant, si le peuple doit être souverain, qu'on
le choisisse comme chef de l'État, pour le gouverner et se gouverner lui-même ; si l'insurrection
doit toujours être pour lui le plus sacré des droits, le
plus indispensable des devoirs, qu'il conserve pré-
cieusement cette maxime, et l'inscrive au besoin dans
le temple de la justice et sur la table de ses lois, pour
y avoir recours en cas de besoin, sauf le cas, fort

légitime à mon avis, où le plus fort lui fera sentir à
son tour, qu'il n'y a pas de société possible avec de
pareils préceptes.

Mon choix est tout fait, et je n'aurai jamais
la peine de chercher à justifier la préférence que
quelques-uns donnent au droit d'insurrection. Pour
moi, l'un des plateaux de la balance portant l'ordre établi dans une société civilisée comme la nôtre, qui veut maintenir la paix et la tranquillité,
l'emportera toujours, et sans aucune comparaison
possible, sur l'autre, car je n'y vois que les calamités
qu'entraîne nécessairement l'esprit de rébellion. Mais
aussi, que ceux-là qui la préconisent prennent des
précautions pour se préserver des justes châtiments
que doit leur réserver le pouvoir s'il devient victorieux,
car il ne pourra ni ne devra y faire faute, au moment
du salut de la société, à moins qu'il ne veuille être
renversé, et s'il ne veut pas renoncer au mandat
suprême qui est confié par la nécessité elle-même,
la première, la plus impérieuse de toutes les lois.

14

POURQUOI LA DÉMOCRATIE VEUT-ELLE QUE LE PEUPLE SOIT SOUVERAIN ?

Tous ceux qui parlent de la souveraineté du peuple, et qui la désirent pour lui, avancent hardiment que c'est dans son intérêt, et pour qu'il soit plus heureux ; la souveraineté étant considérée comme le dernier terme de la félicité de l'homme, puisqu'il est né pour commander : c'est aussi, pour que la société elle-même puisse profiter des résultats de cette omnipotence qui sera confiée au peuple.

Le but que l'on se proposerait, serait donc le bonheur du plus grand nombre, de la généralité, de l'universalité ; le progrès de la société, de l'humanité. Le moyen pour y parvenir, serait la souveraineté du peuple tant désirée, tant demandée.

Cette pensée est grande, noble, généreuse. Quel est
en effet l'homme qui ne s'empressera pas d'y applaudir;
qui ne la recevra pas avec reconnaissance, enthousiasme. Les choses devront être ainsi, dans le cas où
l'on reconnaîtra de la sincérité parmi ceux qui l'ont
mise au jour. Quant à moi, je doute beaucoup de ce
sentiment, ou pour mieux dire, je dois déclarer,
parce que c'est mon opinion, ma conviction, que ceux
qui insistent le plus pour obtenir la souveraineté du
peuple, d'abord sont sciemment dans une complète
erreur quant à l'efficacité des moyens proposés pour
parvenir au but qu'ils disent avoir ; ensuite, que
ce moyen est plutôt propre à éloigner ce but qu'à
faire obtenir les résultats proposés, annoncés ; et
enfin, ce qui rend la question non douteuse pour moi,
c'est que cette souveraineté n'est demandée que par
les tribuns de la veille, ceux que j'accuse de vouloir
arriver eux-mêmes à la souveraineté réelle, à la domination du peuple lui-même.

Je le déclare donc, la souveraineté du peuple et son
bonheur ne sont pour eux qu'un moyen de masquer
leur ambition ; je ne crois point à leur philanthropie.
Je vais donner des preuves irrécusables de ce que je
viens d'avancer : elles seront fournies par la démocratie
elle-même, et feront connaître, plus que tout ce que
l'on pourrait dire, quel peut être le degré de confiance
que certains hommes méritent sous ce rapport.

Ceux qui la dirigent aujourd'hui, ont lu l'histoire ;
par conséquent, ils ne peuvent ignorer, que l'on n'a
jamais vu que troubles et séditions, lorsque l'esprit
démocratique prédomine dans un État. Tout le monde
sait par expérience, que ce qui rend dangereuse l'in-

fluence de la démocratie, je dois dire la participation
du peuple aux affaires, c'est cette impétuosité de passion et d'action irréfléchie qui l'emporte au delà des
bornes de la raison; qui montre parfois le peuple capable des plus grandes choses, mais aussi des plus grands
crimes. On peut citer avec orgueil son courage en un
jour de combat, parler de quelques succès; mais
combien ne compterait-on pas de revers plus écla-
tants peut-être que ne furent brillants ses plus beaux
triomphes. Mille exemples pourraient l'attester. Le
danger vient aussi de l'abattement qui les suit, et
qui, dans ces moments, le rend incapable de faire le
moindre effort réfléchi pour résister à la tempête,
précisément parce que son initiative est plutôt le résultat de l'impulsion passionnée que celle de la raison. Il transforme alors son enthousiasme en soumission, souvent parce que les résultats honteux,
humiliants, devant frapper collectivement toute la
nation, ne touchent personne individuellement, et
par conséquent moins ceux-là même, qui souvent
ont été la cause première de tous les malheurs.

L'expérience l'a prouvé mille fois : rien n'est réflexion chez le peuple, tout est entraînement; aussi,
est-on d'accord qu'il est tout aussi incapable de se
modérer dans la victoire, que de s'arrêter dans la
retraite.

Tout le monde dira du peuple que c'est un instrument de gloire, de conquête, de travail; mais si l'on
veut bien y réfléchir, tous ceux qui s'expriment ainsi,
commettent une étrange erreur. Oui, à mes yeux,
pour ne pas dire autre chose, c'en est une que de
dire qu'il *est seul* un instrument de gloire, de con-

quête, de travail. Est-ce que le peuple marche seul sous les drapeaux de la France ? Etait-il seul à Bouvines, à Fontenoy; dans les champs d'Italie, d'Austerlitz, d'Iéna, de Friedland, de Moscou, sous les murs mêmes de Paris ? L'élite de la nation n'était-elle pas avec lui dans les rangs de l'armée? Paraît-il seul lorsqu'il y du péril ? Ne citerait-on aucun nom célèbre parmi les combattants durant le cours de notre histoire ? Si quelqu'un en doute, que l'on compte les morts illustres qui sont restés à Crécy, Poitiers, Azincourt? Est-il seul occupé dans les ateliers, dans les comptoirs? L'industrie, cet autre champ de bataille, n'est-il couvert que par des hommes du peuple? Le sort l'appelle-t-il seul sous les drapeaux? Pourquoi donc lui attribuer tout l'honneur de la gloire, des conquêtes, du travail, comme aussi leurs périls et leurs fatigues; il les partage avec toutes les âmes généreuses, et se trouve au niveau de tous ceux qui y participent... rien autre chose.

Ne serait-il pas plutôt vrai de dire, que rarement il est un instrument de paix et de tranquillité publiques : que la révolte lui est familière; qu'avec lui les révolutions se font quelquefois dans un tour de main ; qu'il passe avec autant de fol entraînement sur le ventre de la société et des institutions les plus solides, celles qui ont été consacrées par une longue et heureuse expérience, que les bataillons français en un jour de combat passent avec ardeur sur celui de l'ennemi. Tout le monde ne sait-il pas aussi que les révolutions qu'il fait, que les institutions qu'il établit dans un moment d'ivresse de succès, n'étant jamais fondées sur les mœurs générales de la population, du pays, s'établis-

sant en quelque sorte sur des rêveries qu'il prend
pour des réalités, durent fort peu, et s'éteignent plus
ou moins promptement, comme les passions de ceux
qui ont aidé les meneurs à les faire établir. Est-il
désabusé, on le voit alors souvent travailler avec le
même empressement à comprimer la révolte et l'apaiser, qu'il avait mis de passion à la fomenter ; voilà
pourquoi ceux qui veulent le remuer, cherchent toujours à profiter de l'élan impétueux dans lequel on le
jette avec des mots, des sophismes, des vérités prétendues irréfragables, afin d'arriver aussi à un but,
parvenir à la réalisation d'utopies que réprouvent tout
à la fois la morale, le bon sens, l'intérêt public, celui
de la société, de l'humanité.

Pour certaines personnes, la souveraineté du
peuple, ce n'est que la suprématie de ceux qui la
préconisent : quand je dis ici la souveraineté, je veux
et dois parler seulement de l'exercice de quelques
droits politiques, car on ne lui laisse pas en réalité la
souveraineté de lui-même, puisqu'il est toujours gouverné. De grâce, qu'on le laisse au village ou dans les
ateliers ; qu'on ne le détourne pas de ce qu'il entend
le mieux, pour faire appliquer son intelligence à des
choses qu'il n'a pas apprises, et la mêler à ce qu'il
entend le moins bien.

J'entends d'ici les démentis dédaigneux que l'on
me jette, et l'on me met surtout au défi de prouver
les accusations que je porte contre ceux qui excitent
le peuple.

Je m'adresse à eux, et je leur dis : écoutez ce qui
va suivre.

Avant, je leur fais à tous cette question : Croyez-

vous que le peuple ait l'intelligence nécessaire pour
exercer convenablement le droit d'élection, celui de
tous qui implique le plus de raisonnement, de discernement, puisqu'il s'agit de choisir entre plusieurs
personnes ou plusieurs choses celle qui paraîtra la
meilleure, la plus sage, la plus pratique des affaires?
Croyez-vous qu'il ait assez de liberté dans l'esprit,
d'indépendance dans le caractère, de modération, de
sang-froid, pour se gouverner lui-même, être souverain, et remplir convenablement tous les devoirs
qu'une pareille position lui impose, comme à tous ceux
qui sont chargés de gouverner les hommes et une
société.

Répondez, je vous en adjure.

Quant à moi, sans attendre ce que l'on pourrait
dire, je vais prouver, avec l'école socialiste toute
entière, ce que j'ai avancé; puis, j'attendrai ensuite
un nouveau démenti.

N'a-t-elle pas dit, non pas seulement en parlant de
ce peuple dont il est ici question, auquel je ne veux
pas exclusivement appliquer ce qui va suivre, mais
de la société elle-même, de l'humanité en général :

On n'aperçoit partout que misères, vices et crimes
de toute nature. *L'ignorance du peuple* est un gouffre
dans lequel s'engloutissent et disparaissent les vérités les plus simples et les plus palpables, obscurcies
qu'elles sont par les intérêts des riches et des puissants de la terre; dominées aussi par la superstition,
les préjugés, les passions de toute nature, qui cachent
aux yeux des hommes du peuple, la route qui a été
indiquée par le créateur lui-même, et sa véritable
destinée sur cette terre. Aux yeux de l'école, il n'y

a pas de souillure, physique et morale, dont tous les
hommes ne soient couverts, les uns à cause de leur
convoitise, de leur ambition des honneurs et des richesses, de leur désir de les acquérir ou de les conserver pour eux ; tous à raison de l'imperfection de
leur nature, et de la mauvaise direction donnée à
leurs facultés; du mauvais emploi que la société a su
en faire jusqu'à ce jour, qui n'est pas et ne peut pas
être celui indiqué par le créateur lui-même ; les autres,
parce qu'ils sont abrutis par l'ignorance et le malheur. Il n'y a pas d'immondices moraux, de passions
basses, honteuses, sordides, qui ne soient accumu-
lées dans l'âme et l'esprit des hommes par l'éducation qu'on leur donne, ou plutôt parce qu'on ne la
donne pas suffisante aux uns, qu'on la refuse à d'autres : elle accuse les uns d'agir de manière à se conserver tous les biens ; à se réserver toutes les jouissances de la vie, toutes les faveurs; de se refuser à
en rendre les autres dignes par le bienfait de l'éducation, et même de leur permettre d'en espérer la
jouissance, qu'on fait entrevoir au peuple en agitant
dans son cœur toutes les mauvaises passions : ces derniers sont ceux que l'on a réduits à supporter toutes
les peines, tous les durs labeurs du jour, toutes les
douleurs qui les rendent incapables d'exercer les facultés naturelles qui leur ont été départies comme
aux autres hommes.

Voilà ce que l'on a dit de la société, de l'humanité.
Que chacun interroge ses souvenirs, et que l'on dise
en outre, si la plus grande partie de l'accusation, des
reproches, ne s'adresse pas à ceux-là même qui ont
reçu le plus d'éducation. Que serait-ce donc si l'on

eût voulu parler du peuple, et quel tableau aurait-on
tracé? Si tous les crimes, toutes les passions se trouvent accumulés dans le cœur et l'esprit de ceux qui
devraient en être le plus éloignés par leur éducation,
combien de passions, de crimes ne devront-ils pas
être réunis ou prêts à éclore chez tous ceux qui n'en
ont jamais reçu ; du peuple, par exemple, pour qui
on la demande! On verrait alors si le peuple, qui
n'est que la partie la plus infime de la population, non
pas à cause de sa naissance, mais par ses passions
et ses préjugés, peut avoir aujourd'hui, dans ce moment, le droit, le pouvoir d'exercer la souveraineté,
comme étant suffisamment sage, intelligent, expérimenté.

Répondez, vous que j'ai interpellés, et dites-moi,
si le tableau que j'ai tracé de la société, d'après vous-
mêmes, n'est pas l'image fidèle, quoique bien imparfaite et affaiblie, de tout ce que vous avez dit. Je
n'ai fait que le reproduire à grands traits et le ré-
sumer bien incomplétement. Mille autres que moi ont
pu le lire dans tous les ouvrages de l'école socialiste,
travaux publiés afin de prouver la nécessité de régénérer la société. Cette rénovation serait donc le but :
la souveraineté du peuple le moyen. Nous allons voir
tout à l'heure quelle sera la base de cette rénovation,
quels en seront les résultats.

J'entends d'ici l'accusation que l'on m'adresse d'a-
voir altéré, exagéré ce que l'on a dit ; que je l'ai mal
interprété tout au moins. Erreur complète, car voici
ce que l'un de ces écrivains a publié lorsqu'il a voulu
faire connaître l'abaissement tragique, et ce qu'il
appelle la longue agonie de la moitié du genre humain.

« S'il n'y avait dans le monde que *des douleurs soli-*
» *taires à soulager, la charité y suffirait peut-être. Mais*
» *le mal a des causes aussi générales que profondes,*
» *et c'est par milliers que l'on compte ceux qui, parmi*
» *nous , sont en peine de leur vêtement , de leur nour-*
» *riture , de leur gîte.* » (1).

Voilà pour ce qui concerne la misère physique ;
poursuivons :

« Il y a deux mille ans que des nations entières
» s'agenouillent devant un gibet, adorant dans celui
» qui voulut y mourir , le Sauveur des hommes ; et
» *pourtant que d'esclaves encore ; que de lépreux dans*
» *le monde moral ! Que d'infortunés dans le monde*
» *sensible et visible ; que d'iniquités triomphantes !*
» *Que de tyrannies savourant à leur aise le scandale*
» *de leur impunité ! Le Rédempteur est venu, mais*
» *la rédemption, quand viendra-t-elle.* (2) »

Voilà aussi pour ceux qui sont dans la misère morale , ces esclaves et ces lépreux dont on vient de
parler. Et, c'est entre les mains de ces esclaves et
de ces lépreux , que l'on veut remettre la rédemption
de la société , en leur conférant l'exercice de la souveraineté ! c'est entre les mains de ceux qui disent
qu'il y a des iniquités innombrables , triomphantes ;
qu'il y a des tyrannies savourant à leur aise les scandales de toutes leurs impunités !....

On ne pourra pas démentir ce que je viens de
citer. Pourra-t-on aussi , franchement , vouloir soutenir que celui qui a écrit ces paroles n'a pas cherché
a exciter le peuple. Ne semble-t-il pas à tout le

(1) Louis Blanc, introduction à l'*Organisation du travail* ; 4ᵉ édition, 1845.
(2) Louis Blanc, *id.*

monde qu'il fait aiguiser le poignard, ou charger le fusil avec lequel on va faire cesser les iniquités triomphantes ; arrêter toutes les tyrannies, et faire justice de la longue impunité de tous les grands scandales qui ont affligé la société, l'humanité. Qui voudra croire que ceux à qui ces paroles sont adressées sont des demi-dieux, des héros de l'antiquité, des sages de la Grèce, pour que l'on puisse être bien sûr que la souveraineté qu'on va leur confier ne soit pas une arme dangereuse, qui, placée entre des mains inexpérimentées, pourra blesser ceux-là même à qui on l'aura remise ; ou qui, peut-être, garderont la porte d'une nouvelle léproserie dans laquelle les Gracchus et les Marius nouveaux, plongeront, à leur tour, tous ceux dont ils disent que le peuple a le droit de se plaindre. Est-on bien certain en outre, que l'on obtiendra ainsi cette rédemption après laquelle on aspire avec tant d'amour, et de toutes les puissances de l'âme et de l'esprit de ceux qui l'annoncent au peuple ?

Oui, dira-t-on ; du moins, c'est notre but : j'entends en effet, tout aussitôt autour de moi, des voix qui s'élèvent et me disent que l'on doit croire à la modération, à la sagesse, à l'honneur, à la capacité de ces esclaves et de ces lépreux du monde moral. Elles affirment que le peuple aura assez de force et de caractère pour ne tomber dans aucun excès, car dès qu'il sera souverain, son intelligence ne sera plus obscurcie par les passions, et la sagesse deviendra son partage.

Quant à moi je suis loin de le croire : voici pourquoi.

« Qui l'ignore ? La misère retient l'intelligence de
» l'homme dans la nuit en renfermant l'éducation
» dans de honteuses limites. La misère conseille in-
» cessamment le sacrifice de la dignité personnelle,
» et presque toujours elle le commande. *La misère*
» *crée une dépendance de conviction à celui qui est*
» *indépendant par caractère, de sorte qu'elle cache un*
» *tourment nouveau dans une vertu* , ET CHANGE EN FIEL
» *ce que l'on porte de générosité dans le sang. Si la*
» *misère engendre la souffrance, elle engendre aussi le*
» *crime : elle fait des esclaves* (1). »

Et l'on compte les misères par milliers dans la société ! et ces misères sont ce que l'on vient d'appeler
l'*agonie de la moitié du genre humain !* et l'on veut
que cette moitié du genre humain, ou de chaque
partie de notre société en particulier, qui a changé
en fiel ce qu'elle portait de générosité dans le sang;
dont la misère engendre non-seulement le crime dont
j'ai donné les chiffres annuels, chiffres officiels, entendez-vous; qui demain peut aller au bagne ou porter
sa tête sur un échafaud; qui est encore esclave, parce
qu'elle souffre, ou parce qu'elle vient de sortir d'un
hôpital; l'on veut, dis-je, que ces esclaves, ces
lépreux, qui ont du fiel dans le sang à la place de la
générosité qu'ils auraient eu sans leur misère ; on
veut que, tout à coup, ils soient intègres, pleins de
mansuétude, bons et grands dans leur souveraineté;
capables de gouverner les autres, eux qui n'ont pas
su gouverner leurs propres affaires et se sortir de la
misère! Non, cela n'est pas possible.

Soutenez donc le contraire si vous l'osez.

(1) Louis Blanc, introduction à l'*Organisation du travail.*

Mais, cette qualité de souverain, même l'exercice de certains droits politiques que l'on veut donner au peuple, qu'on lui reconnaît aujourd'hui après la lui avoir donnée depuis hier seulement ; cette qualité, dis-je, a-t-elle donc transformé sur-le-champ, non-seulement la nature de ces esclaves, de ces lépreux, mais encore leur moralité ; apaisé leurs passions, changé leurs mauvaises inclinations ; domine-t-elle tous leurs sentiments, leur colère, leur fiel, de manière à ce que ce temps passé et les souffrances de ces milliers d'êtres, de cette moitié du genre humain ne soient plus qu'un rêve léger qui échappe aux souvenirs d'un homme heureux et content qui ne cherche pas à se le rappeler ; ou d'un sage qui aura peut-être assez de prudence, de force de caractère, pour oublier ses propres misères, et rendre le bien pour le mal qu'il a éprouvé ? Croit-on que cette souveraineté ne sera pas dangereuse, je ne dis pas pour cette moitié de la société qui a savouré à longs traits et tout à son aise les scandales de sa tyrannie restée impunie, mais pour celui-là même qui se plaignait de l'oppression ? L'histoire ne nous a-t-elle pas appris ce qu'il advenait lorsque le stupide Claude jetait l'argent et les poignards à pleines mains au peuple assemblé sous les fenêtres de son palais. Celui-ci, restait-il sage dans ce moment ? Qu'on le dise, ne serait-il pas à craindre que le peuple, auquel on voudrait aussi jeter à pleines mains la souveraineté absolue ; auquel on voudrait en même temps remettre des armes, ainsi qu'on le demande, ne fasse en cette circonstance ce qu'il faisait lorsque l'empereur Claude lui jetait des trésors, et riait de la fureur avec laquelle ceux qui

avaient saisi un poignard, se disputaient sous ses yeux
quelques-unes des pièces de monnaie qu'il avait ainsi
inutilement prodiguées. Ne serait-il pas à craindre
aujourd'hui que le peuple ne tourna ses armes, je ne
dis pas contre la société, car c'est si peu de chose aux
yeux de certaines personnes, mais contre lui-même,
en voulant se partager la fortune des riches; les places,
les honneurs, tous les biens de la terre en un mot,
dont on approche la coupe de ses lèvres avides. Croit-
on, qui a pu croire, que la misère qui l'accable aujourd'hui cessera sur-le-champ, lorsqu'il aura pris le
titre de souverain? Si elle cesse, fera-t-elle disparaître les mauvais souvenirs? Le fiel sera-t-il dissipé?
Ne restera-t-il plus que de la générosité dans son
cœur? Rien ne viendra-t-il plus jamais commander le
sacrifice de la dignité personnelle? Aura-t-on créé une
indépendance de condition pour tous? L'instruction
que l'on demande aussi pour tous, aura-t-elle donné
la sagesse; la vertu, l'habileté?

Oui, dira-t-on, parce que le pauvre cessera de l'être;
« qu'il deviendra indépendant DE FAIT, après s'être
» créé son indépendance DE DROIT, et qu'il pourra
» s'instruire ensuite (1). »

Ah! je comprends maintenant pourquoi l'on tient
tant à ce titre et à ce droit de souveraineté avec
lequel on veut séduire le peuple.

Quoi! selon l'école socialiste, *le pauvre ne jouit
pas même de sa propre estime,* parce que son âme est
comprimée par *la tyrannie des choses;* on demande
pour lui une place aux sources de l'intelligence,

(1) Louis Blanc, introduction à l'*Organisation du travail.*

afin de lui donner de l'éducation, de l'instruction, et l'on veut *qu'il soit actuellement, tout à coup*, assez maître de sa pensée, de son cœur, de son âme, de ses passions, pour exercer la souveraineté. « On le » veut afin qu'*il soit rendu à sa propre estime ;* afin » qu'il ne soit plus asservi, absorbé par la surveil- » lance d'une roue qui tourne et qui le tyrannise; » afin qu'il n'y ait plus d'enfant de pauvre transformé » par sa famille en un supplément de salaire ; plus » de mère armée par l'impuissance de vivre contre » le fruit de ses entrailles; plus de jeune fille ré- » duite, pour avoir du pain, à vendre le doux nom » d'amour ; afin que l'âme du peuple, son âme, dit- » on, ne reste plus comprimée par cette tyrannie des » choses (1). »

Je ne crains point de le dire ici hautement, il est impossible que l'on soit de bonne foi en écrivant de pareilles choses, parce que l'on a dû faire cette simple réflexion : que, dans toutes les conditions ; dans toutes les industries, sans aucune exception, que *ce soit l'État ou de simples particuliers qui dirigent l'entreprise*, il y a toujours eu, partout et pour tout le monde, il y aura toujours l'obligation du travail, ce qui implique nécessairement, absolument, l'idée, le besoin inévitable d'employer les instruments du travail propres à confectionner certains objets que l'on veut produire; et que, par conséquent, il faut, de toute nécessité, obligation impérieuse, indispensable, *obéir, être tyrannisé* par le mécanisme monté tout exprès pour alimenter, activer le travail,

(1) Louis Blanc, introduction à l'*Organisation du travail.*

le rendre plus facile et plus productif : en un mot, nécessité pour l'ouvrier d'être tyrannisé par les choses, parce que l'industrie, le travail, n'existeraient pas sans cela, et sans les instruments perfectionnés à l'aide desquels on peut le faire.

Cette tyrannie des choses, ne peut donc être effacée, dans vingt-quatre heures, en vertu d'un décret qui a proclamé la souveraineté du peuple. Quelque soit à l'avenir son degré d'instruction, d'éducation, de sa- gesse, de souveraineté, la transformation morale ne s'opèrera pas subitement pour cela. Il est impossible qu'elle se fasse d'une manière stable, tant que l'on n'aura pas recours à l'éducation morale et politique : il est impossible qu'elle puisse se faire, tant que l'on préconisera les principes moraux, qui sont aujour- d'hui avancés par les tribuns de la veille. Depuis que l'on a proclamé cette souveraineté, les choses qui tyrannisaient auparavant ; cette roue qui tournait et dont on semblait se plaindre avec tant d'amertume ; cet enfant de pauvre qui était transformé en supplé- ment de salaire ; la jeune fille qui vendait son amour; l'âme de l'universalité, et non pas seulement celle du peuple, tout cela cependant, dis-je, est resté dans le même état ; personne n'a fait la moindre tentative pour les changer ; elles resteront ce qu'elles sont, quelque soit l'organisation future du travail. L'ou- vrier, celui à qui on a dit qu'il était roi; celui que l'on veut faire souverain, ne pourra jamais, *s'il veut con- tinuer à travailler*, et il le doit sous peine de ruine pour lui-même et l'industrie qui le fait vivre, cet ouvrier, dis-je, ne cessera pas d'être asservi à la roue qui tourne, même dans ces ateliers où l'Etat

serait le chef comme on le désire tant , parce que
l'on sera toujours , en raison même du progrès de
l'industrie et des arts mécaniques , forcé d'employer
ces immenses machines mises en mouvement par la
vapeur , jusqu'à ce qu'un nouveau mécanisme impose une autre obligation physique à l'ouvrier. Le
salaire n'en sera pas plus élevé pour cela , parce que
l'on ne peut vouloir que l'Etat, comme il arriverait à
un simple particulier, soit promptement ruiné par cette
même augmentation , si elle n'est pas généralement
adoptée ; ou , si le produit ne se vend pas avec bénéfice , en raison de la somme déboursée pour l'obtenir.

Si donc la roue doit toujours tourner ; si le salaire
doit être le même , l'enfant restera toujours , comme
par le passé , tranformé en supplément de salaire : la
jeune fille au lieu de rester à l'atelier, où ses devoirs
d'ouvrière l'appellent , pourra toujours employer le
dernier quart de sa journée à vendre le doux nom
d'amour : la sagesse et la modestie, ainsi que le goût
du travail , ne deviendront pas pour cela un apanage
inaliénable : elle sera, comme par le passé, soumise
aux impulsions de sa nature ; et , l'âme de l'homme ,
qui ne s'élève qu'à force d'avoir pratiqué le bien , ce
qui est la vertu elle-même ; l'âme de l'ouvrier ; celle
du peuple, son âme, entendez-vous bien, Socialistes,
ne sera pas , ne pourra pas être transformée tout à
coup par le titre de souverain que l'on donnera à cet
être que l'on me représente aujourd'hui comme bas ,
méprisable, ignorant, esclave, n'ayant plus sa propre
estime, dont on fait un lépreux dans ce monde moral ; qui, de plus, a du fiel dans le sang, à la place de
générosité, et auquel on enseigne cette morale indi-

15

gne d'un homme honnête , puisée dans le paganisme,
la satisfaction de tous les goûts, de toutes les passions;
cet être-là, dis-je , ne sera pas transformé au point de
pouvoir porter le poids de la souveraineté, et en exercer les droits.

Qui pourrait oser prétendre que la souveraineté
qu'on lui aura accordée a changé toutes ces choses
comme par magie ? Qui pourrait donner l'assurance
qu'à l'avenir il en sera tout autrement qu'aujourd'hui?
Qui pourra dire que l'homme n'aura plus de passions ; c'est-à-dire , que Dieu aura cessé de vouloir
que sa créature ne soit plus ce qu'il l'a faite?

S'il n'y a pas eu de transformation ; si les choses
qui existaient, ont continué d'être ; si l'homme est
toujours soumis à ses passions , pourquoi veut-on
donner le titre, et faire exercer les droits de souveraineté à celui qui ne possède aucune des grandes
qualités qui peuvent l'en rendre digne. Que l'on aille
donc au loin parler de certaine philanthropie, car je
ne crois point à celle que l'on a tant étalée. Plus le
tableau que l'on a présenté de la misère et de l'abaissement moral du peuple sera fidèle, c'est-à-dire sombre
ainsi qu'on l'a fait; plus on aura travaillé de toute la
puissance de ses forces, de l'énergie de son âme, à
prouver que le peuple est incapable, indigne pour le
moment, aux yeux de la raison et du bon sens , du
titre de souverain, et de l'exercice de tous les droits
qui s'y trouvent attachés; et, plus on aura raison de
demander pourquoi l'on peut désirer que le peuple soit
souverain, lorsqu'on l'a représenté indigne et incapable de l'être.

Je dis à ceux qui proclament *sa souveraineté abso-*

lue, un titre que l'on prend ne devient pas légitime pour cela : un pouvoir que l'on s'arroge n'est pas pour cela une chose juste , naturelle ; ne rend pas capable celui qui vient de le saisir : voilà pourquoi la théorie de la souveraineté du peuple, qui pourrait être considérée comme une pensée plus ou moins fondée, est singulièrement amoindrie , si même elle n'est complétement détruite, lorsque la raison , l'expérience sont consultées ; lorsqu'une multitude de faits historiques viennent en prouver le danger, et le peu d'efficacité pour l'utilité générale. Tandis que, l'on peut dire au contraire avec plus de certitude , qu'il y a certains principes que l'on met souvent en avant dans le public , qui ne sont au fond que des moyens cachés, pour parvenir à un but déterminé, mais qui n'ont rien de réel , même dans l'esprit de ceux qui les avancent et les proclament. Dans cette matière, comme dans toute autre, les faits doivent l'emporter sur les mots et les promesses pompeuses , et je vais dire pourquoi il faut que le peuple lui-même se mette en garde contre tout ce qu'on lui promet ; car, « à qui prétend le conduire, le peuple a droit de » demander où on le mène. Parce qu'il est arrivé » déjà trop souvent que le peuple s'est agité pour » des mots ; a combattu dans les ténèbres, s'est » épuisé en dévouements dérisoires, a inondé de » son sang, répandu au hasard, la route des ambi- » tieux, *tribuns de la veille,* que le lendemain salue » oppresseurs (1). »

Peuple , et vous ouvriers , après de telles paroles

(1) Louis Blanc, introduction à *l'Organisation du travail.*

sorties de la bouche de celui-là même qui naguère vous disait : Vous êtes des rois, pourrez-vous douter encore de l'intention véritable qui préside en réalité à cette reconnaissance du principe de la souveraineté du peuple que l'on proclame si haut? Oui, diront quelques séides, nous doutons encore : ils viendront à leur tour affirmer de nouveau que je suis dans l'erreur. Je réponds qu'elle est du côté de ceux qui osent m'en accuser, et je vais leur dire pourquoi l'on montre tant d'ardeur à donner la souveraineté au peuple.

« C'est que la souveraineté c'est le pouvoir ; que » le pouvoir c'est la force organisée (1). »

Ce n'est pas tout, et je n'ai pas encore fini sur ce point. Savez-vous encore pourquoi ceux qui vous dirigent veulent vous la donner? « *afin que l'opinion soit indépendante* (2). »

Savez-vous aussi pourquoi l'on désire tant cette indépendance de l'opinion ?

« C'est pour que l'énergie critique de son action » ne puisse être ralentie; qu'elle amoindrisse tous » les pouvoirs qui voudraient la modifier ou lui ré- » sister (3). » Est-ce clair et positif?

« *C'est aussi parce qu'ils ont pris le parti* (les ré- » volutionnaires) *de fouler à leurs pieds toutes les* » *vérités contradictoires qu'on leur oppose, dont ils* » VEULENT *suspecter la légitimité, et qu'ils ont besoin* » *d'une force énergique pour établir les nouvelles ; que* » *celles-ci étant exclusives, il faut qu'elles s'imposent*

---

(1) Louis Blanc, introduction à l'*Organisation du travail*.
(2) Flotte, à la *Souveraineté du peuple*.
(3) Flotte, à la *Souveraineté du peuple*.

» *par la force, et que la force est nécessaire à qui-*
» *conque voudra vaincre, non pas une résistance occa-*
» *sionnelle, mais la résistance éternelle des vérités que*
» *le socialisme méconnaît et veut méconnaître* (1). »

Vous savez maintenant pourquoi et dans quel but
l'on veut avoir le pouvoir, et ce que l'on promet.
Savez-vous aussi ce que l'on pense de celui qui existe
aujourd'hui sous le gouvernement actuel, et tel qu'il
se trouve constitué ?

« On dit qu'il est *méprisé pour son hypocrisie; haï*
» *par sa violence; qu'il n'est qu'un instrument de*
» *corruption et de tyrannie*, et que, c'est en raison
» de cela, qu'il descendra bientôt de son trône, aux
» acclamations unanimes de la nation, pour être
» remplacé par celui du peuple, *créé sur d'autres*
» *bases, celles de l'unité* (2). »

On a peut-être conservé quelque doute sur ce
point que les tribuns de la veille ne sont que des
ambitieux qui veulent profiter spécialement de la
souveraineté du peuple, pour s'élever, parce que
sans elle ils ne seraient rien dans la société, et que le
lendemain de la victoire ils seraient oppresseurs; je
vais ajouter une autre accusation contre ceux qui
disent au pouvoir qu'il est hypocrite, qu'il est haï
par sa violence. Personne, parmi le peuple, ne pourra
démentir ces paroles, car elles sont prononcées par
l'un des plus ardents parmi les siens.

« ILS PARLENT DE LIBERTÉ ET RÊVENT LA DICTA-
TURE (3). »

---

(1) Flotte, introduction à la *Souveraineté du peuple*, page 6.
(2) Flotte, introduction à la *Souveraineté du peuple*, page 6.
(3) Flotte, introduction à la *Souveraineté du peuple*, page 8.

Le peuple devra-t-il croire néanmoins que l'unité de pouvoir que l'on recherche, que l'on regarde comme possible, sera obtenue pour cela, et qu'il y aura une action commune dans ce parti du mouvement qui s'intitule du progrès. Il faudrait auparavant établir qu'il n'y aura qu'une seule source du pouvoir et de direction dans les affaires; que tous les esprits éprouvent les mêmes sentiments, sont disposés à suivre une seule et même voie, adopter un seul et même principe. Il n'en est rien; je dis plus, cela ne peut pas être, et voici pourquoi.

« *Les divers partis qui se disputent la prééminence dans le monde novateur*, sont aussi nombreux que les formules sacramentelles sur lesquelles chacun d'eux s'appuie, comme principe et vérité sociale, fondamentale. Ils parlent de liberté et rêvent la dictature, *chacun d'eux considère son idée comme étant celle qui doit servir de type et chacun d'eux a besoin* D'UNE FORCE ET D'UNE VIOLENCE PROPORTIONNELLE A SA FAIBLESSE INTELLECTUELLE ET A SON IGNORANCE, POUR L'ÉTABLIR (1). »

Et ce sont ces mêmes hommes qui disent que le pouvoir actuel est haï par sa violence et par son hypocrisie; eux, qui reconnaissent que chaque parti a besoin de force et de violence pour s'établir, faire prévaloir son principe.

Mais au moins, qu'est-ce que les ambitieux et les tribuns de la veille prétendent-ils faire de ce pouvoir, de cette souveraineté qu'ils veulent donner au peuple? Pourquoi la lui donner?

(1) Flotte, introduction à la *Souveraineté du peuple*, page 7.

« C'est qu'ils sont sûrs de rencontrer le pouvoir éta-
» bli comme obstacle à leur ambition, lorsqu'ils ne le
» prennent pas pour seconder leurs projets (1). *»*

Manque-t-il quelque chose aux preuves ; les véritables intentions ne sont-elles pas encore connues?
Que le peuple écoute encore, et l'on saura pourquoi
l'on réclame le principe démocratique pour tous les
gouvernements à établir, et dans quel but .

« C'est pour maintenir la souveraineté du peuple, et
» parce que la liberté d'aujourd'hui est un mensonge ;
» que la liberté de l'avenir doit seule être une vérité; que
» c'est ainsi que l'on pourra relever le peuple de l'état
» de MISÈRE, *d'ignorance et de faiblesse dans lequel il*
» est plongé (2).

Je vais vous dire tout à l'heure en quoi consiste
cette liberté de l'avenir, et quel en sera le résultat
pour la société.

Sait-on pourquoi chaque parti, qui se dispute la
prééminence, devra employer la violence et la terreur, ce que certains hommes ont appelé de l'énergie :
Ils en ont besoin parce que :

*« Les uns sont appelés à détruire l'*ORGANISATION
» MORALE *que le vieux monde nous a légué ; les autres*
*» à détruire l'*ORGANISATION FORMELLE *qui fut l'expres-*
» sion de la première.

» Voilà TOUTE LA LÉGITIMITÉ DE CES PARTIS; *voilà*
» tout leur but, voilà leur raison d'être (3). *»*

Mais enfin, on ne détruit pas pour le plaisir seul de
renverser; il faut fonder ensuite : il faut même avoir

(1) Louis Blanc, introduction à *l'Organisation du travail.*
(2) Louis Blanc, introduction à *l'Organisation du travail.*
(3) Flotte, introduction de la *Souveraineté du peuple*, page 7.

quelque chose de prêt pour remplacer ce que l'on vient de détruire. Eh bien ! lorsque l'œuvre de destruction sera complétement achevée, qu'arrivera-t-il ? Quel sera le résultat définitif ? Le peuple, les ouvriers au sort duquel on s'intéresse tant aujourd'hui, seront-ils plus heureux ? Cesseront-ils d'être tyrannisés par les choses ? Pourront-ils jouir au moins, je ne dis pas de ce bien actuel que l'organisation morale et formelle du vieux monde leur procurait encore, quelque dédaignée qu'elle puisse être; je veux parler seulement de cette souveraineté qu'on veut leur donner aujourd'hui, au nom et à l'aide de laquelle on veut les soulever contre le riche. Les partis eux-mêmes qui proclament de pareilles choses, de pareils principes, qui annoncent de pareils résultats, que deviendront-ils ?

« *Ils disparaîtront parce qu'ils n'auront plus raison d'être* (1). »

On ne peut dire plus ouvertement que leur seule mission est de détruire. Mais au moins que deviendra la société alors ? Qui suivra-t-elle ? A quoi pourra-t-elle servir, si tout est détruit ? Pourra-t-on obtenir l'unité dans un pareil état de choses ? Pourra-t-on surtout rendre les hommes plus sages, plus heureux ? le peuple surtout, dont on s'occupe tant, méritera-t-il davantage le titre de souverain ? En sera-t-il plus digne ? Sera-t-il plus capable d'en exercer les droits ?

J'entends des milliers de voix s'écrier et dire, non sans aucun doute la chose ne sera pas possible; mais tout aussitôt j'entends d'autres voix aussi nombreuses

(1) Flotte, introduction à la *Souveraineté du peuple.*

me demander la preuve de cette incapacité. Peuple,
écoute bien ce que je vais citer ici, c'est encore un
de ceux qui réclament la souveraineté avec plus d'ardeur pour toi, qui va tracer, en quelques mots, les
résultats moraux de la destruction de l'ancienne
société.

« *Lorsque l'on sera complétement* DÉMORALISÉ, *il n'y*
» *aura plus besoin de préceptes pour discerner le bien*
» *d'avec le mal ; plus personne pour suivre l'un ou*
» *l'autre : lorsque l'on sera complétement* DÉSORGANISÉ,
» *il n'y aura plus besoin de partis* (1). »

« Et, *le pouvoir ne servant absolument qu'aux partis*
» *les plus forts, il n'y aura plus besoin de pouvoirs* (2). »

Mais enfin, encore une fois, le but, le résultat de
toutes ces choses demandent ensemble le peuple, les
ouvriers, la société, l'humanité elle-même toute
entière. Que proclamera-t-on pour remplacer ce qui
existe ? Rien : on se contentera d'avoir rendu
inévitable ;

« LA RUPTURE DU CONTRAT SOCIAL, ET LE RETOUR A
» LA LIBERTÉ INDIVIDUELLE ABSOLUE (3). »

Mais, dira le peuple, dans son simple bon sens :
ceci n'est pas seulement la destruction d'un gouvernement, c'est la destruction de la société ; cependant
elle ne peut pas cesser d'exister. La rupture du contrat social ; le retour à la liberté individuelle absolue,
c'est promettre et annoncer la vie libre et indépendante d'un sauvage ; c'est le chaos, l'anarchie. Il faut
des lois pour toute société ; pour constituer un gou-

(1) Flotte, introduction à la *Souveraineté du peuple*, page 7.
(2) Flotte, introduction à la *Souveraineté du peuple*, page 7.
(3) Flotte, introduction à la *Souveraineté du peuple*, page 8.

verne.nent. Si chacun use de sa liberté naturelle
absolue, le plus fort sera le plus riche, le plus heureux, s'il peut défendre ce qu'il aura conquis. C'est
mettre des armes dans les mains de tous; c'est légitimer la force, la violence : c'est recommencer l'établissement de la féodalité avec tout son cortége de
ruines, de vols et de pillages; c'est la vie sauvage ;
c'est l'anéantissement de toutes les relations sociales,
et de tout ce qui donne la vie, la force à un Etat, à
une nation grande ou petite ; encore une fois, que l'on
dise donc comment le contrat social sera renouvelé,
rétabli, et comment la liberté individuelle absolue
pourra être réprimée, lorsqu'elle aura joui de tous
les élans de sa vigueur primitive, et se sera livrée à
tous les excès qui accompagnent inévitablement une
liberté illimitée.

 « *Si la société actuelle se désorganise sous l'action*
» *de forces ou d'énergies permanentes, de causes éco-*
» *nomiques ou morales; ou d'idées, de sentiments, de*
» *besoins nouveaux, parce que son principe n'est pas*
» *compatible avec ces éléments nouveaux, il faudra que*
» *le principe de l'ordre futur soit compatible avec ces*
» *forces, ces énergies, ces causes, ces idées, ces sen-*
» *timents, ces besoins, sous peine d'être frappé d'une*
» *impuissance organique radicale* (1). »

L'avénement du socialisme est donc la chose, la
forme sociale annoncée, puisque ce sont les principes du socialisme qui tendent aujourd'hui à désorga-
niser la société. L'esprit et les formes des sociétés
possibles dans l'avenir, et les conditions de l'ordre

_____

(1) Flotte, introduction à la *Souveraineté du peuple*, page 9.

dans le présent, devront donc être essentiellement
nouvelles et distinctes de tout ce que l'on peut rencontrer dans l'histoire, parce qu'il y a nécessité, dit-
on, d'une rénovation totale : je vais faire connaître
une partie des résultats en ce qui concerne la religion, la foi :

« *La liberté de conscience étant exclusive de tout em-*
» *pêchement quelconque extérieur, la solution chré-*
» *tienne du christianisme est mise à néant* (1). »

Ecoutez maintenant ce qui concerne le gouvernement; le socialisme étant mis en demeure de trouver
une forme nouvelle, reposant aussi sur des principes
compatibles avec les forces, les énergies, les causes,
les idées, les sentiments destructeurs que l'on pro-
page, le socialisme, dis-je, ne craint pas de dire que :

« *Cette solution doit être exclusive* DE TOUTE LÉGIS-
» LATION MORALE, *et* DE TOUTE CODIFICATION DES DÉ-
» LITS ET DES PEINES : c'est-à-dire, *que le christianisme*
» *ayant mis à néant toute la valeur des législations mo-*
» *rales, humaines ; et la liberté de conscience mettant*
» *à néant toute la valeur des législations révélées, la*
» *solution sociale de l'avenir doit être compatible* AVEC
» L'ABSENCE D'UNE LÉGISLATION MORALE QUELCONQUE,
» *parce que le caractère des doctrines socialistes ra-*
» *tionnelles*, EST L'ABSENCE D'UNE MORALE SERVANT DE
» BASE A DES PRESCRIPTIONS IMPOSÉES (2). »

Ce n'est pas tout : la démolarisation et la désorganisation ne sont pas encore poussées assez loin; aussi
le socialisme ajoute-t-il encore :

---

(1) Flotte, introduction à la *Souveraineté du peuple*, page 9.
(2) Flotte, introduction à la *Souveraineté du peuple*, page 11.

« *La liberté de conscience ne peut consentir à en-*
» *fermer le progrès humain dans le cercle d'une loi*
» *religieuse immobile ; il refuse de défendre par la*
» *compression un idéal moral auquel il cesse de recon-*
» *naître un caractère divin* (1). »

Et cependant c'est le même auteur qui a dit, dans
un autre endroit, que le socialisme se reconnaissait
impuissant à formuler une autre morale supérieure
à celle du christianisme, et aujourd'hui, il ne veut
ni religion, ni lien moral ; aucune prescription , aucune règle morale servant de base à la législation :
mais, que peut-il vouloir alors, si ce n'est le bouleversement général dans tout ce qui sert de base aux
sociétés actuelles : non ce n'est pas cela ;

« *Il veut un avenir vers lequel il y a des élans de*
» *désirs ; dans lequel il y aura surabondance de joie ,*
» *qui sera la vie éternelle de l'homme.* »

Sommez-le de le préciser.

« *Le parti socialiste n'est pas tenu de livrer ses for-*
» *mules de l'avenir , il doit lui suffire, et sa mission*
» *spéciale est de critiquer ce qui existe* (2). »

Mais enfin , il faut encore que le peuple examine
ce qu'on lui présente comme le souverain bien ;
comme étant cet avenir plein de joies, de bonheurs
inénarrables ; il faut qu'il sache si ce qu'on lui promet peut l'emporter dès ce moment dans son esprit
sur ce qu'il possède.

Peuple, et vous aussi ouvriers, écoutez encore et
n'oubliez jamais ce que je vais citer :

---

(1) Flotte, introduction à la *Souveraineté du peuple*, page 11.
(2) Flotte, introduction à la *Souveraineté du peuple* , page 11.

« Rien ne se fait aujourd'hui qu'en vertu de l'idéal;
» *lui seul est vainqueur, lui seul est puissant. L'inconnu*
» *prend une forme vague, et devient l'espérance; c'est lui*
» *qui console dans les maux du présent, et c'est de lui*
» *que vient la force qui crée les conditions dans les-*
» *quelles le socialisme est peut-être possible* (1). »

Au moins le peuple aura-t-il le droit d'examiner
les prétendues vérités qu'on lui présente, avant de
fouler à ses pieds toutes celles qui existent, et auxquelles il a cru jusqu'à ce jour, dont il n'a pas sus-
pecté la légitimité. Non, il ne devra pas le faire,
parce que

« *Son impatience de jouir est le signe de l'espérance*
» *et de la foi* DANS UNE VÉRITÉ POSSIBLE (le socialisme),
» ET QUE S'IL N'EXAMINE POINT, C'EST PARCE QU'IL CRAINT
» D'ÊTRE OBLIGÉ DE CHERCHER ENCORE (2). »

Quoi! on ne fait rien aujourd'hui qu'en vue de
l'idéal ; on s'appuie seulement pour bouleverser la
société, sur les chimériques espérances qu'il fait toujours naître, et l'on se dit les hommes du progrès ;
on cherche le bonheur du peuple; on veut sa prospérité, et l'on ne présente qu'une forme vague qui inspire l'espérance. Plus que jamais je conçois pourquoi l'on désire tant donner la souveraineté au
peuple : c'est pour acquérir cette force après laquelle
on aspire tant, afin de pouvoir fouler aux pieds les
vérités établies, et faire triompher les autres, non par
la raison et la conviction, mais par la force, la violence et l'iniquité, afin que les tribuns de la veille
puissent être les despotes du lendemain.

(1) Flotte, introduction à la *Souveraineté du peuple*, page 88.
(2) Flotte, introduction à la *Souveraineté du peuple*.

Que restera-t-il de foi dans les esprits de ceux qui auront ainsi adopté ces théories illusoires? Que proposera-t-on après cet essai, lorsque l'on aura reconnu quelle était leur vanité, leur inutilité? Lorsque l'on aura vu que ces nacelles fragiles sur lesquelles on a placé tant d'élans de désirs, tant d'espérances de joies, de bonheur, qui seront, hélas! si promptement et si cruellement déçues, alors qu'elles seront livrées à la tempête des passions du peuple, et à toute la fureur de la société indignée des maux qu'on lui aura fait subir, elle qui veut conserver les bases qui l'ont soutenue jusqu'à ce jour. Vous demandez ce qu'il restera du passé; ce qu'il restera des promesses, de cet idéal : ceux qui promettent tant de biens, n'en savent rien eux-mêmes, car ils se contentent de dire :

« Le problème de l'avenir doit être essentiellement » économique, c'est-à-dire que c'est sur le terrain DE » LA PHILOSOPHIE, DU TRAVAIL ET DE L'ÉCONOMIE POLI- » TIQUE QUE LE SOCIALISME PORTE TOUTES LES FORCES » ACTIVES DE L'HUMANITÉ, ET C'EST DE CE POINT DE » VUE QU'IL PRÉTEND DOMINER TOUTES LES FORMULES ET » LES CONCEPTIONS DU PASSÉ (1). »

La transformation dans les sociétés humaines devant nécessiter des changements radicaux dans leur organisation, il y a nécessité de préciser quels seront ces changements et comment on déterminera, à priori, la forme qu'ils devront avoir afin de construire tout au moins l'utopie de l'avenir. C'est le devoir rigoureux de ceux qui veulent recourir à la philosophie,

(1) Flotte, introduction à la *Souveraineté du peuple.*

au travail et à l'économie politique pour établir leur formule.

Peuple, et vous ouvriers, écoutez encore une fois la parole de ceux qui veulent vous diriger dans ce qu'ils appellent la voie du bonheur et de la prospérité. Si vous voulez suivre les novateurs sur le terrain où l'on ne trouvera plus ni lois positives, ni morale chrétienne, ni religion ; édifice social dans lequel tout sera démoralisé, désorganisé, où chacun jouira de la plénitude de sa liberté naturelle, absolue ; où l'on reconnaîtra trop facilement de toutes parts la rupture du contrat social, écoutez encore ce que l'on vous promet pour sortir du chaos et constituer le nouvel état social.

« *Une société ne s'improvise pas comme un roman.* » *Alors la société sera fondée par le concours des actions* » *et des volontés organiques dans l'état normal* (c'est » la liberté individuelle absolue); *parce que là où* » *l'imagination fait défaut, là où les déductions de l'a* » *priori se perdent dans la multiplicité des phénomè-* » *nes, et flottent avec l'indécision des rêves ; là, l'ob-* » *servation, l'expérience, l'étude des mouvements et des* » *faits peuvent encore servir de guide à l'esprit humain;* » *alors, il n'y a plus besoin de législateur, le temps des* » *Licurgues est passé* (1). »

Sait-on ce que cela veut dire? Car, on doit avouer qu'il y a aussi peu de clarté dans les paroles qui annoncent l'avenir que dans cet avenir lui-même ; cependant, si j'ai bien compris, cela veut dire que si la société, après avoir tout vu se démoraliser et se dés-

_____

(1) Flotte, introduction à la *Souveraineté du peuple.*

organiser, vient à sentir enfin le besoin d'établir des règles fixes pour se conduire, elle les recueillera et les établira comme principes sur l'observation des divers faits qui se seront accomplis dans l'état de liberté individuelle absolue, principes qui devront être conformes à cet état lorsque l'expérience sera venue de démontrer l'utilité, la convenance de proclamer telle règle plutôt que telle autre. Aussi dit-on :

« Que le gouvernement à venir ne sera arrêté » qu'après avoir étudié, observé les mouvements et » les faits nouveaux qui se produiront. C'est sur les » faits observés que l'on fondera une nouvelle lé- » gislation exclusive de toute morale et de toute co- » dification des délits et des peines, reposant sur » cette idée que la loi écrite doit être remplacée par » la loi vivante, qui est l'autorité de la conscience et » le jugement de la raison : celle-ci, c'est le peuple » *législateur et souverain*. Par souveraineté, on en- » tend la raison et la conscience de tous, parce que » la raison et la conscience chez les hommes est de » nature identique. *Telle est l'autorité nouvelle qui* » *doit remplacer celle qui existe, et surtout les Li-* » *curgues, leur temps étant passé, puisqu'il n'y aura* » *plus besoin de législateurs*, LE PEUPLE DEVANT ÊTRE » TOUT A LA FOIS LÉGISLATEUR ET JUGE, IMMÉDIATE- » MENT LA PERPÉTRATION D'UN FAIT, ET LUI APPLIQUER » LA RÉPRESSION QU'IL JUGERA CONVENABLE (1). »

A-t-on dit au peuple et aux ouvriers combien durerait cette épreuve transitoire d'observation ? Leur a-t-on fait connaître ce qui se passera pendant ce

(1) Flotte, introduction à la *Souveraineté du peuple*.

temps, où il n'y aura pas de gouvernement ; où chacun aura sa liberté pleine et entière? Qui oserait assurer au peuple que, pendant cette épreuve, il y aura assez d'unité, de force dans le pouvoir, quel qu'il soit, pour lui garantir la conservation de la souveraineté qu'on lui promet aujourd'hui.

Que l'on ne se trompe pas sur les mots, il ne peut y avoir souveraineté de personne lorsqu'il y a anarchie ; il y a anarchie lorsque chacun jouit de la plénitude de sa liberté naturelle, absolue ; lorsqu'il n'y a plus de législation, de morale, de loi écrite, mais seulement une loi vivante, celle du peuple lui-même. Il ne peut y avoir que le plus déplorable chaos, lorsque le contrat social est renversé, détruit. Que l'on se garde bien de parler de souveraineté dans un pareil temps, parce qu'elle n'est pas possible, chacun étant souverain absolu. N'est-ce pas le lieu de redire au peuple une partie d'une citation faite ; il est arrivé trop souvent que le peuple s'est agité pour des mots, a combattu dans les ténèbres, s'est épuisé en dévouements dérisoires ; a inondé de son sang, répandu au hasard, la route de ces ambitieux, tribuns de la veille, que le lendemain salue oppresseurs. Ne doit-on pas rappeler aussi, que l'on a dit, rien ne se fait qu'en vue de l'idéal, parce que c'est avec lui que l'on console des maux dans le présent; l'on aurait dû ajouter que c'est de lui que vient la force qui crée les conditions dans lesquelles la domination des ambitieux est possible.

Si c'est là ce que l'on appelle le progrès, l'ordre, une société, je ne crains pas de donner à toutes ces choses un nom que je ne puis trouver, mais qui dans ma pensée comprend dans leur ensemble ceux de chaos, d'anarchie, d'absurde, de folie monstrueuse, de démence, réunis en faisceau.

Oui, peuple, si c'est là le résultat que doit te promettre la souveraineté que l'on t'offre, refuse ce riche présent; car il me paraît couvrir les plus cruelles, les plus amères déceptions. Tu n'as qu'à choisir entre cet idéal, que l'on ne peut déterminer, parce que l'idéal ne se détermine pas, et ce qui existe actuellement. Fais comme le chien de la fable, prends de préférence cet inconnu qui n'a même pas une forme vague et incertaine, avec lequel on surexcite tes espérances; lâche la proie pour courir après l'ombre. Prends le chemin de ce chaos sanglant que tu auras à traverser, où ta fortune et celle de ta famille, celle de ton pays périraient infailliblement pour ne jamais reparaître; tu verras alors si tu trouveras ton bonheur dans cet idéal que tu veux suivre sans l'examiner, de peur d'être forcé de choisir encore; dans lequel on ne craint pas d'annoncer qu'il y aura une législation exclusive de toute morale, de toute codification des délits et des peines; gouvernement et société dans laquelle tu seras appelé à juger toi-même, selon ta conscience, le fait d'abord, que tu auras qualifié et que tu puniras selon que tu le jugeras convenable, sans t'occuper si tu ne feras pas naître des désirs ardents de vengeance dans l'esprit et le cœur de ceux que tu auras jugé, et qui voudront peut-être te rendre au centuple le mal qu'ils croiront avoir reçu de toi. Vas, cours après cet

idéal que l'on t'offre seulement comme une vérité
possible, que l'on veut te faire accepter par force et
violence, pour que tu ne sois pas obligé d'en chercher
une autre, comme si tu ne devras pas un jour, en
présence d'une triste réalité, te trouver obligé d'en
choisir une nouvelle, dans le cas où tes illusions
seraient dissipées, ce qui ne peut tarder. Alors, dis-je,
tu verras si tu peux trouver, avec la sécurité publique,
les joies de la famille, celles de la propriété, celles
d'un travail honnête et tranquille qui assure ton lendemain; si surtout tu conserveras cette souveraineté,
ton idole du jour, cette chimère dont on berce ton
imagination et tes espérances, dont on te fait entrevoir la certitude, sans cependant t'ouvrir le temple
sacré, où les secrets de la démagogie sont enfouis au
milieu des ruines passées de 1793; sans que pour
cela on te présente des moyens d'organiser la société
future, autrement que sur d'éternelles utopies,
pour revenir toujours aux bases de la société existante.

Mais, si pour ton malheur, tu veux suivre la route
que l'on t'indique aujourd'hui, fais en sorte du moins,
avant d'y entrer, de bien peser les dernières paroles
que je vais citer, car tu ne peux méconnaître la voix
qui les a prononcées : elle t'avertit de te préserver de
tout excès et d'écouter la sagesse; car, dit-elle,
« l'ordre n'a pas de meilleur bouclier que l'étude et
» le travail. Si la colère châtie quelquefois le mal,
» elle est impuissante à produire le bien. Une im-
» patience aveugle et farouche ne fait qu'entasser
» des ruines, sous lesquelles périt étouffée la semence

» des idées de véritable justice et la prospérité même
» du peuple (1). »

Et cependant, on t'a dit, que celui qui a du fer a
du pain ; que tout le monde a droit au fusil : on a dit
cela à des hommes plongés dans l'ignorance et dans
la misère, à des lépreux dans le monde moral ; à
ceux qui ont changé leur générosité en fiel, et ce
sont ceux-là même auxquels on recommande avec
ardeur l'insurrection comme le plus sacré des droits
et le plus saint des devoirs ; qui tous les jours sont
excités à s'armer contre la société ; qui se déchirent
entre eux, et qui seraient infailliblement les premières victimes de leur propre folie.

Dis encore une fois avec moi aux tribuns de la
veille, à ces dictateurs despotes du lendemain qui te
parlent liberté, mais qui rêvent le pouvoir absolu,
dis-leur, je ne crois ni à votre philanthropie, ni à
votre amour du peuple, de sa liberté, et de sa souveraineté. Je ne crois qu'à votre ambition, à votre
amour du pouvoir, parce qu'on vous a vus le lendemain de la victoire, et que l'on peut alors vous dire
jusqu'à quel point vous avez tenté d'être oppresseurs.
L'histoire inexorable est là, avec les faits qu'elle a
burinés sur votre front ; elle ne sera jamais démentie,
lorsqu'on citera ces faits et que l'on vous demandera
ensuite pourquoi vous voulez et désirez tant que le
peuple soit souverain ; car alors, malgré toute l'énergie
des dénégations, on citera les paroles de la veille,
les actes du lendemain.

(1) Louis Blanc, introduction à l'*Organisation du travail*.

Quant à toi, peuple, que l'on appelle à la souveraineté, prends enseignement sur les paroles que j'ai
citées : comprends-les bien, et tu connaîtras tes véritables ennemis. Tu sauras ce que l'on te réserve,
ce que l'on te promet, ce que l'on veut te donner à
la place de ce que tu possèdes aujourd'hui. N'oublie
jamais ce que l'on a dit en parlant de tous les partis
qui se disputent le pouvoir, c'est qu'ils ne veulent
que détruire, sans pouvoir rien fonder pour le moment; qu'au lieu de te faire gouvernant, tes flatteurs
veulent te gouverner comme par le passé. Ce sont
toujours les tribuns de la veille qui sont les despotes
du lendemain. Tu les as vus, tu peux te le rappeler,
tu dois être convaincu. Des faits nombreux te prou-
vent la réalité de ce que je dis ici. Les paroles peuvent
disparaître, s'effacer de la mémoire des hommes,
mais les faits restent. Pèse-les, et juge, tu connaîtras alors aussi tes véritables amis; ce sont ceux qui
ont le courage de te dire que l'on te trompe impu-
demment. Il y a parmi les révolutionnaires des
hommes qui sont plus coupables que les autres, qui
ne sont que les valets d'une idée présentée comme
étant une vérité, mais qu'ils savent n'être au fond
qu'une amère déception. Ceux-là sont toujours prêts
à faire surgir des révolutions, dont les résultats leur
importent peu, car ils n'ont rien à perdre. « Ils voient
» clairement le fond des choses, mais ils ont un
» triste mépris des sociétés, des nations, des hommes,
» s'efforçant toujours de présenter leur état moral
» sous un faux jour, qui ne permette à personne de
» voir la vérité de leurs intentions. Ils cherchent ainsi
» à jeter de la confusion dans les esprits, et les con-

» duire dans une voie différente de celle qu'ils avaient
» choisie. *Ce sont d'habiles hypocrites ;* il y en a qui se
» mettent un bandeau sur les yeux ; ces derniers
» veulent le lier sur ceux des autres (1). »

Peuple, conserve bien ta volonté et ta raison, de
peur de devenir aveugle alors que tu croiras toucher
au bonheur ; car, *à qui prétend te conduire, tu as
droit de demander où on te mène* (2).

(1) Flotte, introduction à la *Souveraineté du peuple,* page 24.
(2) Louis Blanc, introduction à l'*Organisation du travail,* page 18.

LA DÉMOCRATIE PURE

ou

LE GOUVERNEMENT DU PEUPLE PAR LE PEUPLE EST-IL POSSIBLE EN FRANCE?

Je n'hésite pas un seul instant à dire que, non-seulement il n'est pas possible chez nous, mais encore
chez toutes les autres nations, parce que le peuple est
partout le même.

En présence des anciens droits sociaux et des faits
de gouvernement, dont le souvenir, les traces ne sont
pas effacés; qui ont laissé dans leur passage et leur
application, autre chose que des utopies; qui, s'il y
avait des abus, des excès à raconter, présentaient
aussi des avantages précieux pour l'ordre, la paix,
la stabilité, la tranquillité générale dans la société;
se trouve un principe qui n'est pas précisément nouveau sans doute, mais qui, cependant, se reproduit

sous une physionomie beaucoup plus grande, et accompagné, lui aussi, d'un cortége de souvenirs, qui
sont loin d'être agréables; principe, dont l'application
n'a pas toujours été suivie de la prospérité et du con-
tentement de ceux-là même pour lesquels on paraissait avoir désiré son triomphe : je veux parler de
la démocratie et de ses prétentions actuelles.

Le système aristocratique, profondément modifié
en 1789, par les mots de liberté, égalité devant la loi, introduits comme base de notre droit
politique, contenant des innovations d'une immense
gravité pour tous, ce système, dis-je, se trouve en
présence d'un autre qui non-seulement cherche à dépasser, étendre ce que contiennent ces mots liberté,
égalité, mais encore à faire dominer *la souveraineté*
absolue du peuple, alors qu'autrefois il ne s'agissait
que de *sa participation* dans certains actes de gouvernement dans les républiques anciennes. On veut donc
le gouvernement républicain pur, la souveraineté du
peuple sans limites, le gouvernement direct par le
peuple.

Si l'on veut que le peuple soit souverain, que son
autorité soit suprême, il faut qu'elle soit attribuée à
l'universalité de ceux qui vivent sous la loi et l'institution républicaine : sans cela, si l'on en exclut une
partie, c'est l'autre qui reste souveraine, gouvernante,
et non pas le tout : la première est gouvernée par
celle qui est souveraine. Alors, celle qui reste au
pouvoir, qui exerce la souveraineté, tient plutôt
à l'aristocratie qu'à la démocratie véritable.

Cette exclusion d'une partie, devra-t-elle être considérée comme un privilége en faveur de celle qui

reste maîtresse de la direction des affaires? Non, il y
a droit pour tous, mais seulement choix dans les
moyens, dans les agents qui exercent la souveraineté,
non pas directement et comme on le voudrait, mais
seulement en ce qui concerne l'élection ; tout comme
le souverain, quel qu'il soit, et dans quelque gouvernement que ce soit, choisit parmi les plus capables,
les fonctionnaires divers qui doivent le remplacer dans
toutes les branches de l'administration. En droit,
tout le monde serait admissible ; mais en fait, il y
aurait restriction dans l'usage du droit. Ceux qui
n'obtiennent pas les fonctions judiciaires ou administratives quelconques, ne peuvent pas dire non plus
qu'il y ait privilège pour ceux qui ont obtenu : il y
a justice rendue à chacun ; le tour de chacun vient
de son mérite et de sa capacité : pourquoi voudrait-
on que ce qui se fait pour les agents, qui doivent servir à faire exécuter la loi, ne se fit pas pour ceux qui
seraient appelés à la faire, lorsque très-certainement
la chose est plus grave et plus importante, puisqu'il
s'agit de contraindre l'universalité.

Il y a intérêt direct et pressant pour le souverain
que les choses soient ainsi ; car, une autorité qui est
exercée sans discernement, sans habileté, est bientôt discréditée, avilie, méprisée, anéantie.

Voilà pourquoi, selon moi, même dans les gouvernements démocratiques les plus avancés, tout le
monde ne peut pas être indistinctement appelé à l'exercice de la souveraineté. Aussi, a-t-on vu le peuple,
sous ces gouvernements, rester presque toujours dans
la même position que sous un gouvernement aristocratique.

Examinez le résultat de tous les gouvernements pour le peuple.

Dans celui qui est despotique, c'est la généralité, l'universalité qui obéit et fléchit devant une autorité, une puissance unique, souveraine.

Dans l'aristocratie, c'est seulement une portion de cette généralité : car la loi qui contient en cela de véritables priviléges *en droit et en fait*, est établie en faveur des intérêts de toute nature de la classe de l'aristocratie, qui prédominent de toutes parts.

Dans le gouvernement démocratique, malgré le principe de l'universalité des droits, de l'égalité pour tous, tout le monde n'est pas admis de la même manière à faire la loi, même à nommer les représentants du peuple : cela s'est vu en 1793. Il n'y avait pas en un mot, même à cette époque, les mêmes droits pour tous, malgré le principe fondamental de l'égalité exercé d'une terrible façon. Je vois bien aujourd'hui que tout le monde obéit indistinctement à la loi pénale répressive, qui a été faite dans un intérêt général ; mais tout le monde n'est pas admis de la même manière à l'exercice du droit de ce que la démocratie appelle la souveraineté du peuple. Il en résulte que le gouvernement actuel de la France, malgré son titre de république démocratique, participe en quelque sorte du principe aristocratique et du démocratique. J'ai cité pour exemple la loi sur le jury, en vertu de laquelle on a fait des exclusions.

Les démocraties de Sparte, d'Athènes, de Rome, ne l'étaient que de nom, car il y avait de véritables priviléges en faveur des nobles et des riches, qui étaient spécialement appelés à certaines fonctions et magistratures les plus élevées ; et il y avait obligation pour le peuple de ne faire ses choix que dans cette classe de citoyens, sans doute parce qu'ils étaient présumés les plus capables.

Que l'on compare, en droit et en fait, les principes et les choses qui se sont exécutées depuis la révolution de 1789, mais principalement sous les trois derniers règnes, que l'on a accusé d'être aristocratiques ou de tendre vers ce régime, avec les principes et les choses qui se faisaient sous les républiques de la Grèce et de l'Italie, et que l'on prononce franchement et sans prévention. Je suis certain que la démocratie n'hésitera pas à pencher en faveur des principes établis dans notre droit public depuis 1789, quoique cependant le gouvernement fut monarchique, accusé d'aristocratisme, parce que l'égalité était sagement entendue par ces gouvernements, et qu'elle n'était nullement pratiquée dans les Républiques de la Grèce et de Rome.

L'idée de souveraineté attribuée à ce que l'on appelle le peuple, m'a toujours paru une singulière illusion qu'on lui fait, parce que ce souverain voit d'abord l'étendue de sa puissance restreinte en fait ; et, qu'il ne gouverne pas lui-même, quoique le gouvernement direct du peuple par lui-même, me paraisse être cependant une conséquence nécessaire de ce que l'on appelle sa souveraineté. En fait, et malgré qu'il se soit réservé le pouvoir exécutif, il est gouverné, jusqu'à un certain point, par le magistrat qu'il a institué pour cela. On a beau dire qu'il délègue son autorité, sa puissance, sa souveraineté; qu'il fait la loi par ses représentants, ceci est le droit; mais le fait reste le même que sous une monarchie.

Il n'y a pas de différence dans l'origine du droit de celui qui a le pouvoir exécutif sous une monarchie, ou sous une république, c'est au peuple qu'il le doit. Seulement, sous la monarchie, le droit est devenu héréditaire, sous la république, il ne l'est pas; mais il faut qu'il soit entre les mains de ce que le peuple appelle un maître, un gouvernant. Il est si certain qu'il lui en faut un, que le peuple, qui dans ses moments d'effervescence s'est réservé le droit de faire les lois, délégue son pouvoir exécutif à un magistrat chargé spécialement de le gouverner, d'après les lois que le souverain fait lui-même. J'ai déjà cherché à faire voir quel danger il y avait pour la paix et le repos public, à ce que le pouvoir législatif et le pouvoir exécutif fussent réunis dans les mêmes mains, alors surtout qu'après avoir *institué* les magistrats, elles peuvent encore les *nommer* aux diverses fonctions. C'est un véritable despotisme, que le peuple exerce contre lui-même, et très-souvent à son préjudice, si l'on considère les résultats de tout ce qui prend le nom de gouvernement, dans ces moments d'aberration politique.

Si on laisse une autorité hors ligne à un individu quelconque dans ce gouvernement, ou à une partie du peuple, ce n'est plus la république, c'est une quasi-monarchie non héréditaire : mais, comme il est de l'essence de tous les pouvoirs indistinctement de chercher à se grandir, il s'ensuivra que le plus vigilant, le plus habile, celui qui distribuera le plus de faveurs, devra prendre très-promptement la plus haute influence, c'est-à-dire le véritable pouvoir. Or, comme le peuple ne distribue pas lui-même aucune place dans la haute administration ; que c'est son pouvoir exécutif ; il s'ensuit, que celui-ci doit, même involontairement, nécessairement, absorber l'autorité de celui dont il émane et tire son origine, et cela par la seule force des choses, sans esprit d'ambition de la part de celui qui a le pouvoir exécutif. Il est bien rare que ces deux pouvoirs, ainsi mis en présence l'un de l'autre, puissent s'entendre ; et, que le bien de la chose publique, n'en soit pas tôt ou tard, plus ou moins profondément altéré, sous le rapport de la tranquillité.

Si le pouvoir exécutif l'emporte, la souveraineté du peuple disparaît, et alors, au fond, les faits et les choses de gouvernement restent les mêmes que sous une monarchie.

Pourquoi ne laisse-t-on pas le gouvernement à ce que l'on appelle le peuple ? C'est par la même raison que l'on ne donne pas une fonction à un incapable ; c'est parce qu'il y aurait anarchie. Le peuple est tellement convaincu de l'imminence de ce danger ; ceux-là mêmes qui prétendent en faire un souverain, en sont tellement persuadés, que dans tous les temps d'effervescence populaire, même de révolution, le peuple confie le pouvoir exécutif à une seule main. En 1793, temps d'éxécrable mémoire, la convention nationale, la plus terrible expression de la puissance et de la souveraineté du peuple qui ait jamais été inscrite dans les annales d'une nation, la convention nationale elle-même, le délègua à une personne morale, qui a porté le nom à jamais célèbre de comité de salut public. En 1848, ceux qui ont proclamé la souveraineté du peuple, comprenant qu'il pourrait, comme par le passé, abuser de cette autorité mal comprise, se sont empressés de s'emparer de cette souveraineté qui a été absolue pendant quelque temps. Dans ma pensée, et selon ma manière de voir, je trouve qu'ils ont montré beaucoup de bon sens et de jugement, car sans cela l'anarchie eût été souveraine. Ce qui prouve que le peuple lui-même comprend bien ce danger imminent de l'anarchie dans de pareilles circonstances, c'est qu'il confirme par son assentiment, inintelligent quant à lui et quant à ses prétentions de souveraineté et de direction dans le gouvernement, cette usurpation de ses droits de souveraineté, ne manquant pas d'abdiquer ainsi un pouvoir qu'il n'a jamais eu en fait, dont il ne se soucie pas, en mettant tout aussitôt, et immédiatement à sa tête, les hommes qu'il croit capables de diriger les affaires (1).

Cette reconnaissance authentique et formelle de son incapacité, est la preuve la plus certaine que le bon sens de la vérité est plus fort, plus puissant, que tous les grands mots qu'on lui jette à la tête et au cœur pour le séduire par l'espoir de la véritable souveraineté qu'on lui attribue lorsque l'on a besoin de lui, et qu'on lui arrache cependant le jour même de la victoire : les dates ont à peine quatre années. Quelque soit, en fait, le résultat de son choix quant aux per-

(1) Les événements tout récents du 20 décembre dernier sont une nouvelle preuve des plus évidentes que le peuple ne tient pas du tout ni au droit de souveraineté, et bien plus encore à l'exercice de ce droit en ce qui touche le gouvernement de la chose publique, puisqu'il s'est empressé de donner un pouvoir absolu au prince Louis-Napoléon pour faire une Constitution.

sonnes auxquelles il veut confier une partie de son autorité, en réalité, il s'empresse de la déposer pour la laisser exercer par les plus dignes, les plus capables, du moins on le lui a fait croire en 1848.

S'il se juge ainsi lui-même, et je parle ici de la masse entière, pourquoi voudrait-on accorder le pouvoir et la souveraineté à cet être moral, le peuple, lorsqu'on la voit abdiquer au moment du danger. Est-ce défaut de courage ou d'intelligence chez lui? Dans ces deux cas, il en est indigne. Est-ce parce qu'il n'a pas la capacité pour bien gouverner? il en est encore indigne pour cause d'incapacité. Est-ce parce qu'il craint ses propres excès, ou qu'il ne se reconnaît pas l'expérience convenable, et que souvent il lui est impossible de bien juger la conduite du gouvernement par les autres? Il y a donc toujours indignité, tout au moins incapacité, pour conserver la souveraineté : pourquoi alors la lui laisser ?

Voyez tous les gouvernements démocratiques : on a toujours fait en sorte que la partie que l'on appelle le peuple, non-seulement n'ait pas la prépondérance, qui a toujours été donnée à ce qu'il appelle l'aristocratie; mais encore, qu'il ait le moins d'autorité et de puissance possible; autorité, puissance, souveraineté que je veux donner à l'aristocratie de la raison et de l'intelligence, non pas pour en faire un moteur et un agent de gouvernement direct, mais pour aider, au moyen d'une certaine participation dans quelques choses, comme la discussion des lois, un avis sur un traité de paix, celui qui sera appelé à gouverner. Il est donc évident, que ceux qui veulent attribuer la souveraineté au peuple, comme une continuation en quelque sorte, une régénérescence d'un droit antique, ou ne connaissent pas bien les anciennes institutions démocratiques de la Grèce et de l'Italie ; ou ne sont pas de bonne foi : c'est peut-être l'un et l'autre tout ensemble ; parce qu'il en résulte que le peuple n'a jamais dominé, n'a jamais régi tout seul, n'a jamais fait tout seul la loi, mais qu'il n'a fait que *participer*, que *coopérer* plus ou moins, à une œuvre commune de puissance législative ; et encore dans des proportions si restreintes, qu'on ne peut considérer cette coopération, que comme un ombre de pouvoir, qui était dans la proportion exacte du droit qu'on lui reconnaissait.

Le peuple auquel on parle de démocratie, se laisse éblouir par le mot souveraineté qu'on lui jette comme un hochet : il en fait parfois un terrible usage. Il se laisse séduire par de belles promesses, par quelque semblant de force, d'autorité ; mais en réalité sa position est toujours la même, sans pour cela se rapprocher davantage du pouvoir réel que semble lui conférer le gouvernement sous lequel il vit.

Lorsque le peuple est calme, il n'est jamais porté vers la démocratie ; ce sont les ambitieux qui l'y poussent pour saisir le pouvoir en son nom ; parce qu'ils savent bien, comme je viens de le dire, qu'il ne l'a véritablement jamais entre les mains. Aussi, on l'a toujours vu bénir l'administration d'un bon prince, d'un bon ministre, lui attribuant le bien et rejettant le mal sur d'autres. Sort-il d'une tempête, il est le premier à réclamer le despotisme, comme le pilote cherche un port, parce que c'est pour lui le seul moyen d'obtenir le repos et la tranquillité après lesquels il aspire toujours.

Une des plus grandes erreurs du socialisme, je la

crois volontaire, c'est de vouloir fonder un gouvernement républicain démocratique, dans lequel on a essentiellement besoin de la vertu politique, c'est-à-dire du désintéressement de tous ceux qui vivent sous sa loi, qui doivent sacrifier leurs plus chères inclinations, leurs plus grands intérêts, alors que la doctrine socialiste ouvre la porte à toutes les passions qui détruisent la vertu et le désintéressement, en faisant naître l'égoïsme et l'amour effréné des biens de la terre. L'ambition désordonnée entre dans le cœur de tous : ce n'est plus cette noble et légitime ambition qui naît dans toute âme généreuse et grande, qui la porte à s'élever tout en obéissant à la vertu, en la prenant pour base inébranlable de toutes ses actions. Le système démocratique est alors, avec les principes socialistes, un Etat dans lequel on supporte tous les inconvénients d'une liberté, d'une égalité mal comprises et mal pratiquées, sans en avoir aucun des avantages qui sont étouffés sous la pire de toutes les servitudes, celle de la passion, celle de l'anarchie.

Si tel doit être le résultat des principes fondamentaux du socialisme, offert en avenir au peuple, il lui est impossible de fonder le véritable gouvernement démocratique pur, par cela seul que la loi devant être l'émanation de la volonté de tous, cette loi perdra toute son autorité par une double cause : l'impureté d'une partie de la source d'où elle provient; l'inefficacité même de cette loi, sa puissance devant s'affaiblir par suite du débordement, de l'immoralité de tout le monde, puisque la satisfaction des passions est érigée en principe. En second lieu, si c'est une portion seule du peuple, de la nation, malgré

17

que ce soit la partie la plus éclairée, la plus sage,
parce que ce ne sera pas l'expression de la volonté
de tous. Alors la loi, le gouvernement ne sera pas
démocratique : son autorité morale disparaîtra plus
sûrement encore, si c'est le peuple seul qui fait la loi
sans contrôle : non-seulement ce n'est plus la partie
la plus éclairée; non-seulement ce n'est plus la généralité, mais c'est la portion la plus passionnée, la
moins habile.

Personne n'étant individuellement assez fort pour
la faire prévaloir d'une manière ou d'une autre, il y a
anarchie, le plus déplorable, le plus hideux de tous
les gouvernements pour une grande nation comme la
nôtre, si toutefois on peut donner le nom de gouvernement à un pareil état de choses.

En droit, je ne veux pas priver à tout jamais le
peuple d'être quelque chose dans l'Etat; je répète
seulement encore une fois que la doctrine trop absolue de sa souveraineté ne peut être admise sans restriction, du moins pour le moment, parce qu'il ne
lui est pas possible d'exercer son droit, n'étant pas
assez instruit, ne connaissant pas ses devoirs; et encore, non pas pour l'admettre à une participation directe au gouvernement, mais seulement pour le
droit d'élection, parce qu'avec lui, il est exercé
d'une manière inintelligente.

Je désire qu'après avoir établi en principe le droit
pour la nation, de se choisir un chef souverain, on
appelle progressivement le peuple à prendre sa part,
d'abord dans l'exercice du droit de choisir ses mandataires, puis ensuite dans l'administration, dans certains actes de cette administration, afin que chaque

classe de la nation puisse participer à la réalisation
de l'intérêt général ; non pas que l'on doive faire des
lois spéciales pour chaque classe et dans la mesure
de ses intérêts particuliers, pour protéger des droits
particuliers, mais pour que chaque classe trouve ainsi
dans l'assemblée de la nation les moyens de faire
connaître ses vœux, ses besoins, aux pouvoirs légis-
latifs établis. S'il s'élève des prétentions spéciales,
elles seront débattues contradictoirement avec tout le
monde : la mesure du droit et de la raison ne sera pas
dépassée ainsi ; il n'y aura pas préjudice à ceux des
autres, chacun cherchant à développer, à les faire
protéger autant que possible, de manière à constituer
cependant un intérêt général national ; cela doit être,
si l'on veut avoir la paix ; car, un droit, un intérêt qui
n'est pas discuté, conserve toujours le désir de faire
valoir ses prétentions. La chose me paraît même
fort juste.

Je ne pense pas que la paix puisse découler d'un
gouvernement qui réunit tous les pouvoirs en main,
parce qu'il y a nécessairement abus, tyrannie tôt ou
tard. La tyrannie n'est plus possible dans un temps
de lumières, il faut qu'il y ait droit et liberté.

Droit et liberté pour chacun ; paix, tranquillité,
pour tous alors : mais, droit, liberté, égalité sagement compris, sagement pratiqués. Il n'y a ni intelligence sage, ni pratique sage, là où il n'y a pas
raison, lumières ; il ne peut y avoir paix, tranquillité.

Respect aux droits acquis, consacrés par le temps,
admis dans toutes les sociétés politiques. Respect au
droit que la démocratie elle-même invoque, celui qui
incombe au plus sage, au plus instruit, au plus expé-

rimenté; respect à la loi, à l'autorité, à la famille, à la propriété, car ce sont les droits des nations civilisées.

Point de privilége en droit, ni pour le noble, ni pour le riche, ni pour celui qui a des dignités, ni pour le bourgeois; mais aussi, point de privilége pour l'ouvrier, pour le prolétaire, pour le peuple, chacun ayant le droit de manifester ses vœux devant le pouvoir législatif établi et d'y faire débattre ses intérêts. Egalité pour tous, mais prudence, sagesse dans l'admission à l'exercice du droit d'action, là est le salut pour tous aussi. Que tous soient unis pour le salut et la protection due à chacun; car, il n'appartient à personne de réserver en droit un moyen politique de sauver la société, composée de tous, lorsque ce moyen brise évidemment, nuit tout au moins *aux intérêts matériels* d'une classe ou d'une partie de la société. Ce n'est plus un principe d'égalité, si l'on sacrifie l'un pour donner à l'autre ce qu'il pourrait conquérir par le travail et la liberté; car demain, à l'instant même, commence une lutte entre celui qui prend et celui qui est dépouillé, quel qu'il soit. La lutte ne doit pas se faire les armes à la main, parce que s'est l'anarchie; elle doit commencer par la raison, et se continuer devant le magistrat armé de la loi. Je ne soutiens pas ici le droit de l'insurrection, je ne parle que de l'intérêt privé, faisant valoir ses droits, luttant contre un autre intérêt, car les conditions d'un ordre social durable, ne seront jamais l'insurrection, encore moins la violation de la propriété; bien moins encore assurément celle du foyer domestique, l'asile sacré de la famille. L'intérêt particulier froissé, doit donc recourir au magistrat;

l'intérêt politique à celui chargé de faire la loi et de corriger les abus.

En fait d'institutions, il n'y a de certitude de leur bonté, que pour celles qui ont été adoptées et que le temps a sanctionnées. Toute institution qui donnera la paix, la tranquillité, la force, la prospérité au pays, sera pour moi la bonne, la grande institution politique. Toute institution qui ne produira que le développement des passions, que trouble et sédition, sera pour moi la mauvaise institution politique. Consultez l'histoire, et puis choisissez. N'est-ce pas l'expérience qui doit guider les hommes? Si on ne la consultait pas, on ressemblerait à un enfant qui naîtrait chaque jour, ou à un vieillard sans barbe.

Après tous les changements de gouvernement, le fanatisme de l'opinion se calme; l'égoïsme devient moins avide; le temps adoucit les douleurs de l'intérêt froissé, mûrit et grandit les idées, amène ainsi la fusion, fait oublier les erreurs commises; conduit au progrès avec la stabilité, pourvu que l'on n'entre pas dans le champ de la démagogie, où l'expérience a déjà passé le soc de la charrue politique; car, si déjà cette expérience est faite; si les souvenirs en sont douloureux, horribles, vous aurez beau me parler de la sagesse des projets, des intentions élevées; je vous parlerai, moi, des souvenirs du passé et des hommes avec toutes leurs passions, laissant à nu sur la plage révolutionnaire tous les crimes, toutes les fraudes avec lesquelles la séduction qui vous a entraînés de nouveau s'était couverte des apparences de la vérité et de l'intérêt public.

Non, ce n'est pas le nombre qui fait la sagesse:

c'est la raison, l'expérience, la connaissance des
hommes, des faits et des intérêts de tous. C'est là
que l'on doit aller puiser quand il s'agit de discuter les
droits de l'humanité et des sociétés. Avec de pareils
aides, les droits du peuple seront mieux et plus sûrement établis et défendus que par le brigandage d'une
sédition, quelqu'éclatant qu'en soit le succès. Le succès en pareille matière ne fait pas le droit, ne le constitue pas. A mes yeux l'insurrection ne sera jamais
un progrès, ce sera toujours une lutte violente d'une
classe de la société contre une autre. La plus forte
opprimera la plus faible ou la plus lâche, si la loi est
méconnue ou si son autorité est impuissante. Ce ne
sera qu'un acte d'anarchie plus ou moins heureux,
jamais elle ne sera légitime de quelque côté qu'elle
vienne.

Quelque soit le nom donné à un gouvernement, il
tirera ses avantages, sa gloire, des choses qui seront
faites. Sa véritable grandeur, sa force ne consisteront
pas dans le titre qu'il aura ; dans la manière dont il
aura été établi, mais dans ses résultats. S'ils sont naturels, évidemment bons, ils ne peuvent être détruits
par la volonté des hommes, ils inspireront de la reconnaissance ; rien ne garantit mieux un prince de
la fureur populaire : s'ils sont factices, de fausses
apparences, de fausses vertus ne pourront remplacer
le bien que l'on en attendait. Ce gouvernement ne
sera pas celui de mon choix, s'il ne sait apprendre
aux hommes, à être honnêtes gens, bons citoyens.

La base solide des sociétés, c'est la justice, l'obéissance à la loi, et non pas l'insurrection. Il ne peut y
avoir rien de durable sans le respect de l'autorité ; et

celle-ci ne peut être respectée, lorsqu'il se trouvera un certain nombre d'hommes qui se croiront opprimés, et penseront avoir le droit de lui jeter de la boue au visage, afin de pouvoir un jour s'insurger contre elle. Il n'y a rien de solide et de durable lorsque le gouvernement ne vient pas d'en haut, parce que c'est là seulement que se trouve l'expérience, le savoir et la connaissance des hommes, si nécessaire à tous ceux qui veulent diriger une société ; que les passions travaillent moins à s'y satisfaire, parce qu'elles sont moins sollicitées par des désirs restés inassouvis.

Tout gouvernement a besoin d'avoir l'esprit de gouvernement : il ne peut se rencontrer dans le peuple, qui veut cependant la souveraineté pour gouverner. Pour y parvenir, vivre et se faire tolérer, pour s'établir, la démocratie a pris depuis longtemps le parti de dénigrer les hommes et les choses de tous les autres : c'est ainsi qu'elle procède pour les rendre impossibles et faire tourner les regards du peuple vers elle-même, en lui parlant sans cesse de sa souveraineté et des résultats qu'elle doit avoir pour son bonheur.

Arrière la doctrine sauvage de l'insurrection, car avec elle, il ne peut y avoir de paix et de tranquillité. Doctrine funeste que le peuple comprend trop bien, que son courage rend possible, mais sans pour cela rendre légitime la force et la violence provenant du libre cours et de l'abus des passions, qui finissent toujours par dominer tous les gouvernements démocratiques. Mais aussi, la raison seule étant impuissante à les maintenir, il faut pour cela continuer l'emploi de la force et de la violence qui ont servi à les établir. Tous ces gouvernements s'écroulent par la même cause; c'est que l'égoïsme y domine, mais plus brutal et plus grossier que dans tout autre gouvernement. L'homme civilisé voit ainsi se rompre tous les liens de l'autorité et diminuer l'influence de la civilisation, de ses heureux effets, ainsi que la force de la loi, tandis que s'accroît le relâchement des mœurs. C'est aussi parce qu'il n'y a pas d'unité, de fixité dans la marche des idées, si ce n'est celle qui tend à empêcher la paix; car les démocraties, turbulentes de leur nature, sont toujours condamnées à des luttes intestines et à de fréquents démêlés avec les gouvernements voisins. C'est parce que le gouvernement n'est trop souvent que la destruction de tout ce qui peut lier une génération à une autre, en faisant disparaître les bases mêmes de tout ordre, de toutes les grandes institutions sociales. Ce qui rend les démocraties pures impossibles, quant à la durée, ce n'est pas qu'elles reposent précisément sur de mauvais principes, mais c'est au contraire parce que l'on ment toujours à leur principe, et qu'elles sont soutenues par de perpétuelles et étranges tromperies. Toute tromperie est un écueil contre lequel on voudra, mais en vain, briser la justice, la vérité avec la société, et sur lequel viendront échouer ceux-là même qui s'en seront servi pour arriver au port.

Tel est le sort du gouvernement actuellement établi en France : je bénirai le jour qui le verra disparaître. L'intérêt général me paraît trop intéressé à ce résultat, pour que je ne l'appelle pas de tous mes vœux. Je le fais, parce que j'ai la profonde conviction

que le peuple est incapable de faire sagement ce qu'il
convient pour aider à un gouvernement quelconque ;
et, d'un autre côté, parce que les mœurs générales
de la France ne sont pas démocratiques ; qu'il est
absurde de vouloir établir un gouvernement qui soit
évidemment contraire aux vœux, aux besoins du public, de la nation : c'est vouloir remonter le cours
d'un fleuve rapide, sans avoir moyen de le faire convenablement ; dans ce cas, les forces de celui qui lutte
ainsi contre le courant finissent par s'épuiser, et il
est entraîné définitivement dans un abîme. Voilà
pourquoi je pense que le gouvernement démocratique est impossible à établir en France, du moins
quant à présent, parce qu'il est particulièrement an-
tipathique à tout le monde, si ce n'est à ces tribuns
de la veille que le lendemain salue oppresseurs.

L'OPINION PUBLIQUE SOUVERAIN·JUGE.

Dès ce moment je vais cesser de parler théorie pour m'adresser à un juge souverain en pareille matière et en toute autre. Ce juge, c'est l'opinion publique, et je lui demande si, même avec les restrictions que j'ai discutées, la souveraineté du peuple est admissible en pratique.

Si je m'appuie sur l'histoire, et sur les résultats que l'exercice de cette souveraineté a produit dans tous les gouvernements qui l'ont pratiquée, la réponse est négative. Si d'un autre côté, je viens à considérer le peu d'empressement que le peuple montre à user de l'un des droits que lui donne cette souveraineté, celui de l'élection; et, si je veux juger par ce seul fait, le

plus important de tous ceux que je pourrais citer, du
véritable intérêt qu'il y a pour le peuple d'avoir la souveraineté, ainsi que du degré d'attachement qu'il porte
à la chose, la réponse sera encore plus négative que
dans le premier cas.

D'où cela vient-il? Cela vient de ce que le peuple
comprend instinctivement que dans son état actuel,
il n'est pas fait pour exercer la souveraineté : voilà
pourquoi il y renonce volontairement, lorsqu'il n'est
pas poussé en sens contraire, par ceux qui veulent
profiter de la souveraineté que l'on voudrait lui attribuer.

Approfondissons cette question par la seule étude
de l'homme moral placé dans le monde politique,
dans la société, ayant à s'occuper de lui et des autres,
ses semblables.

N'est-il pas vrai qu'il est dans la nature des choses,
que chaque individu ait une tendance vers tout ce qui
peut lui procurer une fin la plus avantageuse. Les
sociétés qui ne sont en définitive qu'une agglomération
d'individus, doivent donc éprouver le même penchant.
Pour l'individu, c'est l'amour de soi, l'intérêt personnel, le désir du bien-être au moyen de l'aisance, de la
jouissance tranquille de la propriété, de tout ce qui
peut servir à consacrer les droits de la nature, mais
restreints comme ils doivent l'être lorsque l'on vit en
société. Pour la société, ce sont absolument les mêmes
sentiments appliqués sur une plus vaste échelle, plus
en général pour tout ce qui constitue le bonheur de
chacun des membres qui la composent.

D'un côté, c'est l'individu isolé, suivant ses instincts
particuliers : d'un autre, c'est la masse, un être moral

et physique tout à la fois, obéissant aussi à ses impulsions personnelles. Le but et la raison déterminante d'action, sont absolument les mêmes pour l'un et pour l'autre : chez l'individu, le sentiment est intime comme dans la société : il est et doit être le pourquoi de tout ce qui dirige et fait agir dans l'existence individuelle ; comme aussi, de tout ce qui conduit la société.

La loi suprême est d'aspirer à son propre bonheur. L'étendue et la puissance de ce sentiment sont telles, que rien ne peut le comprimer et le faire fléchir, si ce n'est la force, lorsque l'on ne veut pas s'abstenir par raison.

Si la première parvient à son but, c'est toujours par des moyens qui sont peu recommandables aux yeux de la seconde : aussi, son succès est-il peu certain, peu durable. On peut briser du fer, mais on n'en fait pas toujours pour cela un instrument utile : il faut le façonner : de même, il faut travailler l'esprit public, lorsque l'on veut faire pénétrer chez lui ce que dans le monde on appelle un principe.

L'intelligence ne peut être travaillée que par l'intelligence, lorsque l'on veut arriver à faire partager à un autre la conviction que l'on a soi-même. Ce ne sont point les échafauds et les cachots de la terreur qui ont donné naissance à la liberté : ils n'ont point servi à persuader la société que la souveraineté du peuple fut une bonne chose. Bien du contraire, les individus, comme la société, s'appuieront longtemps sur l'exemple de 1793 et 1848, et sur beaucoup d'autres, pour affirmer que la souveraineté du peuple est en définitive une mauvaise chose en soi. Si l'on vient

à les dresser de nouveau, à ouvrir les autres, cela ne
prouve pas davantage que ce soit la perfection. La vérité n'en sera pas étouffée pour cela ; l'erreur n'aura
pas non plus des chances plus heureuses pour se faire
accepter.

La vérité ressemble aux parfums qu'exhalent les
fleurs ; il en reste toujours quelques molécules invisi-
bles qui s'attachent partout et dont les traces se révèlent au moment où l'on s'y attend le moins. Rien ne
peut empêcher, altérer, détourner son développement chez l'individu ou dans la société, parce que la
nature, le moi, sont trop intéressés à la faire connaître, lorsqu'il s'agit du bien-être véritable de l'un ou
de l'autre.

Si la société se prononce pour ou contre telle ou
telle manière de vivre ; pour ou contre tel système,
telle forme sociale ; ou contre un principe quelconque, pendant des siècles, après des épreuves réitérées,
c'est sans aucun doute que le sentiment général, le
bon sens commun, la tendance raisonnée, instinctive
peut-être seulement, de toute cette agrégation d'individus qui sont la société, et dont le jugement forme
l'opinion publique, auront acquis un degré de conviction qui fait adopter ou repousser cette chose. Cette
opinion, malgré toutes les théories plus ou moins certaines, fondées, sera d'autant plus indestructible,
qu'elle aura pu résister à des écrits, à des discours,
à des moyens de propagation, dans lesquels trop souvent le sophisme adroit, prend la place de l'erreur la
plus grossière, en se couvrant d'un voile spécieux.

Si d'un côté nous avons un penchant prononcé
pour notre bien-être, il n'est cependant pas tellement

absolu, indomptable, qu'il ne cède souvent à un sentiment moral qui nous porte à considérer les besoins de toute nature de ceux qui nous entourent. Ceci se montre dans tout ce qui concerne l'homme privé, l'homme de la nature, comme dans l'homme de la société obéissant aux institutions générales du pays.

Mais, comme la raison et la religion introduisent dans notre cœur la crainte de mal faire, en dépassant certaines bornes que la nature et la sagesse ont tracées, en nous faisant connaître toutes ensemble, combien est passager, et souvent futile, ce que nous considérons comme le bien auquel on aspire ici-bas; il s'ensuit que la loi personnelle du bien-être se trouve modifiée par la crainte de l'abus.

Cela vient de ce que la loi du devoir rapproche les hommes les uns des autres, et les engage à rechercher le bien moral au mépris de leur propre bien-être. Ce sentiment, individuel dans l'homme, existe aussi dans la société; il s'y produit et s'y manifeste de la même manière que se forme l'opinion publique, par le jugement de tous. On n'a donc pas besoin des théories nouvelles du socialisme pour arriver à la formule du bonheur, qui a été recherché dans tous les temps et par tous les peuples, quelque soit leur civilisation et le climat qu'ils ont habité; pas plus que l'on avait besoin des efforts nouvellement faits pour rétablir la souveraineté du peuple, l'expérience ayant déjà prononcé.

C'est en raison de cette considération des besoins des autres hommes qu'on a flétri, à juste titre, un trop grand amour de soi, ou une tendance trop exclusive au bien-être matériel. Aussi, la loi du devoir nous porte au besoin et à la convenance de penser au bonheur et au bien-être de nos semblables. Telle est la source de la charité.

En matière politique, si la société a des devoirs à remplir envers chacun des membres qui la composent, elle en a aussi de non moins impérieux envers elle-même, en ce qui touche les intérêts généraux du pays. Devra-t-on l'accuser d'insouciance, parce que le sentiment général, l'opinion publique, le bon sens commun, lui feront une obligation de continuer à marcher dans la voie qu'elle aura suivie jusqu'au jour où on lui propose des innovations; d'égoïsme, parce qu'elle les repoussera si elle les juge inutiles à son bonheur, ou dangereuses pour sa tranquillité, en ce qui touche le droit de propriété, par exemple, ou la souveraineté du peuple.

Non, sans aucun doute, il n'en devra pas être ainsi; par le même motif qu'un homme ne peut être accusé de ces deux sentiments, qui ont au fond quelque chose d'opposé, car l'égoïsme veille trop à ses intérêts pour être insouciant; parce que, dis-je, cet homme aura le désir de la conservation de sa personne, de sa famille, de sa propriété. C'est un senti-ment indestructible, reposant sur un principe de justice qui veut que chacun soit récompensé de son travail, et que la famille puisse profiter dans l'avenir du travail et de l'économie de l'auteur commun, et cela de génération en génération, de la même manière que le soir elle a le droit incontestable de profiter du sa-laire accordé au travail de la journée. Le droit à cette jouissance est le principe, l'origine de celui de la propriété. Il n'y a de différence que dans l'importance de la chose et de la durée du temps,

Le principe de la propriété est adopté depuis l'origine des sociétés , parce que sa justice a été reconnue par le bon sens public général, universel : aussi le revendique-t-il énergiquement toutes les fois que l'on veut y toucher.

Maintenant , si la liberté naturelle a été restreinte ; si l'indépendance de l'individu a été modifiée au profit de la société ; s'il n'a pas voulu exercer les droits qu'il tenait de la nature , et si la société le protége dans tout ce qui n'est pas contraire à l'ordre général , c'est qu'il y avait là un devoir de réciprocité à remplir. Si la souveraineté du peuple n'a jamais été ce que l'on voudrait qu'elle fut aujourd'hui , c'est aussi sans doute que chaque individu, chaque société , chaque nation, a regardé la souveraineté du peuple comme une chose contraire aux intérêts de tous; parce que le bon sens commun , l'opinion générale , et ce juge suprême dont j'ai parlé , ont condamné la théorie comme chose dangereuse pour le peuple lui-même.

Trop de violentes secousses ont été données dans tous les temps aux sociétés pour établir ce dogme , pour ne pas croire que, si en effet elles eussent marché jusqu'à ce jour dans une mauvaise voie , elles ne l'eussent pas tout naturellement abandonné, et adopté cette loi de la souveraineté , puisque la raison et le bien-être en auraient fait un devoir facile à remplir.

Si donc , on a toujours repris la marche ancienne, quoiqu'on ait pu dire de la théorie sur cette question; si rien n'a pu décider le bon sens commun général , dans un moment de calme , à modifier son opinion sur ce point ; cela ne peut venir sans aucun doute, que de ce motif, que les théories qui présentent en apparence le plus de solidité, ont cependant quelque chose de faux qui les fait repousser par ceux-là même qui devraient en profiter. Il faut donc croire que les réformateurs politiques n'ont pas trouvé l'axiome fondamental propre à assurer le bonheur et l'indépendance du peuple, lorsqu'ils proposent de lui donner l'exercice plein et entier du droit de souveraineté, qui a occasionné dans tous les temps des luttes énergiques de la part de ceux qui y prétendent; car cette souveraineté ne s'est jamais définitivement établie, surtout comme on la veut aujourd'hui.

Un mouvement social quelconque n'est qu'un effet: comme tous les effets, il a et doit avoir une cause. Cette cause tient à une vérité ou à une erreur ; à une chose juste ou injuste ; elle est bonne ou mauvaise en soi. Ses résultats doivent être nécessairement en corrélation avec son origine, la source d'où elle provient, avec les moyens que l'on emploie pour les obtenir.

Si c'est une vérité, une chose juste ; si quelques résultats obtenus en démontrent l'avantage, cette chose survivra, quoique l'on puisse faire, à ce mouvement social dont je viens de parler, parce qu'il n'est en quelque sorte que la manifestation du désir que l'on avait de la voir s'établir dans le monde comme un principe, et de la faire entrer dans le domaine pratique des faits. Cette vérité, avant de se produire avec son caractère propre, évident, a commencé par pénétrer dans le vaste champ de la société; s'y est infiltrée peu à peu; elle la traverse, la parcourt en tous sens, s'y établit lentement, y grandit ensuite, et finit par se développer démesurément, se mon-

18

trer au grand jour, puis elle remue le monde social et
fait éclater ce mouvement dont je parlais tout à
l'heure, qui laisse sur les rivages de la société, cette
vérité ou cette chose utile, juste, bonne par elle-
même, qui doit prendre et prend en effet racine dans
le terrain fertile de l'intérêt général.

Quelque soit cette chose, si elle est véritablement
bonne, elle devient un principe inébranlable, contre
lequel se brisent toutes les fureurs, tous les sophismes.

Si c'est une erreur que l'on a voulu faire triompher, le mouvement social peut être plus ou moins
terrible, selon qu'il est motivé par les intérêts personnels matériels, par des spéculations morales, phi-
losophiques ou religieuses. Il sera soutenu, propagé
avec toute l'ardeur d'une profonde conviction appa-
rente; parce qu'il arrive tous les jours que l'intelligence, le courage de nobles cœurs se fourvoient
dans ce que d'autres appellent une mauvaise cause;
mais l'épreuve passée, il ne reste rien de cette erreur
que l'on avait voulu faire ériger en principe, si ce
n'est le souvenir du mal qu'elle a produit; si ce n'est
aussi celui de ce cortége obligé de mots et d'actions
sublimes, sauvages, atroces qui accompagnent toujours, presque inévitablement, ce que l'on appelle
un changement, une révolution. Le mal qui a été
fait ne peut être tempéré par les espérances et les
illusions que cette erreur avait pu faire naître : elles
en sont même au contraire un des résultats les plus
fâcheux, parce qu'elles ne se dissipent jamais complétement. A défaut d'autres moyens, cela peut servir
à préserver l'avenir des maux que le présent vient
d'endurer.

C'est donc avec l'expérience, ce souvenir permanent du passé, cette leçon pour l'avenir, qu'il faut juger certaines doctrines théoriques. Si elles ont surnagé après l'orage, le cachet ineffaçable de la vérité, de la justice, de l'utilité générale est imprimé à tout jamais sur leur front : l'erreur, dès ce moment, est flétrie et condamnée sans retour au silence et à l'oubli, d'autant plus indestructible, qu'après avoir voulu reparaître sur la scène du monde, elle en aura toujours été repoussée. Dans ce cas, on peut affirmer hardiment que cette chose est fausse et dangereuse pour l'ordre social, quelque soit en apparence la bonté de la théorie sur laquelle elle repose.

Si certaines théories tentent si souvent de reparaître, surtout lorsqu'elles semblent avoir le bien-être du peuple pour base et pour résultat, ou celle de sa souveraineté, cela vient sans aucun doute de ces deux causes : la première, de la tendance naturelle, presque invincible, que l'on a pour tout ce qui nous touche et nous intéresse personnellement ; qui nous aveugle et nous empêche de voir le mauvais côté, l'injustice de certaines choses ; en second lieu, de ce qu'il règne toujours dans l'esprit public, une grande tiédeur en ce qui concerne l'étude approfondie de toutes les questions théoriques de philosophie et de politique. Il arrive en effet, très-souvent, que pour les choses justes, bonnes et utiles, chacun se contente de dire qu'elles trouvent infailliblement le moment convenable pour paraître ; qu'elles seront certainement reçues tôt ou tard par le public : d'où vient qu'elles comptent ainsi sur elles-mêmes et ne se pressent jamais pour arriver. On s'imagine que la conviction individuelle du philosophe, doit pénétrer promptement les esprits, sans paraître savoir qu'il ne suffit pas de croire au succès, mais qu'il faut encore le préparer, le rendre certain. C'est le côté faible de tous les propagateurs de choses utiles : ils sont trop éblouis par la brillante lumière qui environne leurs esprits : ils croient qu'elle doit être aperçue au dehors d'eux-mêmes, qu'il n'est pas possible de ne pas partager leur conviction, et que l'on ne peut la combattre, la renverser, la détruire. C'est là leur erreur. Souvent il n'y a qu'eux qui en sont illuminés en quelque sorte. C'est ainsi qu'ils oublient qu'il ne suffit pas d'avoir la clef du temple de la vérité, mais qu'il faut l'ouvrir et y faire entrer les masses, afin qu'elles profitent des lumières qui y sont répandues, et des doctrines qu'on y enseigne. Voilà une des causes pour lesquelles la vérité est toujours lente à prendre position dans la société, alors même que l'erreur inté-ressée ne cherche pas à la combattre et à la détruire.

Au contraire, l'erreur et le sophisme, l'ambition des intérêts matériels à satisfaire, ont toujours hâte de se produire, parce qu'ils redoutent que le vice qui couvre leur origine, ne soit découvert. Aussi s'em-pressent-ils toujours d'arriver, en cherchant à sé-duire tout ce qui les entoure. Ils y parviennent quel-quefois. Mais, le temps, et l'expérience qui s'obtient toujours plus ou moins rapidement, arrachent le masque des fausses vertus aux acteurs ; renversent la base sur laquelle ils voulaient se placer, élever leur trône et leur empire ; alors tout s'écroule, se détruit par suite de l'abus que l'on voulait faire d'un faux principe ou d'une théorie mensongère. Il n'en est pas

moins vrai que les illusions ont séduit une foule em-
pressée de jouir ; et, que trop souvent, il est malheureusement très-difficile de la ramener dans les voies
de la vérité , de la modération, de la justice. C'est
alors que l'on s'aperçoit du mal que l'erreur et le sophisme ont fait, avec les espérances qu'elles ont inspiré.

L'une et l'autre n'ont qu'un beau côté, c'est de
produire l'expérience. Ils instruisent le monde , le rendent plus circonspect , affermissent de nouveau l'empire que doivent avoir et conserver les grandes vérités , et leur donnent une plus grande et solennelle
sanction.

Il peut arriver aussi que des maximes qui servent de base à des théories nouvelles, soient repoussées de la société parce qu'elles sont préma-
turées : elles avortent sans produire de fruits utiles,
parce que l'époque de leur apparition n'était pas encore venue. Mais si elles apparaissent et sont discutées
de nouveau sans être adoptées, dans un moment où
les lumières sont généralement répandues, on peut
alors prononcer sur le degré de leur bonté et de leur
utilité.

Si donc , les maximes paradoxales qui sont repro-
duites de nos jours, en ce qui touche le socialisme
par exemple, ou la théorie absolue de la souveraineté
du peuple , ont encore fait peu de prosélytes parmi
les personnes sensées , on peut commencer par cela
seul à les apprécier , malgré toutes les tentatives
pour les faire admettre, et en doter l'avenir de la
société.

Mais pourquoi parler de l'avenir et compter sur lui
pour juger de la théorie de la souveraineté absolue

du peuple. Il faut plutôt parler du passé, et se rappeler que cette théorie n'est pas nouvelle ; et, que si
elle est jugée aujourd'hui comme on le fait généralement, c'est que les hommes qui composent actuellement la société, sont eux-mêmes la génération à
venir, qui, forte de l'expérience des autres, peut prononcer en connaissance de cause sur une théorie
déjà bien ancienne, souvent reproduite, et toujours
repoussée par toutes les sociétés. Aussi, quand je
vois aujourd'hui renouveler toutes les tentatives pour
rafraîchir le socialisme et réhabiliter la doctrine de la
souveraineté du peuple ; lorsque j'entends toutes les
protestations qui sont si énergiquement prodiguées à
cet effet, je me sens pénétré de sentiments divers
peu favorables à une pareille cause. Aux uns je dis,
vos doctrines sont jugées, et j'ajouterai que je ne puis
croire à la sincérité de leurs opinions, parce qu'ils
doivent savoir, par expérience, que leurs maximes
sont détestables ; qu'ils en connaissent les résultats ;
qu'ils savent que leur but n'est pas l'intérêt général,
mais celui des tribuns de la veille qui sont les pro-
consuls du lendemain, et les premiers à faire fléchir,
sous l'omnipotence tyrannique qu'ils s'attribuent,
cette même souveraineté qu'ils ont proclamée avec
tant d'enthousiasme. Ils disent au peuple qu'il est
roi, mais ils le traitent en esclave.

Si, depuis l'origine des sociétés, on avait cru aux
bonnes intentions de ceux qui propagent la doctrine
de la souveraineté du peuple, d'où proviendraient
donc aujourd'hui la défiance et les obstacles sérieux
que ces idées et ces systèmes rencontrent partout.
D'où viendrait aussi le grand dissentiment qui existe,

d'une part, entre l'opinion publique et les apôtres de
la souveraineté de l'autre ; et même, entre ceux qui
seraient portés à adopter la théorie modifiée, restreinte dans de certaines limites. D'où peut provenir
cette répulsion violente qui existe dans l'immense
majorité de ceux qui sont éclairés, contre la souveraineté du peuple, surtout quand il s'agit de la lui
faire pratiquer en s'immisçant au gouvernement
direct d'un Etat.

Est-ce le but que l'on se propose? Est-ce la forme?
Celle-ci importerait peu si le bien devait en sortir.
Serait-ce la formule , les moyens à employer pour y
parvenir ? Chacun propose le sien , c'est le droit de
tous ; et cependant, il arrive qu'on ne veut pas accepter en pratique la théorie de la souveraineté du
peuple. Pourquoi donc cette contradiction singulière
en ce qui touche le peuple et sa souveraineté ; d'où
vient-elle? C'est qu'il y a un juge qui ne se trompe
pas, et qui trouve que les raisons données par le
socialisme pour obtenir cette souveraineté, sont empreints de je ne sais quelle odeur de mauvaise foi,
de je ne sais quelle fausse couleur, qui apparaît à la
raison, malgré tout l'art , et peut-être à cause de tout
l'art que l'on met à les présenter et à les étaler aux
yeux. D'où vient, que le bon sens , le premier et le
plus sûr guide que nous ait donné le créateur, les repousse instinctivement comme l'on rejette loin de soi
une fleur qui avait pu séduire par sa forme et l'éclat
de ses couleurs, mais dont les émanations révèlent
un poison violent. C'est la répulsion de la nature qui
se développe subitement et avec énergie : elle sert de
guide, de flambeau à celui qui allait périr peut-être ,

si ses illusions n'avaient pas été détruites par la connaissance de la vérité.

Pourquoi le peuple tout entier ne se presse-t-il pas pour entrer en foule dans le temple majestueux de sa souveraineté, lorsqu'il est déjà parvenu sous les portiques; lorsque les entrées lui en sont ouvertes? Pourquoi montre-t-il tant d'indifférence réelle pour cette souveraineté? N'y a-t-il là qu'une prévention injuste; un défaut de connaissance; absence de conviction, quoique cependant on trouve aujourd'hui des lumières et du raisonnement dans la société beaucoup plus qu'autrefois, puisque l'on a répandu à profusion tout ce qui pouvait éclairer et servir à former les jugements. Il faut alors creuser sous le sol et dans la conscience du peuple lui-même, pour y trouver l'origine et la cause véritable du mal qu'éprouve la société, et du dissentiment qui existe. La cause en est grave alors, il faut la connaître.

Je vais la dire. C'est que le peuple lui-même ne croit pas à la nécessité, à la bonté de la théorie de sa souveraineté, et ce qui le prouve, c'est l'indifférence qu'il témoigne, non-seulement quand il s'agit de la lui donner, mais encore lorsqu'on la lui ravit : il l'abandonne même avec empressement. C'est, qu'il sent instinctivement qu'il ne peut exercer la souveraineté, comme n'ayant pas la force nécessaire pour porter un tel fardeau moral : c'est, qu'il a conscience intime que l'opinion publique, après avoir reconnu ce que la théorie peut avoir de juste et de fondé en soi, se montre plus raisonnable encore lorsqu'elle lui en refuse l'exercice, et recule devant l'exécution de la théorie, de la même manière que l'on reculerait

devant le désir ou l'idée de faire traverser l'Océan
par un projectile, malgré que la théorie indique les
moyens certains à l'aide desquels on pourrait le faire;
nouvelle preuve de ce fait que toutes les théories ne
sont pas exécutables, au moral, comme pour des
choses physiques.

Cette idée de la souveraineté du peuple a com-
paru depuis longtemps devant un tribunal bien compétent en pareille matière, c'est la société elle-même.
Consultez son organe habituel, l'opinion publique,
car c'est elle qui discute, adopte ou repousse en définitive, les nouvelles doctrines. Personne n'a le droit
de les lui imposer, et surtout de les mettre hors de
discussion. Demandez-lui ce qu'elle pense de la souveraineté du peuple. Ne récusez pas son jugement,
car ce tribunal puise sa compétence en lui-même,
dans ses propres intérêts; et, pour ainsi dire, hors
de la volonté de ceux qui discutent. Il atteint, saisit,
juge et frappe tout le monde, sans qu'on l'ait constitué comme tribunal; il est en permanence. La certitude du soin éclairé qu'il mettra dans sa décision se
trouve dans sa conscience elle-même, et dans son
intérêt direct Il tarde quelquefois à faire connaître
son jugement, soit qu'il penche vers l'éloge ou le
blâme, sans rester pour cela complétement indifférent
à ce qui se passe. Il ne peut ni doit le faire, puisque
ce sont des propres intérêts que l'on discute et sur
lesquels il doit juger; aussi son opinion, quoiqu'il
fasse pour la cacher, est-elle toujours connue, elle
circule invisible dans la société elle-même.

Je viens de dire que ce juge est intéressé, et cependant je le regarde comme incorruptible, parce

que la faiblesse de l'un ou de plusieurs de ses membres, séduite peut-être par quelques illusions et
l'apparence d'un bien actuel qu'on lui promet, n'est
qu'un acte isolé qui ne peut avoir assez d'influence
pour détruire l'effet produit par le jugement de la
masse réunie de tous les autres membres. C'est là ce
qui le rend infaillible. Aussi, avec lui, jamais l'erreur
n'a triomphé sans retour ; jamais une grande vérité,
de quelque nature qu'elle soit, n'a été définitivement
abandonnée : il les tire toujours de l'oubli, et les fait
surnager, même au milieu des plus grands bouleversements sociaux. Peu lui importe le vêtement qui la
couvre, pourvu qu'elle soit utile et honnête : il ne se
laisse pas tromper par les apparences, séduire par les
brillantes couleurs du prisme qu'on lui présente ; il
va droit au fond des choses, et souvent il la repousse
sur-le-champ, parce que la couleur du manteau qui
la couvre, a en effet quelque chose de si faux pour
lui, que tout aussitôt son apparition dans le monde,
il surgit chez lui et dans sa conscience, ce sentiment
indéfinissable qui sert à le guider sûrement dans l'arrêt
qu'il est appelé à prononcer, et qui le porte à faire
accepter par la raison et le bon sens, et faire entrer
dans le domaine de la pratique, ce qui quelquefois,
n'aspirait qu'au succès modeste que toute bonne
chose cherche à obtenir, l'approbation de quelques
gens de bien.

C'est un aréopage qui n'est jamais assez éclairé :
il va sans cesse puiser partout la lumière, même dans
les lieux les plus secrets et les plus divers, par les
mille canaux spécialement réservés à ses investiga-
tions. Il se passionne quelquefois, mais chose extraor-

dinaire et merveilleuse, cette passion, qui pourrait obscurcir sa raison, ne lui vient en aide que pour vaincre les difficultés qui l'empêchent de découvrir la vérité, et lui fait ainsi lever les obstacles pour la laisser pénétrer jusqu'à lui ; puis il laisse reprendre à la raison l'empire qu'elle a toujours dans un cœur sincèrement honnête.

Il n'y a pas besoin pour lui de ces grands et solennels débats que fournit la publicité de nos jours ; il en profite sans la rechercher ; il n'invoque pas l'opinion des docteurs, souvent même il en fait très-peu de cas : le bon sens est son arme habituelle pour combattre l'erreur, son moyen pour trouver la vérité. Il la découvre ainsi plus souvent que de toute autre manière, aussi s'en sert-il comme d'un moyen infaillible, car il a son origine dans ce sentiment intime et naturel de la droite et froide raison de l'homme, et de cet impérissable instinct qui porte naturellement l'âme honnête vers le bon, le juste, le vrai surtout.

Pour arriver à connaître la vérité, il procède par un moyen particulier qui lui fournit une conviction spéciale, c'est d'écouter tout le monde, de prendre partout ce qu'il y a de bon, de rejeter ce qu'il y a de mauvais, sans égard pour la qualité des personnes dont il repousse le témoignage : il réunit tous ces éléments ainsi dispersés, disséminés dans le public : un seul lui suffit souvent pour juger de tout le reste. Il devine ce qu'on lui cache, et même souvent c'est ce qui l'impressionne davantage. Cela serait insuffisant pour tout autre que lui ; et cependant sa conviction, formée par un élément qui semble si peu recommandable en apparence, est parfaitement éclairée, malgré qu'elle soit parvenue à son esprit par des voies aussi peu apparentes. La vérité se trouve partout pour lui, jusques dans ce vague bruissement qui court la société, que rien n'arrête, qui traverse tous les obstacles, même les murs d'un cachot le plus obscur et le mieux gardé.

Aussi, considérez-le en présence des passions, des préventions de toute nature ; il les méprise. La crainte lui est inconnue, et la force ne l'a jamais empêché de soulever avec adresse, quelquefois avec fermeté, le voile plus ou moins épais qui couvre la vérité : il y parvient toujours malgré toutes les précautions que l'on prend pour l'en détourner ; puis, lorsqu'il l'a fait, il rit en lui-même de tous les mauvais subterfuges, regarde son adversaire d'un air moqueur, et lui tourne le dos en faisant un geste de dédain et de mépris.

A la manière dont il prononce son arrêt, souvent sans le discuter et même le motiver, on serait tenté de croire qu'il juge sans preuves, et cependant rien de plus net, de plus sûr que sa sentence. Il adopte ou rejette, purement et simplement : la preuve se trouve en ce qu'il pratique ensuite l'un ou l'autre, selon que l'arrêt a été rendu. Veut-on lui démontrer qu'il a mal jugé, il en appelle à lui-même, au bien qu'il éprouve de sa décision; regarde encore son contradicteur d'un œil plus malin, se remet à son travail, laisse passer le sophisme tout désappointé d'avoir voulu toucher à un roc qui est inébranlable.

Il arrive qu'avant de se prononcer, il combat à outrance contre les propagateurs des mauvaises idées;

il les flagelle tantôt sans pitié ni merci, et les laisse
étendus, mourants, enveloppés dans le pallium sacré
de leur utopie, et les roule du pied dans la poussière :
quelquefois aussi le combat semble ne pas en être un,
à considérer l'air impassible avec lequel il examine
son adversaire pour saisir le moment où il lui portera
un coup mortel, souvent d'autant plus terrible, qu'il
est imprévu.

Un immense talent a beau heurter de front son
calme, il l'écrase en ne lui répondant pas: le dédain du
silence est en effet plus difficile à supporter, que la
colère et les outrages. Cela vient de ce que cherchant
la vérité et la sincérité, il n'a pas besoin de tous les
efforts que l'on fait pour la lui montrer; il se met en
défiance par cela même. La bonne foi arrive plus sûrement à lui que tout autre moyen : elle a souvent le
privilége de soulever le bandeau qui lui ravissait la
lumière, elle y parvient toujours sans peine, parce
qu'elle parle sans fard et sans apprêt; c'est une force
morale qui dissipe tout, brise tous les obstacles : elle
ressemble aux rayons du soleil qui finissent toujours
par dissiper les nuages les plus épais; leur chaleur
fait disparaître les frimats et féconde la terre.

Ce juge se connaît en fallacieuses promesses, en
fausses commisérations; aussi ne se laisse-t-il pas
toujours attendrir lorsque l'on vient à lui découvrir
quelques plaies de la société. On a beau paver ses
intentions avec de beaux discours, ainsi que le chemin qu'on lui montre pour le conduire au bonheur ;
il arrive cependant que sa froide raison foule aux
pieds tous les subterfuges, pénètre les motifs qui
paraissent les plus sincères, parce que tout ce qu'on

lui présente de raisons à ses regards et à son intelligence, reste toujours doué pour lui seul, par une sorte
de magie extraordinaire, d'une transparence qui lui
permet de voir le fond des choses, le piége, le mensonge qui les couvre et les recèle en même temps. Il
passe alors en détournant la tête avec dégoût, mais
pour ne plus regarder, quelques soient d'ailleurs la
forme et les vêtements dont on a recouvert la même
idée.

Il a l'air de ne pas regarder au fond du cœur humain, et cependant personne plus que lui, mieux que
lui, n'y pénètre plus avant, n'en sonde mieux les
replis les plus cachés. Aussi méprise-t-il l'encens que
l'on fait brûler devant lui : au lieu d'endormir sa vigilance par ces nuages de fumée, on éveille son attention ; il considère, examine, avec plus de soin encore,
s'il se peut, le sacrificateur aux faux Dieux. Il regarde
passer, sans en être ému, l'éloge, la flatterie adroite, la
cupidité qui lui offre des trésors, la vierge aux regards
trompeurs, et même le bourreau armé de son glaive.
Rien ne l'éblouit, rien ne l'émeut ; l'univers s'écrou-
lerait en ruines que la moindre émotion ne se ferait
pas apercevoir sur son visage : rien ne l'épouvante,
pas même la certitude d'un malheur, il continue son
examen parce qu'il sait quel est le but qu'il doit atteindre, et le bien qui doit sortir de sa décision :
c'est pour connaître la vérité ; il la veut à tout prix.
La lui présente-t-on, il la prend, la touche, la retourne
en tout sens, mais seulement lorsqu'elle est complète-
ment nue. Alors, selon les circonstances, il la con-
temple attentivement, sans s'effrayer de sa nudité. Il
lui semble au contraire qu'il y a quelque chose de

naturel et de nécessaire pour lui dans cet état , et qu'une voix secrète sortant de cette image, lui crie sans cesse, regarde, me voici devant toi, juge maintenant si toutes mes formes , mes couleurs sont bien celles de la nature. La vérité se saisit alors de lui avec tant de force, d'entraînement et de puissance, que rien autre chose n'est plus possible. La conviction est formée, inébranlable : elle a toute l'autorité de la certitude que peuvent donner la réflexion et l'étude la plus approfondie.

L'erreur tente-t-elle de reprendre son masque , de s'envelopper de ces nuages d'or et d'azur dont elle s'entoure pour séduire, elle s'évanouit comme un vain songe au moindre regard du juge. C'est une statue de poussière aux formes bizarres et fantastiques; le moindre contact la fait écrouler et le vent disperse au loin ses débris impalpables. C'est ainsi que la vapeur disparaît au contact de l'air; elle devient une légère fumée dont il ne reste rien que le souvenir du bruit qu'elle a produit en s'échappant de l'instrument qui la recelait après avoir servi à la produire ; elle perd sa force dès qu'elle n'est plus comprimée et qu'elle apparaît au grand jour.

Lorsqu'une chose est bonne par elle-même, lorsqu'elle porte un cachet de vérité, de sincérité, d'utilité publique générale, quand elle a cette empreinte naturelle, indélébile de la perfection qui la distingue d'une utopie , ce juge infaillible prononce son arrêt , comme je l'ai dit, et on le voit alors, comme la société toute entière, abandonner sans peine et sans regret la route qui avait été suivie précédemment, parce que tous reconnaissent qu'il y a véritablement

progrès, et que c'est entrer dans les vues du créateur
que de suivre une voie qui, tout en nous rappro-
chant de la perfection morale, nous donne en même
temps une plus grande somme de satisfaction et de
bien-être.

De la même manière, lorsqu'une chose est mauvaise par elle-même, quelque soit le prestige dont
elle est entourée à son apparition dans le monde, ce
juge en fait toujours justice, surtout si celle-ci lui a
déjà été rendue plusieurs fois, lorsque des novateurs
audacieux ont tenté, mais sans succès, de l'introduire
dans la société. On peut dire alors que cette chose
est jugée définitivement, et qu'elle n'est plus sérieusement à craindre.

C'est devant ce tribunal que doit en définitive comparaître la fameuse question de la souveraineté du
peuple. Après avoir parlé de la théorie à ce juge,
demandez-lui son avis sur la pratique : s'il en reconnaît l'utilité, vous pourrez persister à présenter
cette utopie comme la chose la plus recommandable pour le bonheur du peuple lui-même. Mais
s'il la repousse, il faudra se soumettre à son jugement.

Voyez quelle immense influence doit nécessairement avoir sa décision.

Je demande au peuple lui-même, s'il n'est pas incontestable, qu'un grand nombre d'hommes se res-
semblent sous beaucoup de rapports, non pas qu'ils
soient égaux en réalité au physique ou au moral, mais
parce qu'ils ont des goûts, des penchants, des inclinations qui se rapprochent beaucoup, en raison de ce
que leurs idées, plus ou moins développées, auront

une tendance naturelle vers un même but, celui du bonheur personnel, ou de la société.

De cette similitude doit naître nécessairement un jugement semblable sur le meilleur moyen de parvenir au résultat que l'on se propose. Il peut se faire qu'il soit identique, universel; ou qu'il n'émane que d'une majorité plus ou moins considérable. Quel qu'il soit, c'est le résumé indivisible, formulé en un seul tout, de chaque parcelle des impressions, des convictions individuelles, spontanément réunies à d'autres qui leur sont semblables; librement acceptées par cette universalité, ou tout au moins par cette majorité considérable, immense peut-être, que j'appelle l'opinion publique.

L'autorité, la force, la puissance de son jugement seront d'autant plus grandes, infaillibles, que l'opinion qui a servi à le former procède d'elle-même; qu'elle n'a pas été travaillée par les passions de parti; qu'elle est le résultat, l'expression d'un sentiment de justice, de sagesse, d'expérience émanant de chacun des membres de ce tribunal dont je parlais tout à l'heure; opinion, jugement d'autant plus fort et indestructible dans son ensemble, que les fractions qui ont servi à le former, sans qu'il y ait eu un plan arrêté à cet effet, sont plus divisées, disséminées dans le monde social, car c'est là précisément ce qui indique qu'il est plus généralement répandu, accepté par toutes les classes.

Plus l'expression de ce jugement, résultat du bon sens, sera développée, se sera emparé de l'opinion publique; plus celle-ci persistera dans sa décision, malgré tout ce que l'on aura fait ou entrepris de

19

faire pour détruire sa croyance, sa persuasion, sa conviction sur une question, sur un fait qui aura été jugé; plus aussi l'appréciation de ce fait aura à mes yeux le degré de certitude qui doit me le faire considérer comme ayant véritablement et irrévocablement le caractère qui lui aura été donné par cette opinion publique, qui n'est guère sujette à l'erreur, parce que précisément si elle s'établit lentement, c'est du moins avec tous les éléments divers qui doivent servir à faire prévaloir la vérité.

La sûreté de sa décision vient de ce que le jugement de chaque individu servant à composer celui de la masse, est contrôlé et confirmé ainsi par l'opinion générale qui rectifie naturellement ce qu'il peut y avoir de défectueux dans quelques parcelles; et qu'ainsi, il se trouve en définitive conforme dans toutes ses parties.

Si des siècles ont passé, sans rien modifier à cette opinion, et n'ont fait au contraire que la confirmer, ce jugement aura alors pour moi un double caractère de certitude; d'abord l'autorité de l'universalité peut-être, tout au moins celle de l'immense majorité; puis celle du temps, qui, en définitive, est non-seulement une base inébranlable contre laquelle viennent se briser toutes les passions, mais encore la véritable pierre de touche de la vérité.

Il est bien vrai que quelquefois, lorsqu'on interroge un homme pour chercher à connaître et à démêler les motifs qui lui font admettre ou repousser telle ou telle croyance, telle ou telle chose, nous trouvons dans son esprit, dans son goût particulier, sa conscience plus ou moins désintéressée, les causes et les motifs de sa préférence ou de sa répulsion; et que, sous ce rapport, son jugement peut être attaqué comme paraissant n'être pas rigoureusement impartial. Mais, l'universalité, l'immense majorité ne peuvent pas être accusées de céder à des préventions, car il y a aussi partout des esprits impartiaux, éclairés, qui préfèrent la justice à leur propre intérêt; qui ne s'attachent qu'à la vertu, qui ne considèrent que ce qui doit leur procurer un plaisir moral, celui d'être dans le vrai, le juste, l'honnête. Si le jugement du plus grand nombre se trouve conforme à celui des esprits impartiaux, je devrai dire alors non-seulement que celui qui a rendu est désintéressé, mais inattaquable.

On doit reconnaître que les esprits justes finissent toujours par l'emporter sur les théories fausses ou inexécutables, parce qu'ils repoussent tout ce qui n'est pas la justice et la vérité; qu'ils ont pour cela le bon sens commun général, l'expérience qui leur vient en aide, qui les conduit vers l'un et les éloigne de l'autre.

Je dis donc que, le jugement général, cette opinion publique, ce bon sens commun, sont indestructibles, tant que le libre arbitre de chaque individu, plus éclairé, ne se retire pas volontairement devant une autre opinion formée de la même manière, et ne renonce pas à la décision qui aura été prononcée. Ainsi, aujourd'hui, malgré toutes les théories sur la souveraineté du peuple, si je vous montre, sinon l'universalité, du moins l'immense majorité ne croyant pas à la bonté de la théorie, et moins encore à la possibilité raisonnable de son exercice, je dois donc croire alors, sur ce point, que cette opinion est la meilleure. Au lieu d'accepter la théorie, au lieu d'entrer dans la pratique, l'opinion publique, le bon sens commun, la société la repoussent énergiquement ; ou tout au moins, elles restreignent l'exercice de la souveraineté à des limites si bornées, et avec de telles conditions, que ce n'est plus une souveraineté, mais une simple participation dans des cas déterminés, et à des conditions qui peuvent assurer le succès à la sagesse, et le triomphe de la raison.

Cette opinion reçue, admise par l'immense majorité de la partie la plus saine de la population, doit donc être considérée comme étant la vérité aujourd'hui, comme elle l'a été dans tous les temps. On doit donc dire, avec le bon sens commun, il y a des théories qui sont inapplicables, et qui, par cela seul, sont mauvaises en elles-mêmes ; les théories de cette espèce surtout ne devant pas rester à l'état d'abstraction, mais passer dans le domaine de la pratique, souveraine pierre de touche.

De ce nombre, selon moi, est celle de la souveraineté du peuple.

FIN.

TABLE DES MATIÈRES.

ERRATA.

—

P. 28 , ligne 9 , Cujus , lisez *Cujas*.

P. 30 , ligne 14 , dignité , lisez *dignités*.

P. 31 , ligne 30, avec elles , lisez *avec elle*.

P. 34 , ligne 17 , de tout côté , lisez *de ton côté*.

P. 35 , ligne 23 , *à son tour* , sans les guillemets.

P. 38 , ligne 31 , tout entière , lisez *toute*.

P. 56 , ligne 12 , la créame , lisez *la créance*.

P. 66 , ligne 21 , celui, lisez *celle du 21 janvier*.

P. 112, ligne 32, à la rai- , lisez *à la raison*.

P. 183 , ligne 14 , reconnaitrais , lisez *reconnaîtrai*.

P. 213 , ligne 7 , lorsqu'il y du , lisez *lorsqu'il a du*.

P. 240 , ligne 7 , de démontrer , lisez *démontrer*.

P. 261 , ligne 23 , s'est , lisez *c'est*.

P. 273 , ligne 21 , empreints , lisez *empreintes*.

P. 281 , ligne 27 , ce sont des , lisez *ce sont ses*.

Poitiers. — Imprimerie de HENRI OUDIN.

www.ingramcontent.com/pod-product-compliance
Lightning Source LLC
Chambersburg PA
CBHW061109220326
41599CB00024B/3977